TENUES HILOS

entretejen vidas, traman destinos

Silvia Zweifel

ÍNDICE

PRÓLOGO

Tenues Hilos es un libro que tendrá problemas de categorización. Las editoriales lo han anticipado: no encaja en las categorías a las que han acostumbrado al público. Esto, que es un problema para la editorial y para la librería, no lo será en absoluto para el lector, quien se encontrará con una obra novedosa tanto en formato como en contenido. Es autobiográfico, porque aborda el relato del proceso de transformación de un ser humano que va tejiendo la singularidad de su identidad con la circunstancia que le rodea. Hasta allí lo previsible. Lo novedoso se aloja en la particular mirada con que la autora se significa a sí misma y a esa circunstancia, y en como la articula con el desarrollo de su ideología.

Consciente de lo insostenible de un paradigma que insiste en dominar las mentes de las personas, ofreciéndoles un dudoso confort como compensación a su creciente infelicidad, la protagonista va des-cubriendo y proponiendo un modelo basado en el concepto de *amabilidad.* Un concepto serio, alejado de la magia y de la manipulación de lo ilusorio. Nos advierte que si no transformamos este universo que hemos creado, poblado de ganadores y perdedores, de conquistas y conquistados y de victorias tan fugaces como insostenibles, en otro que privilegie la felicidad de ser y de cooperar, estamos perdidos. Es decir, acepta la presencia de la infelicidad como algo inevitable pero no se rinde al modelo de compensación a través del *tener,* ni cae en un nihilismo cínico, sino que propicia una propuesta que alienta a incrementar nuestra conciencia de *ser,* aceptando también que no se puede ser sin ser con otros: porque tal es nuestra naturaleza. Desde esa mirada, propone una *economía amable* al servicio del ser humano, la que no debe ser discutida en su posibilidad porque, de hecho, es imprescindible. La alternativa es simple: si no la logramos, pereceremos.

Por otra parte, la autora propone desarrollar la *capacidad de pausa* como comportamiento contracultural, con la idea de que la aceleración de lo cotidiano no nos someta a un vacío de sentido. Para lograrlo, sugiere que nos ocupemos de descubrir la presencia de lo poético en lo cotidiano… aunque lo logremos sólo por momentos ¿Idealizaciones? No me parece. ¡¡Pragmatismo!! ¡puro pragmatismo! La ausencia de pausa, la carrera desbocada por alcanzar lo que no hace sentido, la sordera emocional a lo que el alma insiste en reclamarnos, la falta de poética y por tanto la presencia abrumadora del temor, nos han llevado a que enfermedades como la depresión y el más moderno *burn out,* tengan el dudoso privilegio de proyectarse, en pocos años, como las endemias más difundidas del planeta ¿Qué esperamos? ¿Qué queremos? ¿Más pastillas para solucionar los problemas del paradigma dentro del mismo paradigma que los genera? Es un absurdo total ¡Ahí se hallan las verdaderas idealizaciones! Precisamente en el supuesto pragmatismo de personas que no alcanzan a darse cuenta que viven en una ilusión insostenible que terminará devorándonos.

Lo extra-ordinario de "Tenues Hilos" es que en él Silvia no nos cuenta una teoría separada del sujeto que la enuncia, sino que habla desde un nuevo marco de significación donde el sujeto es parte de esa teoría y la desarrolla mientras experimenta su propia vida ligada al devenir de lo que le toca vivir. En definitiva, su vida se manifiesta en este libro, sus ideas lúcidas se expresan entramadas en esa vida, tan real y tan ficticia como lo es toda vida humana, y los relatos de los devenires de otras vidas —de los que da cuenta mientras urde su tela— serán fuente de belleza y de inspiración para quienes se aventuren en la lectura.

Jorge O. Hambra

PRIMERAS PALABRAS
para un ensayo con aire de novela

Este es un ensayo con aire de novela. Lo es, porque los conceptos emergen de anhelos profundos y se expresan en la trama vivencial de un relato mundo. Cada persona es un mundo íntimamente interligado con otros, pertenece al inmensurable universo que lo atraviesa y contiene todo. Nos unen infinitas historias: las del pasado, las del presente y las del futuro. Sin duda, conviene considerarlo con el mayor esmero. Ese cuidado, si pone en juego los mejores conocimientos disponibles puede hacer un mundo entero de diferencia en el mundo que vivimos.

Era muy chica cuando supe que sería una aprendiente vitalicia. Lo supe mucho antes de poder ponerlo en palabras para mí. Tenía tres años cuando una tarde, después de un aguacero de primavera, los pequeños pasos de la niña rebozante de curiosidad que era yo por entonces se detuvieron frente a un naranjo en flor. El árbol centelleaba con gotas de luz y en el aire había una mezcla de aroma a azahar y tierra mojada. Todavía puedo recrear la borrachera de asombro que produjeron los destellos de color jugando en las hojas, el perfume envolviéndome suavemente y el peso de mis zapatos llenos de barro anclándome a la tierra misionera. Bajo el cielo límpido, recién lavado por la lluvia, los contrastes parecían haberse acentuado. El misterio jugaba entre el verde del follaje que se abría hacia la luz emergiendo de la tierra color marrón rojizo, como el del chocolate suizo que solía regalarme mi abuela. Lo que pulsaba allí era intenso, un secreto revelado.

A finales del año 1997 habían pasado décadas de aquella experiencia, pero la certeza que había surgido con ella seguía siendo la única para mí. Hacía años que trabajaba como economista en el Microcentro financiero de Buenos Aires. Los códigos y vericuetos de ese ambiente me eran familiares, sin embargo, sabía que ese no era mi lugar. Lo sabía, como sabía tanto más de lo que no quería para mí en la vida. Hacer carrera, allí o en otro lugar dentro o fuera del país no era mi prioridad. No andaba a la caza de mejores puestos, no me mudaba de institución. Las pocas veces que había explorado otras opciones lo había hecho como un ejercicio de entrenamiento, no sea que un día me descubriera analfabeta y necesitada en ese asunto de negociar una posición. Las habilidades de negociación laboral más destacables que había desarrollado tenían que ver con el único interés genuino que me conocía: tiempo libre, permisos especiales, concurrencias a cursos y seminarios injustificables eran mi especialidad, y cuando el tema estaba demasiado lejos, para lo que por allí era habitual, yo argüía:

—*Todo tiene que ver con todo.*

Presentar hoja de vida me había traído inconvenientes desde el principio. Para mi primer trabajo lo pude evitar porque intercambié por un curso de un mes con la dueña de una consultora y luego me quedé, y eso trajo consigo el alivio de poder ofrecer constancia de experiencia laboral. Como la mayoría de los que comienzan, me esforzaba por engordar mi curriculum vitae haciendo mención a todas las actividades de capacitación que había hecho, entre las que se destacaban los cursos en la Asociación Argentina de Teoría General de Sistemas y Cibernética, más conocido como GESI - Grupo de Estudio de Sistemas Integrados. Pero esos cursos, invariablemente, me traían más problemas que soluciones, porque en las entrevistas laborales aparecían comentarios halagüeños del tipo:

—*¡Sabe mucho de computación!*

—*Sí, sí, no no…* decía yo, intentando disipar la confusión de la manera más elegante posible, al tiempo que veía como, frente a un interlocutor, que de aquellas teorías no tenía la más remota idea, mis puntos caían inevitablemente.

Cuando finalmente atravesé la puerta del comeque me contrató, archivé la tortura de las entrevistas y además accedí a la libertad de modelar mi formación. Omnívora cultural, mechaba cursos de francés, inglés y alemán aderezados con literatura quebequense, alemana y suiza con los de análisis de estados contables y flujos financieros en tiempos de inflación, de indicadores financieros para evaluación de riesgos, de proyecciones de flujos de caja y con otros de ese estilo que me permitían estar a tono en el ambiente en el que me movía. Pasaron años y yo seguía trabajando en la misma institución, en el mismo piso, en la misma función, mientras la mayoría de mis compañeros había avanzado sustancialmente en sus carreras. Entonces consideré buscar una mejor posición en otro banco, pero volver a interiorizarme acerca de las entrevistas laborales me disuadió. Suelen incluir preguntas del tipo:

—*¿Qué libros ha leído últimamente? ¿Cuáles puede mencionar como los más relevantes?*

"Memorias, sueños y reflexiones" de Carl Gustav Jung o "El Mahabharata" mal podrían competir con "La Revolución del Marketing", "Cambios Creativos en Servicios" o incluso con "La Quinta Disciplina", aunque a mí me parecieran más significativos, sutiles y duraderos, y por cierto aplicables.

Pasaron algunos años más hasta que, por fin, un vislumbre logró colarse por los resquicios de mi ajetreada vida. Sucedió a través de una pregunta casual que me lanzó alguien que estaba organizando el equipo de un think-tank:

—*¿Y vos qué estudios de posgrado tenés?*

La inquietud que despertó en mí esa pregunta fue tan grande que al poco tiempo volví a la universidad, con la certeza de estar moviéndome en la dirección de mis anhelos. Aquel posgrado ciertamente conjugaba mi persistente curiosidad con mi vocación por lo social, pero era solamente una pequeña manifestación visible de lo que estaba sucediendo en mí.

Algo sutil, profundo, interno se había ubicado en un mejor lugar, renovando la sintonía con mi rumbo. Largamente acallados, mis anhelos profundos cobraron nueva voz, de modo que en el transcurso de la siguiente década fui dejando atrás la larga lista de lo que no quiero y en cambio fui dando lugar a lo que sí quiero, aunque hubo que transitar fracasos, reponerse de tropezones y aprender de errores. Mundos enteros comenzaron a desplegarse con amigos del alma, habilidades insospechadas e intereses recreados.

Viví la magia de atravesar las puertas que, poco a poco, transformaron mi vida de una manera significativa. En Pascuas del 2008 abrí el libro que toda una década estuvo acechándome desde el estante de una biblioteca. Leerlo y conocer a su autor espejó en su buscar y encontrar ese mismo afán en mí, dando nueva fuerza a mi propio rumbo, que ahora es muy claro. Incluye una renovada y profunda inquietud: el anhelo por convivir en una sociedad creativa, vital, con una economía amable, sustentadora.

Capítulo 1

HACIA UNA ECONOMÍA AMABLE
Pascuas de Renovación

Fueron las primeras vacaciones en años, las primeras de mi nueva vida y en casa de Sakshi Lee y Daniel, que por años había sido mi lugar de piedra libre para jugar. Está en un lugar privilegiado al borde de la Laguna de Rocha, una de las varias que integra el sistema de lagunas costeras protegidas que se extiende por el este uruguayo, cada cual con su particularidad y todas ricas en biodiversidad. Otros amigos en Buenos Aires, al ver mi entusiasmo, dijeron:

—¡Por lo que decís parece que vas de visita al Paraíso!

Aquella vez fue alguien más, de modo que Sakshi Lee, unos días antes, me preguntó:

—¿Te parece bien que te acomode en el estudio?

El estudio está en la planta alta: una ventana da al amanecer, otra al atardecer y la puerta a una terraza que da al norte, desde donde se puede apreciar las trayectorias del Sol y de la Luna. Allí siempre tuve la sensación de estar suspendida en el paisaje, con lo que después de conversar sobre los detalles prácticos del viaje me quedé saboreando por anticipado el momento de la llegada.

Anticipé los estantes llenos de libros y fotos que tapizan las paredes del estudio, recorrí los tablones de aquella terraza. Acodada a la baranda, en una noche de Luna brillante, escuché los sonidos de la vida que bulle en cada palmo, me volví parte del paisaje, atravesé los pastizales y un brazo de la laguna extendiéndome hacia los cerros en la lejanía.

Una osadía desesperada.

La tarde de mi arribo a "La casa de la Laguna" subí al estudio, acomodé mis cosas en un más o menos y recorrí los lomos en los estantes. Las lecturas elegidas dan pista de por dónde se anda en la vida. Un título me invitó: "De mochilero a Guardaparque". Al abrir el libro encontré una dedicatoria: "Con el mayor gusto, al narigón rubio que sin saberlo me mostró el camino."

—¡Ajá! ...el narigón, pensé.

Hojeando más leí: "...el rumbo existe, sólo hay que encontrarlo. Buscarlo es una opción, esperarlo puede ser nefasto", y cuando me di cuenta me había embarcado con Juan Carlos Gambarotta, quién a sus diecinueve años había dejado Montevideo y mochila al hombro había salido a buscar su rumbo. Inmersa en la lectura visité los paisajes y la gente que él iba mostrando con dos o tres trazos y un humor que a mí me provocó risas y a los demás curiosidad.

—Después yo también lo quiero leer, dijo Sakshi Lee, y yo sin soltar el libro compartí:

—Es que a éste le pasó lo mismo que a mí, sólo que unos veinte años antes, y por lo que dice, el narigón que vive con vos algo tuvo que ver.

Al día siguiente yo ya había recorrido la Patagonia, conocido a los malvinenses, pasado por los Esteros del Iberá, el desierto de Atacama y el Perú, intentado sin éxito ingresar a

Venezuela desde las Guyanas y vivido entre los caboclos del Amazonas. A la hora de la siesta construí una canoa con el tronco de un árbol para cruzar las peligrosas aguas de la Bahía de Marajó acompañando a Juan Carlos, y ya estaba yo rezando para que llegara a buen puerto cuando perdió un poco de magia la cosa: si lo está contando es porque de ésa salió, pero me volvió a atrapar.

La zozobra lo estaba esperando.

Juan Carlos pudo atravesar las aguas correntosas y oscuras de la Bahía justo antes de la hora del oleaje que le sería fatal, pero no encontró la selva virgen que buscaba. Para su desazón, comprobó que no había dos mundos como él creía: el de las ciudades, carreteras y computadoras, y el de lo silvestre, ni aún en el Amazonas. Al llegar a la isla de Marajó se encontró con una pareja de caboclos, quienes pensaron que se encontraban ante una aparición. No podían creer que había cruzado la Bahía. Convencidos le expresaron:

—*No se puede en una canoa, nadie lo hecho. Está desorientado*[1]

¿Desorientado?

Juan Carlos lo estaba, tanto que sólo atinó a encontrar un lugar para su hamaca, donde se dejó estar en su zozobra hasta que recordó las propagandas en contra de la deforestación que había visto en el Museo Emilio Goeldi de Belem. Aquel recuerdo fue punta de ovillo para que él pudiera encontrar su rumbo y al cabo de unos años fuera pionero en su país, convirtiéndose en el primer guardaparque del Uruguay. Yo terminé de leer el capítulo sobre el cruce Marajó y bajé las escaleras llamando al narigón:

---

[1] Gambarotta, Juan Carlos (1994) Pág. 164

—*¡Danieeeel…quiero conocer a tu amigo Gambarotta! ¿Cuándo vamos al Bosque de los Ombúes?*

Daniel, con la vista anclada en un Sol naranja que comenzaba a despedirse hacia el oeste pintando reflejos en el agua, respondió:

—*La vida… ¡Él en Laguna de Castillos y yo en Laguna de Rocha!*

Esa vez no lo conocí.

Sakshi Lee estaba recuperándose de un ataque cardíaco y a Daniel lo fue tomando una gripe, por lo que no hubo más salida que las compras de provisiones a La Paloma, en donde también visitamos al padre de Daniel. Fuimos con la camioneta cargada de leña para alimentar la salamandra de la casa de Dionisio, emplazada a pasitos del mar. Daniel estacionó tocando el cordón de la vereda para que pudiéramos pasarnos los leños, mano en mano, por encima del cerco de madera. Nos dimos a la tarea en silencio y a un ritmo que fue acompasándose al de la rompiente. El movimiento mezclado con el aire salobre que traía la brisa tuvo un efecto hipnótico en mí, por lo que luego desistí de acompañar a Sakshi Lee y a Daniel a hacer las compras.

—*Vayan ustedes. Me quedo,* dije.

Al atardecer las calles y los mercados estarían llenos de turistas, sin duda la compañía de Dionisio sería tanto más grata. Ya solos, nos instalamos en el jardín al lado del romero que no llegaba a tapar la montaña de leña. Bastó que le hiciera una pregunta para que él se pusiera a desgranar historias que le han ocurrido en lugares que ya sólo existen en su memoria y no pasó mucho que perdí de vista a la higuera ya casi sin hojas, a las lavandas que seguían verdes y a los hibiscos del predio de al lado cuyas flores rosa pálido asomaban por entre los tablones del cerco de madera. La luz fue menguando en el ambiente, el mar bramaba a lo lejos y Dionisio seguía paseándome por senderos uruguayos de principios del siglo pasado.

Extraña sensación.

Estar anclados en "La casa de la Laguna" fue oportuno. Pude mechar buena lectura con caminatas, algún chapuzón y algo de canotaje. Terminé el libro de Juan Carlos y seguí con uno de Eduardo Rejduch de La Mancha. En "Hasta donde el viento me lleve" él cuenta sus aventuras a lo largo de veinte años recorriendo el mundo en su velero "Charrúa". Cuando lo terminé, compartí mi sentir:

—*Daniel... no es lo mismo,* dije en un susurro y él, sorprendido, preguntó:

—*¿Qué esperabas?*

—*Quizá no sea el libro y sea yo,* respondí a mi amigo que escrutaba mi mirada.

De algún modo, la lectura me había impregnado con un dejo de tristeza. Rejduch de la Mancha escribe con un estilo más refinado que Juan Carlos y su libro está lleno de experiencias coloridas, paisajes y gentes, pero me había dejado una sensación extraña que recién pude comprender tiempo después.

Tomé el barco en Colonia.

El viaje de regreso a Buenos Aires estuvo amenizado por los ladridos de los perros que iban a participar de un concurso. Sus dueños viajaban con nosotros y ellos en los baúles del bus, en el trayecto de Montevideo a Colonia, y luego en la bodega del barco.

—*¿Los pueden calmar?* pidió una señora.

—*Más no se les puede dar,* informaron los de la tripulación. Ya les habían administrado sedantes antes de encerrarlos con los equipajes al salir de Montevideo.

A mitad de camino se sumaron los celulares y el ruido se

intensificó anticipando los cacerolazos que encontraríamos al llegar. Era el primer día laborable después de la Semana Santa y se había desatado el conflicto por las retenciones al agro. Sentí que nos internábamos en una nube densa. El puerto era un lío de gente reclamando su equipaje y protestando por el servicio. La ciudad estaba sucia. Paré un taxi y me arrepentí ipso facto, ya que el conductor no sólo no me ayudó a subir la valija que llevaba conmigo, sino que en el trayecto se despachó con, por lo menos, diez argumentos distintos de porqué las mujeres tendrían que dedicarse a lavar los platos.

—*Nada personal,* dijo la única vez que me miró con un rostro desencajado y unos ojos vidriosos que dolieron en los míos.

Fragilidad y conflictividad.

En la Avenida 9 de Julio cruzamos una columna de gente golpeando tachos y ollas.

—*¡Ve, ve lo que logran! ¡No tienen capacidad!* insistió el taxista refiriéndose a la Sra. Presidenta, ofreciendo las pruebas a su alcance. Cuando finalmente paró en donde vivo, hubo redondeo de vuelto a su favor y yo tironeé de mi valija, cerrando la puerta del taxi con una suavidad deliberada. Encontré mi casa sin platos por lavar y fui a detenerme frente al espejo para detectar el impacto de la ciudad. Mi rostro seguía distendido, como si hubiera rejuvenecido unos cuantos años desde la última vez que me había mirado en él.

—*Que te dure*, me dije.

Lo que duró fue el conflicto que, unos meses después, llevó a decidirme por una prolongada estadía en casa de Sakshi Lee y Daniel. El clima que tomó la Ciudad de Buenos Aires era lo que menos necesitaba para los planes que tenía para el año, de modo que se me fue instalando un agotamiento en el cuerpo y en el alma.

Cada vez que la tensión social impregna la cotidianeidad me produce frustración. Es un desperdicio de energía que no es para esta época llena de desafíos sin precedentes que nos alcanzan a todos, en donde sea que estemos. Me resulta particularmente inquietante notar que la fragilidad social y la conflictividad aumentan, y que las crisis económico-financieras son más frecuentes.

Una realidad mejor es posible.

La dinámica del sistema vigente es nefasta. Las finanzas tienden a servirse a sí mismas y a las pequeñas elites acaudaladas, cada vez más pequeñas. La economía real, la que produce los bienes y servicios, degrada los ecosistemas naturales, sobre todo cuando crece. La desertización y la contaminación avanzan, la biodiversidad disminuye, el cambio climático en curso nadie sabe adónde llevará.

Un escenario sombrío tiñe el horizonte y yo quisiera que fuera promisorio. Es más, lo creo viable. Los conocimientos disponibles, bien usados, podrían dar lugar a una economía amable con las personas y el medio ambiente, sustentadora de la vida.

¿Amable la economía? ¡Sí! Se correspondería con una sociedad creativa, inclusiva, vital. En vez de la proliferación de altibajos que reparten miserias y corroen la vida podría interactuar con rostros felices, corazones contentos y paisajes agradables.

Habría otra consciencia, una mejor organización social y una nueva cultura. Las finanzas estarían al servicio de la economía real y la economía real al servicio de la vida. Sin duda, una realidad mejor es posible ¿Cómo propiciar su emergencia?

Silvia Zweifel

Capítulo 2

HACER MENOS, VIVIR MEJOR
Buenos Aires en trama

Todavía trabajaba en el Microcentro financiero de Buenos Aires cuando la crisis financiera argentina, a fines del 2001, trajo consigo la oportunidad de abandonar el mundo de las finanzas para aventurarme al de la conservación de la naturaleza. Aprendiendo sobre los problemas específicos de esa actividad comprendí mejor el desafío crucial que enfrenta la comunidad planetaria: la pérdida de sustentabilidad en la trama de vida, la biósfera.

La perspectiva de la economía se amplió para mí. Pude incluir lo que antes no sabía cómo y opté por abocarme a explorar las articulaciones persona-sociedad-naturaleza en busca de un escenario más promisorio. Lo dejé todo y al dar el paso me sumergí en una zozobra que creí infinita. Sin embargo, de ella fue emergiendo lo que hasta entonces aparecía difuso: el propio rumbo.

Tener rumbo hace diferencia.

Un diálogo de "Alicia en el País de las Maravillas" lo sintetiza bien:

Alicia:

—*Gatito ¿Qué dirección debería tomar?*

Gato de Cheshire:

—*Eso depende de adonde quieras ir.*

Alicia:

—*No sé muy bien adonde quiero ir.*

Gato:

—*Entonces no importa qué dirección tomes.*

Cuando lo leí por primera vez sentí dolorcito en el corazón, que de esa manera me hizo saber que yo no sabía. Unos años después llegué al extremo de reconocer que estaba perdida. Luego supe que para muchos, esa instancia de desorientación es un paso obligado para encontrar el propio rumbo. Recién logré entenderlo cuando todo lo que emprendía se complicaba de maneras impensadas, de modo que fui sumergiéndome en una desorientación que duró tres años, los más duros de mi vida. En ese trayecto hubo un tiempo en el que pasaba la mayor parte del día y de la noche estacionada en casa leyendo, formulando preguntas, escribiendo notas.

Me preguntaba:

—*¿Qué dirección debería tomar? ¿Con qué me quiero comprometer?*

Indagaba renovando paciencia para conmigo, pero también objetándome la decisión de estar quieta cuando todos los demás estaban ocupados en algo útil. Por primera vez tomé conciencia de lo mucho que importa el hacer en nuestra sociedad, porque tuve que aprender a eludir la presión social en relación a mi quehacer.

Los amigos, a menudo preguntaban:

—*¿Y ahora qué vas a hacer?*

Los desconocidos que se acercaban, querían saber:

—*¿Y vos a qué te dedicás?*

El instinto de supervivencia ayudó. En medio de mi desorientación había una certeza: sabía que insistir en mi búsqueda era crucial y había comprendido que debía resguardarla de la presión social, ya que era claramente contracultural. Aprendí a dar respuestas socialmente "correctas", manteniendo a resguardo mis anhelos, que sólo compartía con unos pocos. Una oportuna visita de Daniel me vino bien, ya que cuando le conté de mis debates internos, él puntualizó:

—*Es muy bueno que en una ciudad con millones de habitantes alguien pare y busque saber lo que de verdad quiere.*

Un pasaje del "Moby Dick" trajo esperanza.

Noches después de aquel comentario de Daniel, un pasaje del "Moby Dick" trajo esperanza. Arrumbada en mi cuarto yo leía la obra de Melville y ya era madrugada cuando llegué a una situación inquietante:

Navegando en alta mar el Pequod había avistado otro ballenero que arrastraba cadáveres de ballena. Aquellos cuerpos pútridos despertaron vivo interés en la tripulación del Pequod, aunque lo disimularon cuidadosamente al acercarse al otro buque. Con gran astucia lograron convencer al capitán del otro ballenero sobre el peligro de peste. Luego, solícitamente ayudaron a soltar el maloliente lastre y esperaron. Cuando el otro barco se había alejado lo suficiente "Stubb se acercó rápidamente al cadáver flotante, dando un grito al Pequod para dar a conocer sus intenciones se puso a recoger el fruto de su astucia. Cogiendo una pala ballenera hizo un agujero en el animal, un poco hacia atrás de la aleta lateral. Se habría podido creer que abría un hoyo en el mar y, cuando golpeó contra las costillas descarnadas, hubiérase dicho que acababa de poner al descubierto vasos y mosaicos romanos enterrados en la compacta arcilla inglesa. Todos los hombres de la tripulación, extraordinariamente excitados, ayudaban enardecidos a su jefe, tan ansiosos como si fueran buscadores de oro."

Aquella situación en el mar de alguna manera había tomado cuerpo en el silencio de la ciudad, intrigada me pregunté:

—¿Qué puede haber?

Había leído el "Moby Dick" en mi adolescencia, pero no recordaba aquel pasaje. Proseguí: "Entretanto, numerosas aves buceaban, subían, bajaban, gritaban y se peleaban a su alrededor. Stubb empezaba a sentir cierto descorazonamiento, cuanto más el horrible hedor iba en aumento, cuando de pronto, del propio corazón de aquella pestilencia se elevó un ligero y perfumado efluvio que fluyó entre el mal olor sin ser absorbido por él… dejando la pala, metió ambas manos dentro de la carroña y sacó dos puñado de algo". Ese algo era ámbar gris: una sustancia blanda, cerosa y fragante que por su delicadeza es muy apreciada en perfumería, en el arte culinario y como ofrenda en rituales religiosos. Carísima.

—*¿Quién creería que las damas y caballeros elegantes se perfuman con una esencia sacada de los fétidos intestinos de una ballena enferma?"* se preguntó el personaje de la novela de Melville sosteniendo aquellos preciosos puñados en sus manos.

De pronto, tuve la certeza de estar transitando por algo significativo, después de la revulsión sentí alivio y la noche se tornó perfumada. Comprendí. En el árido transcurso de aquella larga pausa reencontré mi rumbo y ahora lo conozco bien. Ahora sé cuál es el sentido de mi ser-estar en el mundo. Puedo ocupar mi lugar, el que me pertenece. Sin duda, tomar una pausa para sintonizar el propio rumbo es la mejor inversión de mi vida.

Las pausas son contraculturales y tienen mala prensa en una sociedad en la que importa el hacer por sobre todo. Hay una tendencia a llenar las horas de actividad que deriva en una hiperactividad en la que es muy fácil perder el sentido de ser. Cuando sucede, lo mejor es quedarse quieto y escuchar al propio corazón, que siempre sabe lo que nos hace florecer y ser felices.

Sin embargo, la sola idea de detenernos a escuchar lo que allí pulsa, incesantemente, puede ser aterradora y por muchos motivos: quizá nos sentimos muy lejos de nuestras más caras aspiraciones, o nos inquietan las huellas de experiencias pasadas que siguen vivas allí, o más aún que su decir no sea lo que se supone debería ser.

Lo esencial es que cada momento esté lleno de sentido. La clave es escuchar al corazón para sintonizar el propio rumbo: es la diferencia que hace diferencia. Por eso no importa lo difícil que parezca, es tanto menos de lo que parece.

Un rumbo "prestado" que se comparte.

Cuando leí por primera vez el diálogo del Gatito de Cheshire con Alicia sobre la dirección a tomar yo trabajaba en un banco y estaba concretando un cambio de área, de la gerencia comercial a la de riesgos. El pase era inusual, habitualmente el cambio se da en sentido contrario, o no se da. Primero se aprende de riesgos y luego se pasa a la gestión comercial que requiere de ese conocimiento en la cotidianeidad de la relación con las empresas. El clima de trabajo era muy diferente. La oficina de riesgos era más pequeña y estaba atiborrada de carpetas, había pilas de ellas sobre armarios un poco más altos que los escritorios, los armarios en fila contra una pared interior vidriada en la parte superior y los escritorios ubicados como en un aula, uno detrás de otro. Los analistas pasaban su jornada recabando información, leyendo legajos y escribiendo, los teléfonos sonaban poco.

En cambio, en la oficina comercial los teléfonos sonaban todo el tiempo, el día pasaba de reunión en reunión, dentro y fuera del banco, o en visitas a plantas fabriles, a campos o lo que fuere. Siempre había gente entrando y saliendo, para escribir dos párrafos seguidos sin interrupción había que llegar muy temprano o quedarse después de hora. Organizar las tareas del día era un ejercicio teórico, con las primeras llamadas los planes se esfumaban, las prioridades eran volátiles. Nos la ingeniábamos para cerrar el mes cerca de lo que nos habíamos propuesto, y si no lo lográbamos, desplegábamos ingenio en los argumentos.

Éramos clientes internos de los de riesgos. Ellos analizaban sectores de actividad, estudiaban el negocio de cada compañía cliente de crédito, analizaban balances, proyectaban flujos de caja, evaluaban la calidad de riesgo de cada una. En base a sus estudios, nosotros elaborábamos propuestas de líneas crediticias: cuánto dinero colocar en cada empresa y en qué tipo de préstamos, atendíamos a las empresas y generábamos los negocios. Sin duda: la elite.

El pase se dio porque una tarde alguien de la oficina de riesgos se acercó para decirme que había una búsqueda allí.

—*Me pareció que podría ser una oportunidad para usted,* dijo dejándome atónita.

—*Se ve que desde ahí las cosas se ven distintas,* pensé.

A ninguno de mis compañeros se le hubiera ocurrido pasarse. Las opciones eran ser promocionados en el área comercial, o pasarse a otro banco, o a una compañía, pero el área de riesgos no entraba en las consideraciones de carrera. Sin embargo, la sugerencia me dejó la inquietud suficiente como para investigar. Sabía que los bancos estaban fortaleciendo las áreas de riesgos y que íbamos en la misma dirección. Mi potencial jefe accedió a recibirme, creo que un poco por curiosidad y otro poco porque le estaba costando cubrir la posición. Refiriéndose a los analistas expresó:

—*Esa gente vive en el mejor de los mundos. Escriben sus*

conclusiones y ahí termina todo. Eso tiene que cambiar.

Después abrió una carpeta y en voz alta leyó la nueva misión que se había establecido para el área. Bajando un poco su tono de voz, aparentemente para desafiarme, concluyó:

—*Los comerciales tendrán que ir poniéndose en régimen.*

Eso no afectó mi arrogancia, pero esa noche me quedé rumiando. Una misión que implicara mayor responsabilidad para aquel equipo tenía su atractivo.

La misión de un grupo o una organización es un orientador de la acción. Si está internalizada en sus integrantes es punto de referencia para nutrir lo que los une. Cohesiona, dejando buen espacio para la creatividad. Es un rumbo que se acepta como propio, de modo que si no se comparte genuinamente lo mejor es ir en busca del que a uno le corresponde.

El rellano de la estacionalidad.

En la oficina de riesgos el trabajo tenía estacionalidad. Había momentos en que los analistas no daban abasto, pero había otros en los que se los veía muy distendidos. Hasta entonces yo sólo había podido cambiar de ritmo en las vacaciones, y siempre había tenido que enfrentar montañas de tarea, antes y después del paréntesis. La perspectiva de tener momentos de rellano resultaba muy atractiva, pensaba que se podrían usar creativamente para capacitarse y reorganizarse, para dejar de hacer unas cosas e incorporar otras. Pedí tiempo para considerar el pase, a lo que mi potencial jefe respondió:

—*¡Que sea pronto!*

Lo decidí enseguida, pero hubo que esperar a que encontraran quien cubriera el puesto que dejaba. Cuando finalmente sucedió mi nuevo equipo estaba transitando la cima de su temporada alta. En la mañana del traslado la oficina lucía más atiborrada que nunca. La luz natural que entraba por unos ventanales del fondo llegaba menguada. Ya desde el pasillo avisté pilas de gruesas carpetas en hileras sobre los armarios, y cuando traspasé la puerta los analistas apenas levantaron la vista de sus papeles para saludar. Noté que las cortinas de los ventanales estaban sucias y que las de mi despacho además estaban descosidas y medio venidas abajo. Recién entonces me di cuenta que nunca me había detenido a mirar el lugar en el que pasaría jornadas enteras. Mi teléfono sonó una sola vez en todo el día y extrañé las interrupciones y visitas. Pasé las horas ordenando papeles y otras cosas y dando miraditas a los analistas a través del vidriado, pero pocas veces se dio contacto visual. Me preguntaba si aquella concentración obstinada que exhibían se debía a mi llegada o si siempre sería así. Todo era tan distinto y sólo a un piso de distancia. Aquella tarde esperé a que se retiraran todos y después recorrí la oficina escrutando detalles, tratando de disipar mi angustia familiarizándome con el lugar, buscando algo que estuviera a mi alcance, alguna mejora.

Mayor responsabilidad es mayor oportunidad.

Al día siguiente, como si fuera una ocurrencia al pasar, pregunté qué se guardaba en los armarios. La más extrovertida del grupo, con cierta ironía respondió:

—¡*Orden de fotocopiar y guardar copia de todo lo que hacemos!*

Era lo mismo que ya estaba en las gruesas carpetas, en las computadoras y en las copias de seguridad electrónicas que se hacían a diario. Aquellas pilas de disquetes y de fotocopias con cobertura de hollín no tenían mayor utilidad. Sin pensarlo, dije:

—*Vendría bien tirar eso. El viernes por la tarde vaciamos esos armarios y dejamos un cartel pidiendo que los limpien.*

Propuse un esquema de distribución, y al notar que les gustó la idea de un armario para cada uno y el resto para uso común, sugerí:

—*Despejemos los escritorios. Tenemos que ver cómo hacer de esto un lugar más agradable.*

Aproveché la ocasión para comunicar que tendríamos reuniones para ver formas de trabajar más cómodos y mejor. A los pocos días el estilo escuelita en la disposición de los escritorios y las pilas de carpetas a la vista habían pasado a la historia, las de papel con hollín a la basura y los disquetes donados a una organización barrial, informalmente. El cambio era palpable, la oficina parecía más grande y los analistas, ubicados con sus escritorios de a pares, podían verse y consultarse. A mi superior manifesté:

—*¡Quiero que interactúen! ¡Que colaboren entre ellos!*

—*En ningún banco es así, pero se puede intentar*, respondió él.

El viernes siguiente los analistas se explayaron acerca de cómo veían ellos su función. La más tímida deslizó:

—*Estamos pintados.*

Para que me quedara claro lo que quería decir, otra agregó:

—*Lo que hacemos no lo lee nadie.*

Repartí una circular interna que describía sus funciones con una nueva mayor responsabilidad. Para mí había sido un factor decisivo para considerar el pase, pero los analistas no la conocían. La novedad les produjo inquietud y quisieron saber si era una estrategia para echarlos.

Sorprendida, me apuré a responder:

—*Éste es el marco legal interno que deja claro cuáles son las responsabilidades ¡Es una oportunidad! Ya no hay posibilidad de estar pintado, si es que hubo alguna vez.*

En un contexto con reglas claras y atmósfera propicia a la colaboración, en complementación y apoyo mutuo, mayor responsabilidad es mayor oportunidad.

Ambición por innovar.

Anticipé a los analistas que aprovecharíamos la temporada baja para reorganizarnos y pedí que fueran observando qué se podría cambiar, que pensaran dónde y cómo podrían rendir mejor nuestros esfuerzos.

—*¿Por qué no pasar de ser un centro de costos a un centro de generación?* por ejemplo, arriesgué.

Les pareció desopilante, básicamente desubicado. Había ido demasiado lejos, pero aumenté la apuesta:

—*La misión del área no dice qué es lo que hay que hacer, ni cómo. Se podrían hacer dibujitos animados, si sirvieran. Tampoco dice que esto tiene que ser un centro de costos, podría ser diferente.*

Como si supiera, agregué:

—*Además ¿En la Asociación de Bancos no hay un proyecto de unificar los estudios que ahora se hacen en las distintas entidades?*

Había un proyecto así, supe en ese momento a través de los analistas que se explayaron con una lista de problemas que eso ocasionaría:

—*¡Nooo! cada banco tiene su política…*

Esgrimí argumento a favor:

—*¡Síiii!, pero las carpetas de crédito son similares. Alguno mejora alguna cosita y los demás imitan. Se podría decir que, con un promedio de cinco bancos por empresa se quintuplica la tarea.*

Ellos insistieron con nuevas objeciones y concluyeron:

—*Si se hace eso, se necesitan menos analistas.*

Entonces me apuré a clarificar lo que estaba planteando:

—Se podrían abordar aspectos que hoy son demasiado caros, se podría interactuar más fácilmente con cada empresa y con mayor valor agregado, el trabajo sería más interesante.

El tema quedó ahí. Más me valía preservar el buen ambiente y además lo que tenía en mente era bastante menos ambicioso. Para agregar valor al trabajo de evaluar compañías se necesitaba algo adecuado al rol de quien observa, analiza y emite conclusiones acerca de las proyecciones en juego. Capacitarnos para una mejor apreciación de factores cualitativos sería un buen principio: la historia, los accionistas, la gerencia, la organización, la cultura, la forma de operar en el mercado son clave en el desempeño de las empresas:

—Como esos aspectos no cambian rápido, se puede profundizar a medida que se desarrolla la habilidad y se vuelve sobre un caso, argumenté al conversar sobre el proyecto.

Afianzando una nueva práctica se estaría también más proclive a innovar. Ya habría oportunidad para explorar la cooperación con otros bancos, un pasito aunque más no fuera. Hasta entonces lo único que se había unificado era el tipo de información que, periódicamente, las empresas presentan a los bancos.

Un avance más sustancial sería incorporar la evaluación de las empresas y de los riesgos desde una aproximación sistémica en aspectos poco transitados, como lo podrían ser las evaluaciones de empresa-entorno. Por ejemplo, en la agenda verde, la conservación de los servicios de los ecosistemas naturales; en la agenda marrón, que busca minimizar los impactos negativos del sistema producción-distribución-consumo; en la agenda social, la relación empresa-entorno sociopolítico. Todo en vistas a mudar los modelos de gestión hacia una combinación de menor carga burocrática a nivel del sistema y un mayor beneficio social de largo plazo.

La perspectiva que desde un banco se puede tener del sistema económico es tanto general como particular: sectores, empresas, mercados, sociedad y estado. Las compañías del sector financiero operan en un espacio de articulación multidimensional en el cual la responsabilidad social prioritaria debería hacer foco en mantener las finanzas al servicio de la economía real y a ésta al servicio de la vida.

La aproximación sistémica.

Después de graduarme, en la década del ochenta, me trasladé a Buenos Aires y al poco tiempo conocí la perspectiva sistémica. Por entonces yo trabajaba en un pequeño estudio de capacitación, propiedad de una filósofa inquieta que me introdujo a la vida cultural de la ciudad, incluido un grupo de estudio integrado por profesionales de distintas disciplinas, algunos reconocidos en su campo. La primera vez que participé comenzaba un curso introductorio a cargo de Charles François, mentor del GESI - Grupo de Estudios de Sistemas Integrados, capítulo argentino de la International Society for Systems Sciences. Escuchar sobre interconexiones e influencias recíprocas que operan en un sistema complejo como lo es la sociedad humana fue un hallazgo. En la universidad no había visto nada parecido.

Fue como "nacer de nuevo" intelectualmente, supe que hay algo más que conocimiento disciplinar. El pensamiento sistémico pone en juego un gran campo de estudio-práctica para resolver desafíos complejos —interrelacionados— abrevando en aquello que es común: la transdisciplina, complementando las miradas especializadas con la interdisciplina, articulando ciencia-arte-filosofía-tecnología. Me entusiasmé, pero no pude sostenerlo en el tiempo. Tenía que resolver mi sustento, y en el banco en el que por entonces trabajaba no encontré receptividad para algo así. Cuando deslicé un comentario sobre la utilidad de la aproximación sistémica mi jefe puntualizó:

—*Siempre pasa lo mismo con los universitarios, vienen con propuestas brillantes, pero no tienen idea de lo que es una carta de crédito, o un cheque ¿Qué enseñan en la universidad?*

Revisando bibliografía constaté que las cartas de crédito y los cheques estaban en el programa de estudios y no llevó mucho entender esos instrumentos, que precisamente por tener un enfoque operativo, se comprenden fácilmente cuando se está en contexto.

Para preparar el terreno.

La propuesta de capacitación encontró receptividad en el equipo de riesgos. Los analistas eran expertos en amasar y relacionar parámetros monetarios de las compañías. Cuando pasaban por sus manos, los balances, flujos de caja y demás información financiera se transformaban en informes de situación y proyecciones en cuestión de horas.

En cambio, a los aspectos considerados más "blandos" no prestaban más atención que la requerida para cumplir los formalismos de sus informes. Sin embargo, son cruciales para el desempeño de cualquier organización. Eran conscientes del problema y les pareció bien mejorar la apreciación de los factores cualitativos.

Para mí, capacitarnos juntos era una forma de preparar el terreno, porque interactuarían más, irían adquiriendo confianza en sus nuevas responsabilidades y se animarían a ser más creativos. En un contexto con complejidad creciente innovar hace diferencia, y para avanzar en ese sentido yo tenía a alguien en mente.

"Escuelas de expansión de la inteligencia".

Conocí a Jorge Hambra cuando yo cursaba un posgrado. Ya concluía el primer semestre y estaba preguntándome como haría los trabajos finales de las materias. La especialidad que estaba cursando, la dirección de organizaciones sin fines de lucro, estaba lejos de mi realidad diaria. Por aquellos días, una compañía me invitó a la inauguración de una planta de hilados en la provincia de La Rioja. Era un evento multitudinario y en el trayecto de ida nos fue entregada una carpeta de presentación con la historia, actividad, mercado, plantas y otros detalles que me eran conocidos. Recorrí las páginas sin excesivo interés hasta que encontré algo nuevo que prometía. El programa de capacitación de la empresa incluía unas "Escuelas de expansión de la inteligencia" para los operarios y mandos medios de las plantas fabriles, abiertas también a sus familiares. Decidida a investigar de qué se trataba aquello, me dirigí al gerente financiero:

—*Quisiera conocer a los de la escuela ¿Hoy va a estar alguien?*

Ya era hora de volver cuando me presentaron a la capacitadora que estaba a cargo de la escuela de La Rioja. Con sus pantalones claros, blusa celeste brillante y un enorme bolso de tela la apariencia de la sorprendida mujer desentonaba con la de la gente de bancos, clientes y proveedores de la compañía que éramos mayoría. Llamaban a embarcar, ya insistentes, y no tuve mejor opción que aferrarme a la oportunidad pasándole mi tarjetita de presentación, intentando comunicar mi intención:

—*Quisiera saber más sobre las Escuelas…*

El avión carreteó con el paisaje montañoso de fondo y se elevó en medio de un cielo dorado rojizo alejándose del suelo árido del lugar. Volví a leer con detenimiento la sección dedicada a las Escuelas, luego insistí con el gerente financiero y él prometió ponerme en contacto con Jorge, quien las había diseñado.

Las "Escuelas" van a la Universidad.

Los lunes y miércoles me retiraba temprano, pasaba por casa a cambiar el trajecito sastre por unos jeans y salía corriendo al posgrado. La consultora de Jorge quedaba de camino, y yo para que él no esperara a alguien formal pregunté:

—*¿Puedo ir en jeans?*

Llegué puntual, con mi mochila y mis preguntas. A través de la conversación supe que las Escuelas servían a una estrategia orientada a aumentar la productividad a partir de una mejora del pensamiento sistémico y creativo. Hambra explicó:

—*El programa se complementa con un concurso: los operarios pueden proponer mejoras que aumenten la rentabilidad.*

Yo sabía que los obreros de las hilanderías ganan poco, es así en todo el mundo. Por eso me gustó saber que si la propuesta de los operarios se implementa, los primeros seis meses de mayor valor agregado se traduce en compensaciones. La de las Escuelas no era una capacitación teórica de dos o tres años solamente, había una invitación a ponerla en juego y beneficiarse: los operarios podían elaborar propuestas, solos o en grupo, accediendo a la posibilidad de ingresos extraordinarios. Por lo demás, el aprendizaje se lo llevaban puesto al irse a otra compañía o a emprender por su cuenta.

Me pareció interesante el hecho de que se capacitara en los niveles más bajos de la estructura jerárquica, particularmente en una hilandería. Es una industria milenaria, tradicionalmente de mano de obra intensiva, en la que avances tecnológicos desplazan a las personas que ocupan los puestos en la base de la estructura, dejándolas sin empleo y con escasa posibilidad de generar ingresos de maneras dignas.

Se sabe, el trabajo mecánicamente repetitivo en sí mismo embrutece, embota la conciencia, neutraliza la posibilidad de desarrollar la inteligencia, empobrece la interacción con los demás y la comprensión de problemas cotidianos del entorno resultando en frustraciones, desamparo y otras consecuencias desfavorables que derivan en problemas personales y sociales.

—*¿Y cómo fue que la empresa llegó a un programa de este tipo?* quise saber.

Como pasa a menudo y en línea con la tendencia imperante, la empresa se enfrentó a la necesidad de automatizar aún más los procesos productivos so pena de perder competitividad. Desde una mirada sistémica, ese curso de acción evidenciaba resultados no deseables: las inversiones resultarían en ahorros de costos directos e indirectos y por ende mejoras en la productividad, pero acarrearían una ola de despidos que afectaría a los obreros menos calificados, aparejando problemas socioeconómicos en la localidad.

Se consideró un camino alternativo y eventualmente complementario a través de mejoras en el plantel humano, en especial en las personas a cargo de las tareas repetitivas, precisamente las menos calificadas. En vez de exponerlas a una indefensión estructural dando lugar a problemas sociales, se les ofrecería la oportunidad de agregar valor creatividad a los procesos fabriles, profundizando además su noción de conjunto y de contexto. Trasformando sus modelos mentales se las capacitaría para que pudieran identificar y desarrollar mejoras en los procesos productivos.

Avanzar en esa dirección requiere de un programa sistemático de varios años, ya que es más fácil cambiar máquinas que los modelos mentales de las personas que las operan. Por su parte, los beneficios son más amplios, inclusivos y sustentables: las personas no sólo se vuelven más generativas en su ámbito laboral, sino que también mejoran la gestión de su vida personal, la de su familia y comunidad.

Habilitar a las personas para que puedan identificar problemas y posibilidades de contribuir creativamente las convoca en nuevas conversaciones, abre a una espiral de mejora cuyo alcance no es fácil de determinar, tampoco importa. Lo importante es alimentar el proceso para que las multifacéticas transformaciones se extiendan, iluminando la trama de pertenencia.

Constaté que el programa era lo suficientemente interesante para el trabajo final de la materia Políticas Públicas. Los tópicos que se recorría en clase me dejaban inquieta, las exposiciones versaban acerca del empleo, la educación, lo previsional, la salud. Precariedad era el factor común en todas ellas. En ese marco, las

"Escuelas de expansión de la inteligencia" tenían suficiente valor social para elaborar algo   significativo. Para mi sorpresa al profesor también le pareció porque calificó el trabajo con un sobresaliente, el único que logré en aquel posgrado.

El trabajo repetitivo carcome el sentido del ser en el hacer, con un espectro de consecuencias nocivas para la persona y sus ámbitos de pertenencia. Las tareas que requieren de atención enfocada en lo mecánico repetitivo tienden a anular la capacidad de reflexionar, investigar, comunicar y recrear, particularmente si no se complementan con otras tareas que dan lugar a su desarrollo.

Los saberes y quehaceres que incentivan la contextualización y la creatividad dan lugar a inquietudes más interesantes, habilitan transformaciones en las dinámicas de interrelación, innovaciones en las formas de hacer, nuevos mundos en las organizaciones y en la sociedad en su conjunto abren posibilidades a una mejor vida personal-social.

Dejar atrás el sentipensar-hacer que corresponde a la era industrial-mecanicista, que está llevando a callejones sin salida, permitiría pasar de planteos de reivindicación y confrontación a la propiciación de contextos generativos tendientes a beneficios inclusivos, al desarrollo de la inteligencia social, a un autoecoaprendizaje evolutivo.

Diagnóstico cualitativo de riesgos crediticios.

En las conversaciones preliminares con Jorge Hambra pedí que pusiera énfasis en hacerse preguntas desde diferentes ángulos.

—*Los analistas tienen devoción por los números,* subrayé. Él sugirió que el eje fuera la evaluación de las empresas según un esquema de ciclo de vida:

—*Tomamos el modelo ideado por Ichak Adizes que caracteriza a las organizaciones en un proceso de crecimiento y decadencia,* un ciclo de vida típico. El modelo está fundado en la relación de dos variables: flexibilidad y controlabilidad.

Ideamos un programa tentativo que luego exploré con los analistas:

—Identificaríamos a las compañías refiriéndonos al punto "óptimo". Es el ideal de referencia, en ese punto ya está suficientemente organizada y estable, pero sigue manteniéndose flexible.

La propuesta captó interés. Articularíamos con una herramienta que usábamos habitualmente:

—Podría servir para mejorar el FODA, la identificación de fortalezas, debilidades, oportunidades y amenazas, y calificar a los accionistas y al management, dijeron.

Para acceder al taller primero hubo que saltar la valla del área de recursos humanos, y en ese ejercicio tuve un anticipo de primera mano de un síntoma típico de rigidez, fácil de identificar: cuando importa más quién dice y decide algo, que el qué y el para qué, es claro indicio de rigidez en las personas, en las organizaciones, en cualquier ámbito. En aquella ocasión me las arreglé para encontrar los resquicios que posibilitaron que el taller tuviera lugar, aunque los de recursos humanos no quisieran, de modo que unas semanas después la puerta de la sala de capacitación se abrió para nosotros y con Jorge transitamos conceptos y casos en torno a la relación flexibilidad-controlabilidad.

La flexibilidad permite percibir los cambios que ocurren en el entorno, advertir los que se revelan necesarios y disponerse a emprender acciones acordes. Es una característica de alguien capaz de transformarse a sí mismo y a su medio.

El alcance de los beneficios resultantes dependerá de la concepción que tenga de sí, del propósito de su accionar, así como de los métodos y recursos que ponga en juego. Es así para las personas y para las organizaciones, que conviene recordar, son personas colectivas.

El arco vital y el estado "óptimo".[2]

Una organización empresarial, con o sin fines de lucro, comienza siendo extremadamente flexible y careciendo sistemas de control. Después de la gestación, si logra ganar espacio en su medio, crece y evoluciona atravesando distintas etapas y problemas típicos: una primera infancia, en la que intenta cohesionar y consolidarse para avanzar a otra en la que todo parece ser oportunidad y en la cual es común que aparezca el síndrome de "todos atienden el teléfono", luego sobreviene una fase de ordenamiento en donde decanta.

Si los desafíos propios de cada etapa son bien comprendidos y resueltos alcanza el estado "óptimo" en donde la organización logra una adecuada combinación de flexibilidad-controlabilidad. Es un estado difícil de sostener en el tiempo. Si no se lo resguarda adecuadamente, se deslizará primero hacia una fase de mayor estabilidad con pérdida de flexibilidad, y luego, imperceptiblemente hacia una creciente rigidez que conduce al ocaso.

Al abandonar el estado "óptimo" todo parece estar en orden: la organización responde bien al entorno y sus sistemas de control interno funcionan lo suficientemente bien. Pero si el deslizamiento continúa sobreviene una decadencia de la que es cada vez más difícil salir, y cuando lo notan los que lo tienen que notar suele ser muy tarde.

—*El deslizamiento hacia la rigidez suele pasar desapercibido porque es muy probable que las ventas sean satisfactorias y las operaciones rentables, la compañía incluso puede estar ganando posiciones frente a su competencia,* señaló Jorge.

—*Cuando transita por esa fase, al interior de la organización hay quienes notan que algo no funciona, pero hablar es correr el riesgo de pasar por agorero y ser rechazado* aclaró. Para el equipo eso no era novedad, sabían cuánto más fácil es callar.

---

[2] Adizes, Ichak (1994)

—*Siempre hay mucho en juego en lo interno y en lo externo, y eso contribuye a sembrar las bases de lo que puede conducir al naufragio con las consiguientes consecuencias para quienes interactúan dentro y fuera de la organización,* concluyó.

Ese comentario suscitó mayor atención, con lo que Jorge aclaró:

—*Hay que tener en cuenta que dentro de una organización, las distintas áreas pueden estar en distintos puntos del ciclo, y si alguna se mueve hacia el estado "óptimo" algo pasará con las demás.*

Las organizaciones son sistemas complejos. Los componentes de un sistema complejo, sus subsistemas y elementos, que a su vez también pueden ser sistemas, influyen en todo el sistema de distinta manera e intensidad a través de las interrelaciones significativas.

Si se está en relación hay influencia mutua, lo que conlleva que los modos de interrelación se transformen con el tiempo por la emergencia de nuevas interrelaciones, o porque algo o alguien impulsa transformaciones en las existentes.

Vale aclarar que un sistema es una entidad conceptual o física. Todo sistema es un conjunto de elementos o subsistemas interactuantes con una cierta organización, coherencia y estabilidad interna, una cierta permanencia en el tiempo y en relación recíproca con un entorno con el cual mantiene una cierta autonomía-dependencia. En este libro se consideran sistemas conceptuales y sistemas reales, tanto de la naturaleza como de la sociedad, que son sistemas complejos. Por su parte, la complejidad es el carácter de un sistema que presenta los siguientes aspectos: estar compuesto por una gran variedad de componentes o elementos dotados de funciones especializadas; tener estos elementos organizados en niveles jerárquicos; presentar interacciones no lineales entre sus elementos. Es propia de un alto nivel de organización. Estos conceptos pueden ampliarse consultando la obra de Charles François.

"El 11 de septiembre".

El equipo se dispuso a incorporar la herramienta, lo que en una primera instancia se centraba en identificar las amenazas tipificadas para cada etapa del ciclo de vida. La idea era aquilatar experiencia para luego elaborar sugerencias que permitieran a las compañías incorporar un elemento de valuación, desde un operador externo interesado en su buena performance como es un banco respecto a ellas. Sería una manera de operar sobre interdependencias sistémicas y sus riesgos asociados. Apenas nos habíamos puesto a la tarea cuando los riesgos del sistema, que ya habían venido aumentando comenzaron a aullar.

"El 11 de septiembre", como a tantos más, me cambió la vida. A minutos del impacto pasé por la mesa de finanzas donde los operadores estaban con la mirada anclada en las pantallas del Reuters que mostraba las primeras imágenes. Subí para compartir la noticia con mi equipo y todos bajaron a ver. En los días siguientes repasamos exposiciones en nuestra cartera, cliente por cliente buscando saber qué riesgos se habían activado y como podrían evolucionar. Era demasiado intrincado y ya había suficientes complicaciones en el entorno más cercano.

En lo personal, lo que trajo aquel impacto fue inesperado. No había tomado vacaciones y por primera vez para mí sería en el verano. Surgió la posibilidad de ir a la India a un curso que demandaba ausencia por un mes, un lapso prolongado que la temporada baja de mi nuevo puesto laboral ponía a mi alcance. Requería un laborioso proceso de aplicación y solamente había cuarenta vacantes muy codiciadas, pero a raíz del impacto en "Las Torres" muchos estaban desistiendo y ser admitido se había vuelto más fácil. Por lo demás, enero es considerado el mejor mes del año para ir, lejos del calor y las lluvias de los monzones es lo más parecido al invierno que se da por ahí y eso lo volvía aún más atractivo. Evalué la tensión entre India y Pakistán, al borde de la guerra, y decidí que si era admitida iría sin avisar a mi familia.

Transitando un estallido doloroso.

Argentina venía complicándose financieramente, las fugas de capital derivaron en "El Corralito" —las limitaciones a la extracción de depósitos en las entidades financieras en Argentina a fines del año 2001— que acicateó las consiguientes corridas de cada quien para salvar lo suyo. Toda la energía estaba puesta en eludir lo más posible el estallido, aunque habrá habido quien obtuvo buen provecho de las circunstancias. El Microcentro parecía un hormiguero pateado, casi no se podía caminar y eran muchos los que pasaban su jornada yendo de un banco a otro para hacerse de sus fondos. Las colas eran larguísimas.

En ese convulsionado diciembre del 2001 proseguí con los preparativos de viaje. Por alguna razón yo tenía un pequeño plazo fijo justo por debajo del límite que los hacía indisponibles. Cuando venció lo pasé a cheques de viajero, que era la manera por entonces sugerida de usar dinero en la región que visitaría. Fui a ver a mi médico, a quien había pedido las certificaciones sanitarias que requerían los formularios del curso. Es de los pocos que en Argentina practican Ayurveda, y yo sabía que por su especialidad él viajaba anualmente a la India a participar en congresos de medicina.

Cuando le compartí la novedad, él preguntó:

—*¿En qué fecha viaja?*

—*El 3 de enero,* dije. Entonces supe que él también viajaría en la misma fecha y la misma línea aérea para llegar al mismo aeropuerto de destino, luego de parar un día en Sudáfrica.

—*Quedémonos en el mismo hotel, en Johannesburgo,* propuso.

La propuesta me trajo alivio. Me sentía extremadamente agotada, de modo que viajar en buena compañía sería una bendición. Antes iría a Misiones para pasar la Navidad con mi familia y reservé pasaje para el 22 de diciembre.

Escapada providencial.

Había tomado la costumbre de almorzar temprano. Por ese motivo, el 20 de diciembre fui la primera en bajar a la calle. En las jornadas precedentes se registraron saqueos a supermercados, en varias ciudades del país, y la noche anterior se había declarado el Estado de Sitio. Aun así, en la madrugada había habido cacerolazos reclamando: "que se vayan todos" (los políticos). Cuando volví a la oficina comenté:

—*Hay mucha gente que no es de por acá.*

Los que salieron después confirmaron:

—*El Microcentro está raro.*

No pasó mucho que supimos que la policía montada había ingresado a Plaza de Mayo para reprimir a los manifestantes. Aquella tarde del 20 de diciembre lo único que hicimos fue seguir los acontecimientos por radio, televisión, internet y las pantallas del Reuters. No se podía salir, estábamos demasiado cerca. Escuchamos el último discurso del Presidente De La Rúa que llamaba a la unidad, asegurando que cumpliría hasta el final.

Cerca de las seis nos condujeron por pasillos internos hasta el edificio de al lado, salimos con instrucciones de caminar en grupo y dirigirnos rápidamente hacia la Avenida Córdoba. Había mucha gente en las calles del Microcentro caminando en direcciones opuestas. Al salir del área constatamos que sólo funcionaban algunos transportes urbanos.

Era un poco más de las siete cuando llegué a mi casa, en donde encontré varios mensajes en el contestador, pero ninguno de mi familia. De La Rúa había abandonado la Casa Rosada en helicóptero y presentado su renuncia. La represión policial continuaba. Llamé a mi familia para avisar que no sabía si podría pasar la Navidad con ellos, porque los vuelos estaban suspendidos y los aeropuertos cerrados. Cuando les hice notar que no se habían molestado por saber de mí puntualizaron:

—*¡Siempre decís que donde estás vos no pasa nada!*

Cada vez que mi familia se inquietaba por las malas noticias acerca de Buenos Aires, yo sugería que dejaran de mirar tanto los noticieros. Aquella vez insistí:

—*Esto es distinto. ¡Es muy grave!*

El sábado siguiente se restablecieron los vuelos y pude pasar unos días con ellos, guardándome la decisión de viajar a la India en un contexto así. La Navidad se había presentado extraña. En familia seguíamos la seguidilla de cambios presidenciales por los medios. No había otro tema de conversación.

Brisas de asombro.

El 3 de enero embarqué sintiendo que no tendría adonde volver. A último momento opté por llevar conmigo lo necesario para la eventualidad de tener que recalar en Europa, pero me tranquilizó saber que viajaría en compañía de mi médico. Cuando llegué al aeropuerto había poca gente y me fue fácil encontrarlo. Allí él me presentó a su esposa y enseguida supimos que seríamos los únicos de ese vuelo que seguiríamos hasta Bombay. Él comentó:

—*Siempre vamos con un grupo ¡Este año no viene nadie!*

En Johannesburgo el aeropuerto también estaba desierto, lo cual dio más oportunidad a palabras que yo no quería escuchar:

—*¡Lamento mucho lo que está pasando en su país!* dijo el de migraciones a modo de condolencia cuando me devolvió el pasaporte.

—*¿Qué más estará pasando?* me pregunté, pero había decidido abstenerme de conocer sobre nuevos acontecimientos en las semanas que tenía por delante. Afuera un grupo de adolescentes se abalanzó sobre nosotros por una changuita, y yo agradecí estar acompañada y la elección de hacer una parada intermedia en un trayecto tan largo. El hotel era un micromundo del que no se podía salir más que en auto y yo estaba tan exhausta que pasé la tarde tumbada en un sillón frente a la pileta decantando cansancio y sentimientos.

Al día siguiente, en el aeropuerto, otra vez recibimos el pésame de un dependiente de migraciones sudafricano, y luego mi médico, que volaba de fiebre, pidió:

—*Busquemos una farmacia…*

Antibióticos para mi médico homeópata, que solo excepcionalmente autorizó que yo los tomara. Con ese cuadro los tres viajamos inquietos, pero al final del trayecto por lo menos su fiebre había desaparecido. Llegamos a Bombay cerca de la medianoche. Estaba previsto que alguien me recibiera en el aeropuerto.

—*La acompañamos hasta entonces,* ofrecieron mi médico y su esposa cuando el avión comenzaba a descender. Ella, una rubia muy linda, ya lucía el bindi en la frente con una pequeña perla color durazno que hacía juego con el punjabi que vestía.

Fuimos por nuestras valijas y las encontramos tiradas por el suelo, alumbradas por una luz mortecina que bajaba por entre las hileras de unos antiguos ventiladores de techo. En migraciones a ellos los trataron como si llegaran a su casa. El dependiente les deseó buena estadía muy efusivamente cuando dijeron adonde irían, en cambio a mí me atendió formal y cuando mencioné mi destino no se inmutó. Luego pasamos por una casa de cambio y cuando ya teníamos algunas rupias buscamos la salida.

—*Allá la están esperando,* detectó ella. Después vino el abrazo y cada quien tomó su rumbo.

Todo el grupo del curso estaba esperando. A través de la anfitriona supe que nuestro avión había sido el último de la noche y que yo había compartido el vuelo con una brasilera. Habíamos parado en el mismo hotel y la había visto tomando sol en una reposera, porque por un largo rato fuimos las únicas que habíamos recalado en el área de la pileta.

—*¡Ah de haber sabido…!* dijo Mayra e inmediatamente agregó:

—*Lamento tanto lo que pasa en tu país.*

—*Sí…* alcancé a musitar subiendo al microbús, donde para apartarme de ella fui a instalarme en los primeros asientos, al lado de unas alemanas.

—*Es la argentina…* les informó la anfitriona.

—*¡Por ustedes estábamos esperando!* dijo una de ellas, dirigiéndose a mí en un inglés con un pronunciado acento alemán, apenas un instante, para volver a enfrascarse en su conversación. Ni siquiera respondí, dejé que las lágrimas corrieran y cuando me calmé fui descubriendo detalles de la ruta, que era más bien angosta, llena de baches, y de gente habitando a sus costados, a centímetros me pareció.

A pesar de la hora había mucho movimiento, los camiones llevaban inscripciones atrás: "Hohn please" (toque bocina por favor). Me sorprendí, pero cuando vi ese recurso en acción me pareció fascinante. Cada tanto el chofer lo usaba de una manera simpática: varios bocinazos seguidos, sin estruendo y el que iba adelante cedía el paso, otros a su vez, hacían lo mismo. Recién entonces comprendí porqué tardaríamos horas en recorrer los setenta kilómetros hasta el lugar de destino.

Llegamos a las tres y media y al instante supe que encontraría lo que había ido a buscar. Sentí afluir el descanso cuando me condujeron por los senderos de los jardines, la noche estaba fresca y cada tanto me envolvía una brisa perfumada con aromas que no conocía. Había leído que en aquellos jardines crecen más de cuarenta variedades de jazmín, pero no había podido imaginar el perfume de sus flores, variado y embriagante, que me llevó a suavizar mis pasos siguiendo a quien me guiaba. Más que pasos era una sensación de movimiento en el silencio de la noche que se acercaba al alba, un preludio de aquella estadía.

El silencio lava el alma.

Al día siguiente fui a la recepción donde dejé mis documentos y el pasaje.

—*Nos vamos a ocupar de todos los detalles prácticos de su regreso ¡despreocúpese!* dijo la dependiente.

En el patio había un cartel bien a la vista que decía: *Seguimos con atención los acontecimientos del país. Estamos preparados para evacuar a los extranjeros, si fuera necesario.* No quise imaginarlo y en vez decidí que todo estaba en buenas manos y que no volvería a pasar por allí hasta el momento de la partida.

Fui a reunirme con el grupo que ya estaba instalado en un salón con grandes arcadas abiertas al jardín, sin vidrios, ni nada parecido. Allí los rayos de sol bailoteaban en arbustos floridos y en las hojas gigantes de árboles que no conocía. La mañana estaba fresca, agradable. Nos familiarizaron con el lugar y con la dinámica de la actividad que iniciaríamos, y luego fuimos a una aldea de las cercanías, para adquirir ropa típica. No hay nada más cómodo y adecuado al clima de la India que un punjabi: una camisola larga por encima de un pantalón suelto, siempre con algún bordado elegante y colores alegres. A la hora del almuerzo todas nos veíamos más lindas en los nuevos atuendos hindúes, aunque no lleváramos bindi en la frente.

Me había tocado compartir el departamento con una española, con quien por la tarde organicé los detalles necesarios alistándonos para entrar a la etapa de silencio que comenzaría al día siguiente. Ella ya tenía experiencia en el lugar y sugirió:

—*Aquí no vas a encontrar papel higiénico en ningún baño, tienes que llevarlo.*

Salí a comprar papel y unas ojotitas del tipo que usaban todos, porque tenía la sensación que allí mis sandalias parecían de otro planeta.

—*Quiero una de esas por si llueve,* le dije al dependiente.

—*No va a llover,* contestó él alcanzándomelas.

Me sorprendió que las ojotitas fueran apenas más caras que el paquete de papel higiénico, pero la española se encargó de despejar el asunto:

—*¡Querida! Si aquí se ponen a usar papel higiénico se quedan sin árboles y ¡Quedate tranquila! ¡No va a llover! Cuando salgas, fijate. Todo en los alrededores está seco. Esto es un vergel porque se riega todos los días.*

—*Para el jet-lag: agua de coco,* aconsejó.

Se las sabía todas mi compañerita y me encantó hacerle caso. Un coco por día hasta que me fui, y jet-lag no sentí, a pesar de que nunca antes había hecho un cambio de huso horario tan importante.

Pasamos dos semanas en silencio, que en aquel contexto significaba hablar solamente lo necesario, pero como todo estaba resuelto no aparecían motivos. No sé ahora, pero en mi infancia, en los hospitales, era común ver el retrato de una enfermera con el índice apretándose los labios.

El silencio sana. En aquel mundo inmerso en un jardín de ensueño las actividades se sucedían al calor del silencio: compartíamos, escuchábamos charlas y escribíamos, pero no usábamos el habla. Día a día mi cansancio menguaba.

Tantas personas juntas moviéndose sin palabras resultó una experiencia impresionante. El silencio se volvió tangible: en la atmósfera se generó una fuerza de cohesión que lo impregnó todo. Aún hoy puedo recrearla, sentirme inmersa, respirada por esa atmósfera, si tomo un momento en un lugar tranquilo y dejo que el recuerdo me traiga esa sensación.

Pequeño choque cultural.

En los ratos libres me gustaba caminar por los jardines y mirar a las hindúes moverse con soltura en sus saris, barriendo patios, arreglando plantas o lo que fuera. Así como los punjabis son lo más cómodo que puede haber, los saris son un desafío que sólo ellas pueden llevar con tanta gracia.

En el lugar había mucha amplitud térmica, pero muy previsible: por las mañanas hacía frío, pero después de la salida del Sol cambiaba rápidamente. Usábamos el sistema "capas de cebolla": además de cubrirnos con el manto durante las horas más frías, resultaba bien llevar una musculosa debajo del punjabi a primera hora de la mañana, sacárnosla cerca del mediodía para volver a ponérnosla al entrar la noche.

Ya casi concluía la estadía, cuando al promediar la mañana fui a caminar a un área boscosa en donde había un sendero circular. Estaba ya llegando al sendero, cuando vi a la brasilera paseando por allí a unos metros delante de mí. No había nadie más. Las gotas de sol que se colaban por entre los árboles y sobre su figura me produjeron la ilusión de una aparición.

Mayra no me vio y como si fuera para abrazar el cielo, ella se estiró sacándose el punjabi y después la musculosa que llevaba. Estuvo en cueros los segundos que tardó en volver a ponerse su punjabi y a no ser porque la veía caminando delante de mí, con la prenda que se había sacado en la mano, no lo hubiera creído.

Apacigüé la marcha intentando borrar los rastros de mi presencia. Ella siguió absorta en lo suyo acomodándose los cabellos que le caían en cascada hasta la cintura y yo me sumergí en asombro con los destellos de luz en su imagen en movimiento que acabaron por dejarme la sensación de haber presenciado algo extraordinario.

Aquella tarde me puse la musculosa demasiado temprano y con mi compañera española fui a mirar la puesta del Sol, en un área de césped desde donde se podía apreciar el horizonte y las montañas circundantes. El Sol, que ya se ve grande durante toda la jornada, al atardecer y segundos antes de esconderse parece abarcarlo todo. Ya estaba por suceder, había poca gente, sentí calor y me saqué el punjabi para estar más fresca.

—*No, no. ¡No podés hacer eso acá! ¡En India nooo! Las mujeres van siempre cubiertas ¿no te diste cuenta?*, me dijo la española muy airosa rompiendo sus votos de silencio.

Me cubrí de inmediato, recién entonces noté a dos muchachos mirándome fascinados y horrorizados. Jamás se me hubiera ocurrido que podía producir algo así en un hombre, menos aún ¡con sólo mostrarme en musculosa! En verdad sabía que había que andar cubierta, pero fue un descuido. "Efecto demostración" —concepto que se usa en Economía para referirse a la imitación no consciente de las pautas de comportamiento de otros, muchas veces inducido por los medios de comunicación— pensé tratando de imaginar a esos muchachos viendo a Mayra en el sendero aquella mañana.

Ella era especial. La única tarea que nos dieron en todo el curso me tocó compartirla con ella. Juntas limpiamos una de las estatuas del jardín y esparcimos flores de jazmín a su alrededor. Nos turnábamos para tomar puñados de flores de una fuente que nos pasábamos en una danza silenciosa durante la que sólo una vez nos miramos por un instante.

Los últimos días de la estadía fui a la tienda en busca de aceites aromáticos. En los escaparates tenían hileras con distintas opciones y había muchos de cada tipo.

—*¡Mogra!* pedí.

Es una mezcla de variedades de jazmín. Pensé que sería una forma de llevar conmigo una muestra tangible de aquellas brisas que me habían envuelto al llegar, pero la dependiente informó:

—*¡Recién, una mujer se llevó todos los que había!*

Nos habíamos cruzado en la puerta de entrada en donde Mayra había revoleado sus ojos dedicándome una señal de reconocimiento mientras iba olisqueando un frasquito que llevaba en la mano. Esa fue la última vez que la vi. Mayra de Amazonia es el nombre con el que después la encontré en la lista de correo que nos hicieron llegar y no me pareció raro que todos los demás figuráramos con nuestros nombres completos.

Una pequeña certeza.

Los últimos tres días del curso empezamos a interactuar y a conocernos. Yo seguía inmersa en silencio y no hice más que escuchar. No quería hablar. Pensar en el regreso me dolía de una manera que no podía comprender, pero fui de las primeras en partir y me sentía renovada cuando me dejaron en el aeropuerto de Bombay.

Había llegado temprano, la fila para el check-in empezaba armarse cuando se nos acercó un empleado de la compañía aérea para decirnos:

—*Estamos sobrevendidos, queremos hacerle una oferta...* que saliéramos en el siguiente vuelo dos días más tarde y que para mientas se harían cargo de un buen hotel en la ciudad con traslados, comidas y el equivalente en millas para un trayecto similar en el futuro, con el destino que eligiéramos.

—*¡Gracias! me están esperando,* dije sin considerarlo un segundo.

Cuando me di cuenta de que podría haber tomado la oferta sin tener que faltar días adicionales al trabajo me alegré por mi respuesta espontánea: era una constancia de que tenía lo que había ido a buscar.

Recién en Johannesburgo supe que la Argentina había abandonado —formalmente— el sistema de Convertibilidad peso-dólar tres días después de mi partida.

Llegué a Buenos Aires el día que tapiaron los bancos.

En el aeropuerto tomé un microbús para trasladarme hasta el centro de la ciudad. Por algún motivo desvió de su itinerario habitual para atravesar la zona bancaria, tomando por la calle San Martín, llena de baches y de ruido. Cuando pasamos frente a la puerta del banco en el que yo trabajaba vi que lo estaban blindando.

Avanzamos en medio de las protestas callejeras y de los golpes de los que estaban poniendo defensas en las puertas y los ventanales de los edificios bancarios. Si no hubiera sido porque sabía en donde estábamos y porque había caminado por años esas calles, no las hubiera reconocido. Parecía un área en guerra.

El barrio en donde vivo, en cambio, se veía igual que siempre. Allí se respiraba la tranquilidad de fin enero, un día soleado y agradable. Sin embargo, en mi fuero interno era muy tangible que algo importante ya no era lo mismo. Allí palpitaba un dolor callado. Un horizonte abierto al infinito había surgido en algún lugar de mi pecho, sin borde, sin imagen, sin promesa, incierto.

Algo que terminó, pero todavía está.

En mi ausencia, los accionistas del exterior habían enviado auditores para evaluar la situación y mi equipo tuvo que lidiar con los requerimientos, pero había navegado bien la situación:

—*Corrimos mucho con las carpetas y los informes ¡Ya se fueron!* dijeron aliviados.

Cuando fui a saludar a mi superior, él sólo quiso saber sobre mi viaje. Le ofrecí una brevísima síntesis y pedí saber sobre lo que había acontecido en mi ausencia, a lo que él respondió:

—*¡Vos tranquila! Poco a poco, andá informándote, lee los diarios… ya hicimos lo que había que hacer.*

Si no hubiera sido porque lo conocía bien, hubiera creído que me estaba tomando del pelo, pero en verdad todo estaba en un impasse. Afuera el ruido era infernal, pero llegaba menguado. En el nuevo contexto algunos cambios que habían venido con mi pase de área adquirieron nuevo sentido. La modesta oficinita que daba al patio interno comenzó a cobrar otra luz, en los días que siguieron encontré muchos motivos para agradecer haber dejado el ventanal a la calle de mi antigua oficina coqueta.

Había que esperar, porque aquello duraría. Para mí sería mucho más que el reacomodamiento del sistema. Sentía la certeza de haber cerrado un largo capítulo de mi vida, pero tardé en entender. Solamente comprender que tenía que irme del banco llevó un tiempo precioso, lo pude concretar después de una seguidilla de experiencias amargas, un año y medio más tarde.

Mirar en una misma dirección.

Los aconteceres que se han ido dando, en mi ámbito personal y en la sociedad local-planetaria, me han llevado a comprender que un sentido de ser-estar en el mundo, bien sintonizado y atendido, tangible, es una necesidad tanto personal como social. Si lo desconocemos, o si lo olvidamos, estamos a merced.

El planeta que cohabitamos se ha vuelto pequeño. Hace quinientos años la humanidad estaba dispersa en pequeñas aldeas y estados. Las distancias se fueron acortando y la interdependencia fue aumentando. Es obvio, sin embargo la dinámica de nuestras interacciones no lo refleja y en consecuencia aumenta la actividad que conlleva tensión y cansancio.

Hoy vivimos en una sociedad red, con una alta densidad de interrelación, de conocimientos y de información, en donde lo cercano y lo lejano se entremezclan de formas variadas y hasta insospechadas. En el siglo XXI nadie puede salvarse solo, ya no hay isla para ningún Robinson por los mares del planeta. La nave en la que navegamos nos tiene a todos por tripulantes, aunque tengamos roles de capitanes o de pasajeros de primera.

Mirar en una misma dirección, aunque cada quien decida y haga por sí, ofrece un eje cohesivo que ayuda al bienvivir, en especial si las maneras de interactuar sirven a ese fin. Un rumbo compartido facilita poner en juego conversaciones, estrategias y recursos disponibles para hacer realidad una comunidad local-planetaria en amable y rica diversidad, lo cual es cada vez más importante, para bienvivir o sobrevivir.

Aunque parezca lejos, estamos muy cerca unos de otros y es muy fácil bloquearnos o lastimarnos mutuamente. Es necesario superar el pensamiento fragmentado y reconocer la unidad-diversidad que somos. El arco vital de una vida humana transcurre en varias décadas en una trama social, planetaria y cósmica que entretejen generaciones y culturas en el devenir de milenios. Esa trama atraviesa su más delicado momento.

La consciencia de un destino compartido, que se refleje en nuestros quehaceres e interacciones, es una clave para abrir posibilidad a un escenario promisorio. La calidad de nuestra vida depende de lo que hagamos en conjunto. Reconocerlo podría habilitarnos a aprovechar conocimientos ya disponibles, para crear realidades sorprendentes: un hacer menos y vivir mejor.

Capítulo 3

VOCACIÓN POR LA NOVEDAD
Lo que trajo abril

Abril suele ser el mejor mes del año, los árboles alternan entre el ocre y un verde más oscuro, la temperatura es agradable y en la ciudad cada quien está abocado a organizar su agenda. Los chicos han vuelto al colegio y sus padres todavía corren con las listas de compras. La actividad se nota en las calles y es una invitación a sumarse haciendo lo propio. Sin embargo, el otoño del año 2008, en Argentina, se presentó con profusión de conflictos. No era más que peleas por la caja, en las que pierden siempre los mismos, los más débiles y los que practican abstención de prácticas corruptas. Era una crisis más entre las muchas que había venido atravesando el país.

Las crisis, al igual que las tormentas, limpian y traen consigo oportunidad de aprendizaje. Deseable, pero solamente posible cuando se está en condiciones de transitar los cambios pertinentes. Tanto en el ámbito local como planetario, las crisis son cada vez más profusas y complejas. Es obvio, no se ha logrado afianzar un sentipensar-hacer capaz de dar lugar a una sociedad inclusiva, vital: arte que sana, educación que capacita para la vida, industrias limpias, agricultura sustentable, ecosistemas conservados, y mucho más. Todo lo que propicia una economía amable con las personas y el medio ambiente, sustentadora de la trama de vida. Una sociedad creativa, donde las personas puedan desarrollarse integralmente, desplegar sus talentos y su ser feliz en el mundo.

Aprovechar el temporal.

Para aprovechar las circunstancias apelé a lo que me enseñaron en mi familia, en mi niñez. Vivíamos en las afueras de un pueblo, en una casa rodeada de naranjales y de yerbales, y allí había mucha actividad al aire libre. En los días tormentosos mi madre se dedicaba a lo que no podía hacer en tiempo soleado: cosía prendas, elaboraba masitas y mermeladas, ordenaba la despensa y limpiaba los rincones poco transitados de la casa. Indefectiblemente, también encontraba más tiempo para supervisar mis tareas escolares. Solía instalarme al lado de una montaña de ropa por planchar y pedir:

—¿A ver esa composición?

Yo leía, mientras ella repasaba prendas, las ordenaba en pilas, las colgaba en perchas. Si al terminar su tarea, también quedaba conforme con la mía, entonces pasábamos al grueso libro de cuentos de tapa dura y hojas amarillentas que las dos habíamos transitado juntas muchas veces.

Cuando amainaba, mi madre se ponía su sombrero de paja aunque no hubiera sol, por pura costumbre. Los perros y yo la seguíamos, ellos con paso ligero y yo con un andar torpe por el barro rojizo de la tierra misionera que se iba acumulando en las suelas de mis zapatos. Íbamos a la huerta en donde siempre había algún almácigo que trabajar, o al jardín donde había trasplantes esperando, o a la quinta de frutales donde había injertos por hacer.

Así aprendí que todo temporal renueva la vida de alguna manera. Hay que aprovecharlo bien.

Vuelta a la sistémica y a relato.

El recuerdo de aquellas vivencias de mi infancia sugirió recibir el escenario que inauguró el otoño de aquel año como una invitación a estudiar. En los años precedentes yo había venido estudiando narrativa con Ana María Bovo y decidí seguir en esa dirección. Revisando notas y libros pensé que además vendría bien profundizar en la perspectiva sistémica.

—*¿Existiría todavía el GESI en Buenos Aires?* me pregunté.

Charles François, quien había fundado el GESI Grupo de Estudio de Sistemas Integrados en la década del 80, sería ya mayor. No recordaba a nadie más y no busqué en la Internet. Él había sido diplomático, de modo que siguiendo ese rastro llamé a la Embajada de su país en donde me informaron que Charles seguía residiendo en Buenos Aires. Enseguida me puse en contacto y unos días después recibí la invitación a un curso que estaría a su cargo y me inscribí de inmediato. Para mí, mejorar habilidades narrativas y conocimientos para abordar la complejidad sería buena mezcla.

Humo en la ciudad.

La quema de pastizales en las islas del Delta se había ido de las manos. Es una práctica antigua, muy usada para renovar las pasturas del ganado o para hacer plantaciones forestales. Es común que las columnas de humo se mantengan por semanas. Por aquellos días, la sequía y el viento se conjugaron y la humareda se esparció por una extensa región.

Yo había ido a la primera clase de Charles François con un poquito de timidez. Él ya estaba en el aula, saludando a los que se le acercaban e hice lo propio.

—*De pronto me interesa profundizar lo que aprendí de usted hace veinte años,* me animé a decir.

—¿*Sí? respondió él, exhibiendo una sonrisa que me resultó familiar.*

Al terminar la sesión y bajar a la calle, me recibió un olor a quemado que me acompañó durante todo el recorrido hasta mi casa. No imaginé que provenía del Delta y menos que se volvería muy persistente.

Un día agobiante.

Al día siguiente me levanté temprano, pero me abstuve de abrir las ventanas. Rosario, Buenos Aires y Montevideo respiraban en una atmósfera asfixiante. Sakshi Lee y Daniel estaban en camino y estaba previsto que llegarían al atardecer. Me preguntaba si podrían llegar, porque la radio había informado:

—*Visibilidad cien metros, servicios de ómnibus suspendidos, puertos cerrados.*

Bajé a la calle para concurrir a una reunión. Escondidos tras una neblina densa, apenas veía los contornos de los edificios del otro lado de la Avenida 9 de Julio. La atravesé, imaginando que los árboles del boulevard estarían esforzándose para ayudar a limpiar la atmósfera. Me dio cierta pena. A Sakshi Lee le había dicho:

—*Vas a ver lo creciditos que están los palos borrachos. Todavía están floreciendo.*

Esquivando autos llegué justo, pero sólo estaba una de las personas convocadas. Espejándome en sus ojos enrojecidos saludé:

—*¡Por fin nos conocemos!*

—*La ciudad está en la naturaleza. En situaciones así no quedan dudas,* comentó ella acariciando su vientre que lucía un embarazo de cinco meses. Cuando llegaron las demás Jorgelina Capaccio tomó la iniciativa:

—*¡Quizá esto sirva para tomar conciencia! ¿Qué podemos hacer?*

Cada quien puede articular pequeñas y grandes acciones en el ámbito de su quehacer, coincidimos. Después fui a una entrevista y volví por Puerto Madero, recorriendo las dársenas casi desiertas. El agua tenía un brillo que contrastaba con la atmósfera opaca. Hice despacio, no daba para más, y llegué a casa minutos antes que Sakshi Lee y Daniel.

Ya entrada la noche, a resguardo tras las ventanas cerradas, admiramos una Luna creciente de un extraño marrón dorado, en consonancia con el enorme Sol rojizo que vi bajar hacia el horizonte en el ocaso de aquel viernes de abril cargado de cenizas. Cuando íbamos por la sobremesa Daniel llamó a Dionisio, a más de quinientos kilómetros de distancia, quien refirió:

—¡Por aquí también se siente!

El humo de los pastizales, a su manera, sugirió que en la naturaleza la línea que divide el acá del allá es imaginaria.

Aceptando sugerencias.

Aquél fin de semana hicimos lo que pudimos para pasarlo bien. Ponderando la novedad de la abertura entre la cocina y el living en mi departamento a medio reciclar, Sakshi Lee comentó:

—¡Las casas crecen!

Todo lo había preparado mi hermano, la estructura de nogal y la mesada de paraíso.

—Los tiró una tormenta, expliqué pasando a compartir detalles: el nogal lo había plantado mi padre cuando éramos niños y el paraíso mi abuelo cuando éramos solamente una difusa idea en el futuro.

Sakshi Lee y Daniel habían venido a un curso y aprovechábamos toda oportunidad para ponernos al día. La noche antes de su partida, Sakshi Lee deslizó:

—¡Si esto sigue así te venís a pasar un tiempo con nosotros! Te veo tocándote el pecho a cada rato.

—¡Ella tiene mucho por hacer en Buenos Aires! señaló Daniel.

—Estoy comenzando… balbuceé, pero él insistió:

—¿Cuándo creés que toman forma las cosas?

Juntos repasamos bibliografía y preguntas que podrían ser de utilidad, y así la partida de mis amigos me encontró inmersa en tarea, en los primeros pasos de un rumbo.

La mejor inversión para un delicado momento.

Reconocer el propio sentipensar es esencial para afianzar el rumbo. Buscando elementos que me ayudaran en ese sentido, decidí repasar la presentación que Jorge Hambra había hecho de mi primer libro.

Como recurso retórico, él eligió compartir algunas preguntas que se había formulado al leerlo. Comenzó su presentación diciendo:

—¿Qué sentido tiene que esta obra ingrese al mundo? Dice un montón de cosas que están fantásticamente dichas, pero que de últimas uno ya sabe. Después me pregunté ¿uno ya sabe?

Planteó una respuesta haciendo referencia a la relación entre saber y creer, echando luz a matices que suelen pasar desapercibidos a pesar de ser relevantes en el complejo escenario actual:

—Hay niveles de saber, hay cosas que sabemos, pero no creemos. El saber, en distintas profundidades, ocupa distintos lugares. Hay un saber profundo, que se asienta en el sistema de creencias: personales, sociales, científicas, religiosas, etc. Creer es totalmente distinto de entender. El entender permite hablar de cosas que no creemos. Es posible hablar, incluso con convicción, de lo que no se cree. Lo que creemos, somos. Lo que hablamos *no necesariamente somos, a veces incluso encubre lo que somos. Lo que creemos se convierte en acto.*

Al abordar la cuestión central del libro, Jorge expresó:

—*Decir lo que se dice en él es necesario y lo sabemos todos de una manera u otra. Algunos porque tenemos una intuición de que hay algo que no anda bien y que tendríamos que gestionar de otra manera, pero no lo creemos porque de hecho nuestro comportamiento como sociedad muestra que aún estamos inmaduros para ingresarlo a nuestro comportamiento cotidiano.*

Luego, ilustró su argumento con un ejemplo:

—*La redondez de la Tierra la midió Eratóstenes 200 años A.C., con un error despreciable y la utilizó Colón para hacer sus viajes diecisiete siglos después, pero si en la época del descubrimiento se hubiera preguntado a un campesino francés si la Tierra es redonda, hubiera respondido que es plana. Todos sus problemas los resolvía con una Tierra plana. Alguien podría haberle hecho saber lo contrario, pero él hubiera seguido resolviendo su mundo con una Tierra plana.*

Sentí que mi inquietud crecía. El hecho de que un campesino hace 500 años resolviera su cotidianeidad con la idea de una Tierra plana no tenía mayor impacto nocivo en su mundo. Ahora vivimos en una sociedad altamente interconectada, pero seguimos gestionando la realidad como si no lo fuera, aumentando así la fragilidad en todo el sistema planetario. La creciente brecha riqueza-pobreza, la conflictividad político-social latente y manifiesta, y la pérdida de sustentabilidad biológica no son más que "puntas de iceberg" del monstruo que alimentamos a diario con nuestra ceguera paradigmática.

En un contexto de densidad relacional e interdependencia creciente, lo que sienten, piensan y hacen unos incide cada vez más en otros, local y planetariamente. Es obvio. Sin embargo, los modelos de gestión política, económica y educacional no logran responder a esa obviedad. No han "aprendido" a ser suficientemente inclusivos y amables, por ende, el sistema se vuelve más inestable, frágil.

Cuando en un sistema el flujo de energía aumenta por efecto de múltiples interacciones cada vez más contradictorias, se produce una inestabilidad creciente que lo lleva a un punto umbral en donde se reconfigura sustancialmente.

Atravesar exitosamente ese umbral implica la emergencia de nuevos patrones de organización y de interacción que sustentan la capacidad para gestionar una mayor complejidad y establecer un nuevo equilibrio dinámico.

Sin embargo, es posible que el sistema no logre atravesar el umbral crucial y quede seriamente dañado o totalmente destruido. Es así en la naturaleza y en la sociedad.

Sin duda, la sociedad local-planetaria está en un umbral de ese tipo. Navegamos un cambio de época, un delicado momento. Empeñar los mejores recursos para salir airosos es la mejor inversión personal y social de este tiempo.

Abrir posibilidades de transformación.

El sentipensar profundo, el sistema de creencias personal-social es una organización, que en gran medida determina nuestra realidad cotidiana aun cuando no se tenga la menor noción de que así sea. Es allí donde urge cambiar.

—*¿Podremos alcanzar una reconfiguración que posibilite un horizonte promisorio?* me pregunté y continué con otra observación de Jorge:

—*Ningún autor puede hablar más que de sí mismo, aunque sea de manera elíptica. Tal vez no haya otra posibilidad, por más que se escriba ficción o cuentos futuristas, pero en este caso no habla de manera elíptica, sino que reafirma el camino elegido.*

Lo maravilloso de este cambio de época es que trae consigo la emergencia de nuevas perspectivas que restituyen el sujeto al lugar que le corresponde, reconociendo múltiples fuentes del conocimiento que lo involucran en su complejidad, respetando su integridad, otorgándole mayor responsabilidad y coherencia en su sentipensar-hacer.

Reconocer las creencias nodales que sustentan los modos de ser-hacer abre posibilidades a transformaciones significativas, alimentando un proceso que entrelaza dimensiones intrapersonales e interpersonales en su contexto sociocultural, poniendo en juego una variedad de recursos y prácticas.

Explorar dimensiones intrapersonales ofrece autoconocimiento, paz y libertad. Indagar, reflexionar, meditar y otras prácticas psicofísicas disuelven prejuicios, dudas y sentimientos limitantes, promueven fortaleza, vitalidad y una mirada más blanda para con nosotros y con los demás, nutriendo una amabilidad genuina, irradiante.

La interacción con otros también ofrece ricas oportunidades. La diversidad misma conlleva el potencial de evidenciar diferencias espejando nuestras creencias, descorriendo el punto ciego en la propia mirada, ampliándola. En ese sentido, la conversación como metodología permite establecer puentes y abonar lo compartido creando y difundiendo conocimientos nuevos, dando lugar a perspectivas no dilemáticas, enriquecedoras.

Un acto de esperanza.

La esperanza es una disposición activa del alma. Es una fuerza poderosa que adquiere infinitas formas, siempre alentadoras, aun en las circunstancias más desfavorables. Nos mantiene alertas a las posibilidades superadoras, sea que nos movamos con gran despliegue en la dirección deseada, sea que las atraigamos manteniéndonos muy quietos, en buena sintonía. La esperanza siempre está ¿Por qué pensar que la indiferencia será la única respuesta a nuestros mejores esfuerzos cuando se puede apelar a ella? En las últimas frases de la presentación de Jorge vi reconocida la mía:

—*Es un acto de esperanza. Todo libro lo es, cuando se empieza está la esperanza de terminarlo, después, que alguien lo lea, y por último: ¡Mirá si alguien lo lee y se transforma un chiquitito el mundo! Siempre hay una intención de transformar… es un acto de esperanza que se vierte en palabras y va a tener un camino misterioso.*

Para mí había sido como una botella entregada al océano de las corrientes del mundo, conteniendo la esperanza del encuentro con otras voces y anhelos. Una esperanza muy precisa con un destino de misterio, acunada en una certeza:

Los tenues hilos, que lo entretejen todo, se tornan visibles cuando les prestamos atención, cuando nos disponemos a reconocerlos, entonces renuevan la vida llevándola a un mejor lugar. Cuestionar, escuchar, imaginar, comprender, ampliar perspectivas, enseñar y aprender son verbos esenciales a conjugar para avanzar en ese rumbo.

La vida tiene "vocación" por la novedad. Esa vocación inherente es el origen dinámico del aprendizaje, del desarrollo y de la evolución en cada sistema complejo, sea de la naturaleza, sea de la sociedad. Es un principio de creatividad, que supone la posibilidad de la emergencia espontánea de nuevas formas.

Nuestra vocación por la novedad puede ser bien aprovechada para ampliar las fronteras del conocimiento en un autoecoaprendizaje tendiente a un mundo más amable en el cual celebrar la vida. Como seres conscientes, está a nuestro alcance impulsar aquellos emergentes que sustentan integralmente la vida. Abrazar esa posibilidad propicia la configuración de una sociedad creativa, con una economía amable.

Capítulo 4

RESQUICIOS CREATIVOS
Pequeños pasos en un otoño de borrascas

Había comenzado el mes de mayo, los árboles mostraban tonos amarillentos y ocres en sus follajes. Las hojas secas tapizaban el suelo en las plazas, la brisa las esparcía por las veredas y las calles. Mis caminatas al atardecer comenzaban más temprano, siempre atenta a eludir las protestas callejeras que se multiplicaban y aparecían hasta en lugares impensados. Como si fuera para agregar un matiz más alentador al panorama, por esos días me propusieron dar una clase en una universidad.

—*Los chicos son muy participativos ¡Te va a gustar!* aclaró el profesor que me hizo llegar la invitación.

Eso me animó, pensaría algo. Conocía a Marcelo Ferrando desde mis años en el sistema financiero. Co nfiaba en que teníamos códigos en común, no por eso, sino por una conversación que habíamos mantenido en oportunidad de un evento que organicé para Fundación HABITAT & Desarrollo, dedicada a la conservación de áreas naturales. En ese entonces él manifestó interés para que su empresa colaborara con la fundación, y yo me había sorprendido diciéndole:

—*¿Qué es lo que a una siderúrgica le interesa de nosotros?*

—*Todo tiene que ver con todo,* había respondido Marcelo anclando la vista en el contenido de su copa de vino, dejándome el tiempo necesario para sacudirme la leve vergüenza que me había producido su comentario, ya que coincido plenamente. Pero en oportunidad de aquella conversación yo venía de realizar entrevistas con empresas y estaba cansada de las respuestas que había escuchado para con las acciones de conservación, a pesar de haber elegido compañías cuya actividad tenía obvia relación con los servicios naturales esenciales. En todos los casos, las respuestas habían sido variaciones de lo mismo:

—*¿Y nosotros qué tenemos que ver?* decían unos, a contrapelo de lo que dicen las etiquetas de sus productos en las góndolas de los supermercados.

—*Nosotros no contaminamos,* decían otros, aunque se tratara de compañías de transporte con una numerosa flota de vehículos.

Todas las actividades se sustentan directa o indirectamente en la naturaleza, pero en algunas es más evidente que en otras.

Desde una perspectiva sistémica es fácil encontrar respuestas a una pregunta como: ¿Qué tenemos que ver con una compañía siderúrgica de la que no somos ni empleados, ni accionistas, ni vecinos, ni clientes? Hacía tiempo que yo había hecho el ejercicio con respecto a la actividad financiera, que parece estar lejos aunque existe una insoslayable interdependencia. Más aún, en el sistema financiero puede promoverse la conservación de los servicios esenciales para la vida y contribuir a restaurar la sustentabilidad de la economía real en el ecosistema planetario.

Todo tiene que ver con todo de alguna particular y significativa manera. A veces es muy obvio y otras muy sutil, o incluso ambas a la vez. Lo que parece lejano es cercano, casi siempre más de lo que parece. En la trama biosocial la interrelación siempre está, más fuerte o más débil, de acuerdo a la densidad de la trama.

Una pequeña articulación.

Las articulaciones diseñan nuestro ser-estar en el mundo, aportando forma y contenido. Me lo había enseñado mi abuela, pero sólo con los años aprendí a reconocer la magnitud de su importancia, manteniéndome más atenta a las posibilidades. De modo que me alegré cuando Daniel me preguntó si podía compartir con Juan Carlos Gambarotta mi relato acerca de la experiencia de leer su libro, más aún cuando luego nos escribió un correo a los dos:

—*Para cuando hayan terminado con esta pequeña presentación, ambos se habrán leído el uno al otro, ya sea resumida o extensamente. Sólo puedo agregar mis deseos de que este encuentro sea para provecho de ambos y de muchos, y voy a aventurarme a agregar: de todos. A veces siento que algún cedro en el Líbano le da sombra a una de mis noches de verano ¡Cuando la naturaleza planta, planta para todos!*

A lo que Juan Carlos respondió brevemente:

—*Estuve unos cuantos días sin visitar la computadora. Entre la pila de mensajes encontré los lindísimos pensamientos de Daniel, y después leí los tuyos Silvia. Quedo a las órdenes,* concluyó a la manera uruguaya.

Sentí que algo refrescante tocaba mi alma. Una pequeña articulación puede hacer una diferencia enorme. Lo sé, porque cada vez que en mi vida aparece alguna que une mi mundo al de alguien con quien comparto intereses inclusivos, aunque parezca restringido a algún pequeño matiz, sé que iluminará mi ser-estar en el mundo.

Cuando se genera un vínculo, un arco visible, una conversación emerge. Irá mutando en sus formas particulares, manifestando realidades con los matices posibles. Vale aclarar, si la forma de interactuar no propicia beneficios inclusivos, antes o después el mundo compartido perderá vitalidad y marchitará.

Rumiando una clase.

Tenía que preparar la clase que daría a los estudiantes del último año de la carrera de Administración de Empresas.

—¿*Habían visto Economía? ¿Qué saben?* pregunté a Marcelo, quien sugirió que hiciera hincapié en los conceptos de biodiversidad, capital natural, actores clave y agenda verde.

—*Si les dejamos esos conceptos sería ideal. En el tema del gerenciamiento ambiental uno puede irse terriblemente por las ramas,* aclaró.

Supe que la mayoría de sus estudiantes estaba ya trabajando y que tenían mucho para leer.

—*La bibliografía de Dirección General es extensísima. Supera un apretado bibliorato a doble página…* dijo, para que quedara claro.

—*Vi que la clase dura una hora y media. Me gustaría plantear una o dos preguntas y hacer un ejercicio a mitad de recorrido más o menos ¿te parece?* comenté.

—*Sentite en libertad de decir lo que quieras, organizarlo como te resulte más cómodo,* concluyó él.

Intangibles-tangibles.

En muchos casos lo intangible se expresa en lo tangible. Las ideas, creencias y valores subyacen en nuestros pensamientos, sentimientos y acciones, forman patrones —intangibles— que se tornan tangibles a través de lo que propician, crean y destruyen, recreando nuestro mundo. Para nada imaginaba el modo en que aparecerían en la clase que había aceptado dar.

Aquel día había amanecido frío y sin viento. Al llegar, algunos de los cursantes charlaban en grupito fuera del aula, y otros entraron con cara de recién levantados cuando ya habíamos comenzado la clase. Todos de veintitantos, participaban activamente. Recorrimos los conceptos que llevaba preparados, y cuando llegamos al de "capital natural" les pregunté cuál es el motivo por el cual no se registran ni pagan los servicios de la naturaleza, aun cuando son tan esenciales.

Una chica que estaba en el ángulo izquierdo dijo:

—*Es que son intangibles ¡no se puede!*

Un muchacho que estaba en el ángulo opuesto le respondió:

—*Para mí son muy tangibles. Sin aire, agua y eso no vivimos. Lo que pasa es que esperamos a que las cosas se pongan graves ¡No se tiene previsión!*

Desde el pequeño púlpito en el que estaba instalada seguí los cruces de argumentos hasta que retomé para resumir y sugerir que vieran "El sabor del Té". Esa película muestra el concepto de los campos morfogenéticos, la idea planteada por el biólogo británico Rupert Sheldrake, de que los organismos responden a patrones de forma y comportamiento contenidos en campos que comparten con los de su especie. Tales campos interpenetran y atraviesan los organismos, de manera que entre ellos se produce una interinfluencia en función de la similitud que opera sobre los patrones de comportamiento, actuando sobre su replicación.

Una memoria inherente se deriva de formas previas de un tipo similar. La clave está en que lo similar influye sobre lo similar a través del campo que los une. Cada especie tiene sus propios campos y en el interior de cada organismo existen campos dentro de campos: para los brazos, las piernas, los riñones y así. Significa que la estructura de los campos guarda memoria de lo que le ha ocurrido a la especie en el pasado, sin que por eso se desdeñen las experiencias de los organismos particulares.

"El sabor del Té" evidencia ese fenómeno. La película de Katsuhito Ishii teje su trama alrededor de los temas por resolver de los integrantes de un grupo familiar que vive en un área rural del pequeño Japón. El relato concluye de una manera esperanzadora cuando la más pequeña de la familia, que ha intentado reiteradamente "la vuelta carnero", logra su cometido.

Katsuhito Ishii utiliza maravillosamente el recurso de la imagen. En el instante en el que la niña logra su primera "vuelta carnero" un girasol gigante emerge del suelo detrás de ella y se eleva al cielo fundiéndose en el infinito, coronando lo alcanzado laboriosamente. Es un momento de celebración que toca a todos los demás integrantes de la familia, quienes estando en distintos lugares perciben que algo ha cambiado para ellos. A través de sutiles interdependencias, o mejor dicho del "campo que los interconecta", el logro de la niña alcanza a toda su familia, a cada uno de acuerdo a su propia y particular circunstancia.

El individuo es parte de una intrincada trama vital que lo atraviesa y excede. La vida lo vive y se manifiesta en el individuo como particularidad interligada a su campo de pertenencia. Hay una interconexión que replica tanto los hábitos ancestrales como las innovaciones en la organización biopsíquica. Aprendemos individual y colectivamente.

Pequeña pausa.

El ambiente de la clase estaba receptivo, de modo que propuse el ejercicio que tenía en mente: una pausa guiada. Las pausas son fundamentales, revitalizan y renuevan, nos hacen más efectivos.

—*Les voy a pedir que cierren sus ojos… dos o tres minutos,* dije.

—*¡No, no, no! …es peligroso* replicaron a coro, dejándome desorientada:

—*¿Peligroso? No entiendo…*

—*¡Sí! Nos vamos a quedar dormidos,* aclararon ellos y yo les dije que no se preocuparan, si fuera a suceder los despertaría.

En aquél aula con forma de foro romano podía ver bien a todos. Los invité a que tomaran conciencia de su respiración y de su cuerpo. Se dejaron llevar, incluso el profesor que oficiaba de asistente pasando las diapositivas desde su computadora. Cuando abrieron otra vez los ojos encontré una luminosidad nueva en sus miradas, que ayudó a transitar livianamente la segunda parte de la clase.

Un homenaje al animé.

La experiencia me dejó un sentimiento de ternura que duró días, tal que al salir con una amiga, profesora ella también, compartí:

—*¡Los tenías que ver! Todos con los ojitos cerrados y yo diciéndoles que el aire que respiran es el mismo que respiraron millones de seres antes…*

Decidí que incluiría una pausa así cada vez que diera una conferencia. Un pequeño descanso y un recurso no intelectual para tomar conciencia de que somos partícipes de algo más grande y que al hacerlo refrescamos nuestra vitalidad al instante. También le conté a mi amiga lo que había referido sobre "El sabor del Té":

—*Es un homenaje al animé,* puntualizó ella.

—*Sí es, y no tengo idea de si el guionista quiso mostrar algo sobre la resonancia mórfica o no, pero para mí está y es lo más importante que tiene,* reflexioné y mi amiga completó:

—*Hay tanto que decimos sin registrar. Quizá esté porque el fenómeno existe realmente y la película lo muestra sin querer ¡Ese girasol del final dice mucho!*

Nos gustó imaginar que los amigos también comparten un campo de resonancia mórfica. Por entonces las dos participábamos en un grupo de aprendizaje bien consolidado, y aunque no habíamos visto girasoles elevándose hacia el firmamento, habíamos notado que los logros eran contagiosos, sobre todo si tenían que ver con lo que el grupo venía apoyando. Éramos muy diferentes unas de otras, nuestras circunstancias también lo eran, sin embargo, cada vez que había un motivo de celebración después de mucho bregar, nos preparábamos para una seguidilla.

—*¿A ver quién hace punta? ¡Se aceptan buenas noticias personales, grupales y sociales!* decíamos, y había quien hasta compraba un vinito en anticipación. Como lo expresa Maddona Kolbenshlag:

"La fuerza de las mujeres radica en su capacidad de cultivar amistad trascedente con otras. El respeto y el apoyo mutuo ayuda a transitar creativamente la vida, iluminando y transformando los modos de relacionamiento sociales donde todavía prevalecen los que son funcionales para con los hombres y efímeros e insustanciales para con las mujeres".

Es oportuno recordar que en la mayor parte del mundo, las mujeres hemos alcanzando la condición de ciudadanas hace menos de un siglo y que todavía estamos bregando consciente o inconscientemente para apropiarnos de un lugar digno, tanto en la esfera personal como social.

El fenómeno del apoyo mutuo, en pequeños grupos, es un pilar en el camino silencioso para reconocer el propio valor y establecerse en un lugar adulto y completo, que habilita a darse lo mejor y a ofrecerlo en resonancia amable para bienestar de generaciones presentes y futuras, y quizá también para las pasadas.

Agenda verde, creatividad en acción.

En el encuentro organizado por Jorgelina, cuando la humareda de los pastizales se hacía sentir en la ciudad, habíamos quedado en ofrecer un taller para promover conciencia y creatividad en las actividades de la "agenda verde", que promueve la conservación de áreas de reserva para mantener los servicios esenciales que brinda la naturaleza, como por ejemplo: la renovación del agua y de los nutrientes, la amplitud térmica y el control de plagas, entre otros.

Para conversar sobre los detalles fui hasta su oficina, concediéndome un instante frente al amplio ventanal que se abre hacía el río. Siempre hay algún buque que viene o va, saliendo o entrando a Puerto Viamonte. El paisaje invita a imaginar la otra orilla y la presencia de seres queridos allá por el este uruguayo.

Pensamos el programa y lo titulamos "Agenda verde, creatividad en acción" porque queríamos algo que estuviera al alcance, de acuerdo a las circunstancias de cada quien. Cuando pasamos a pensar en los expositores Jorgelina sugirió un abogado, y yo protesté:

—¿Abogado? ¡No quiero nada que tenga algo que ver con litigios!

—Te va a gustar, aseguró ella y enseguida le hizo saber a Ignacio que lo estábamos invitando. Él habló del "Caso Mendoza" y entonces supe que así se caratulaba judicialmente el problema de la contaminación del Riachuelo.

—Es interesante por el tema, por la cantidad de actores implicados y porque hay una innovación en la jurisprudencia, explicó.

Unos días después fui hasta su oficina en medio de una lluvia torrencial, que coincidió con una jornada tranquila dando oportunidad para que Ignacio se explayara en el "Caso Mendoza" y esbozara varios más, agitando las aguas de mi memoria. Aquella tarde hice el camino de regreso a casa chapoteando bajo la lluvia y mascullando sucesos de hacía ya tiempo.

Recuerdos de tragedia.

Las tragedias irrumpen en lugares y momentos impensados. Una que había ocurrido hacía ya años estaba haciéndolo una vez más, sin estruendo y sin noticieros, emergiendo de las huellas vivas en la trama que une mi vida a la de otros, aunque nunca llegue a cruzar una mirada o una palabra con ellos. La conversación con Ignacio me remitió a un evento ocurrido en los años en los que yo estaba a cargo de una cartera de clientes de crédito en el banco en el que por entonces trabajaba. El hecho sucedió apenas comenzaba la primavera en esta región y la noticia llegó a mi escritorio de la mano de mi supervisor. Yo había llegado temprano, todavía estaba acomodando mis cosas cuando lo vi entrar apurado y serio con un diario en la mano.

—*Mala señal…* pensé.

Lo constaté de un vistazo al leer el encabezado del diario, en la página que se desplegó delante de mí: *"Siete muertos por un escape de gas tóxico…murieron también el camillero y su chofer que acudieron en ayuda…"*

—*¡LLamá a tus clientes!* sugirió con el dedo sobre el artículo, agachándose un poco y mirándome a los ojos para subrayar que era urgente. Se refería a las curtiembres. Algunas de las que integraban mi cartera tenían sus plantas en el área próxima al Riachuelo. Leí el artículo completo antes de llamar a las empresas y ya no recuerdo qué dijeron, pero sí que pasé un informe diciendo que ninguno estaría implicado. Luego di por cerrada la cuestión y me dediqué a otras tareas, que a causa de aquella indagación se habían acumulado y amenazaban con traerme problemas tanto más inmediatos. Sin embargo, aquel suceso dejó una estela persistente bajo la forma de una pregunta que se reiteraba:

—*¿Qué hago en este lugar?*

Otro hecho que me había tocado más directamente sucedió durante la visita a un cliente en Tucumán. Fui con el gerente de la empresa y pasé el día recorriendo campos, instalaciones y cultivos, y era ya cerca del mediodía cuando inspeccionamos un silo que estaba casi al tope con porotos negros. Es un producto que tiene un mercado muy pequeño, por lo que su precio suele oscilar mucho de un año al siguiente. El dueño lo confirmó:

—*Son de la cosecha anterior, los retuvimos porque los precios vinieron muy mal.*

Estaban removiendo para ventilar. Entramos apenas y entonces sentí un olorcito que me resultó familiar. Instintivamente metí la mano y luego olisqueé los granos que quedaron en mi palma.

—*Es veneno. Hace años que lo prohibieron…* dije.

—*¡No, no! Es un producto para la humedad,* respondieron.

—*No es,* dije con furia apenas contenida y fui a lavarme las manos.

Esa noche, a la hora de tomar el avión yo volaba de fiebre, no sé si por el veneno o por la indignación. En el avión, el gerente de aquella empresa venía en el asiento que estaba detrás del mío porque no habían conseguido asientos a la par, y no sé cómo se habría enterado la azafata de que veníamos juntos, porque cuando empecé a revolverme en el asiento ella se dirigió a él:

—*Señor, su mujer está muy mal.*

Él no supo qué hacer. Ofreció un calmante, con lo que mi indignación desbordó y lloré en silencio. Ya de regreso en casa me detuve largo rato bajo la ducha caliente, sentía mucho frío. Gripe no era, porque al día siguiente me sentía mejor y fui a la oficina donde esperaban mi informe, que comencé por la conclusión:

—*¡Hay que salir de ahí!*

Lograrlo llevó tiempo. Es más fácil prestar dinero que recuperarlo, sobre todo si la empresa no es de lo mejor como era el caso. El proceso, aunque laborioso, me trajo tranquilidad y confirmó que la decisión de salir estaba muy en línea con mis responsabilidades laborales. Sin embargo, bien sabía yo que mi indignación formaba parte de la decisión, aunque no fuera evidente para los demás. Por aquel entonces, aconteceres de ese tipo alimentaban mis inquietudes con respecto a los patrones de comportamiento ciegos a la interdependencia. Por algún motivo yo los notaba cada vez más en los distintos ámbitos en los que interactuaba cotidianamente, así como en el contexto social más amplio.

Como individuos somos un sistema, mantenemos un equilibrio, una estabilidad dinámica que responde a un principio de autorregulación tendiente a preservar la propia vida y bienestar a lo largo del arco vital. Cada sistema tiene un límite en su capacidad autorreguladora, y si tal límite es excedido en algún momento ingresa a un estado de inestabilidad que implica la urgente necesidad de encontrar las vías y condiciones que permitan acceder a un nuevo equilibrio dinámico. Hacerlo involucra cambios en el nivel y/o tipo de actividad al interior del sistema, y/o en el entorno, y/o en el tipo de interacción sistema-entorno, lo que de ser insuficiente profundiza la inestabilidad, instaurando un deterioro que lleva la destrucción. Es lo que sucede, por ejemplo, cuando enfermamos gravemente.

La calidad del contexto, así como la cantidad y la calidad de las interrelaciones inciden en el fuero individual, ya que hay costos y beneficios que se internalizan. Tales costos y beneficios se generan en el sentipensar-hacer individual y social, en bucles que se retroalimentan en múltiples direcciones.

Somos con los otros. Por eso, según sean las dinámicas de interacción resulta más fácil o más difícil satisfacer las necesidades y ser feliz. Cuanto más amable el contexto y más amables las interacciones significativas, más fácil es la vida de quienes interactúan como partícipes de un sistema social, sea un grupo, una organización formal, o la sociedad en su conjunto.

Dulce sorpresa.

Las catástrofes naturales, cada vez más frecuentes, ocupan los noticieros por unos días y luego quedan relegadas a la realidad de quienes han sido alcanzados por ellas y a la de algunos más, no importa si se trata de tornados inusualmente fuertes, sequías prolongadas, inundaciones insidiosas, o lo que fuere. Por aquellos días un desprendimiento antártico de más de 400 Km^2 se aproximaba a las costas bonaerenses. Era uno más de los que vienen ocurriendo en las últimas décadas, evidencia tangible de un cambio climático en curso. Sin embargo, cuidar el biosistema no es prioridad, siempre hay otra cosa que es percibida como más cercana y urgente. Jorgelina y yo lo constatamos, una vez más, con las respuestas que recibíamos para con el taller para promover la "Agenda verde":

—*¿Cuidar la naturaleza? No está para eso,* decían los de las empresas esgrimiendo argumentos contundentes: ventas en caída, costos en alza, desvíos presupuestarios.

No era de sorprender en el tenso escenario que se respiraba. A veces bajaba a la calle y la encontraba desierta por estar cortada en alguna parte, otras veces las veredas estaban atestadas de gente porque no funcionaban los subtes. Hasta los domingos al atardecer los golpes de tacho repicaban con protestas en mi vecindario. Escribí a Sakshi Lee y a Daniel refiriendo idas y venidas. Ella respondió con una propuesta:

—*¿Recordás cuando en nuestra visita de Pascuas bromeamos acerca de una estadía en casa? dijiste que sería buena experiencia, aún en nuestra ausencia ¿Te parece bien por unas siete u ocho semanas?*

Aceptar sería una experiencia de soledad elegida, el vecino más cercano vive a seis kilómetros.

—*¡Primera impresión: desmayada!* respondí enseguida y cerré la computadora. Escribiría una respuesta cuando lo hubiera pensado mejor, pero lo decidí esa misma noche. Iría. A la mañana siguiente leí detenidamente el mensaje:

—*No estarías enteramente sola en medio de la nada. Juan seguirá cumpliendo tareas en el campo cinco días por semana. Ya sabés, es de confianza y muy discreto, además arreglaríamos apoyo de un vecino para cualquier eventualidad. Viajaríamos muy tranquilos sabiendo que estás aquí…*

Había visto a Juan muchas veces. Un hombre de mediana edad, un gaucho callado y curtido. Nunca había cruzado más que unas palabras con él, pero lo sabía querido como si fuera de la familia. Él estaría a poco más de un kilómetro, lo que consideré una distancia adecuada. Sabía que mis amigos habían hecho algunas refacciones en el antiguo casco de la estancia, para que él pudiera tener sus habitaciones allí. El casco está emplazado en el lugar más alto del predio y me gustó saber, que durante los días en los que Juan estaría ausente yo podría continuar accediendo al mirador.

Me gustaba subir allí, no sólo por la panorámica, sino porque el mirador parece emerger por entre las copas de los añejos árboles circundantes que el viento hace sonar en cascada a la menor brisa. Hacia el noreste la vista se topa con el bosque y en las demás direcciones el mar de ramas cargadas de verde parece continuarse en los pastizales. Hacia el noroeste se ve la desembocadura del Arroyo de las Conchas en la laguna, y muy en la lejanía las sierras. Entrecerré los ojos y me vi atisbando el entorno, respirando el aire límpido, escuchando los gorjeos de los pájaros. Todo el conjunto me sugería una oportunidad de oro.

El poder obsoleto.

En el taller Ignacio Padvalskis Simkus enfocó su exposición del "Caso Mendoza", resaltando aspectos relacionados con la innovación en el abordaje de temas colectivos. En la conversación previa habíamos hablado de la angustia que provoca el futuro, por lo difícil que resulta vislumbrar el desenlace de la dinámica instalada. Estuvimos de acuerdo en la posibilidad de un futuro promisorio a pesar de los problemáticos desafíos, ya que actualmente se dispone de conocimientos que podrían habilitar bucles producción-consumo sustentable, transformando los que están vigentes, y así superar la barrera de las meras declaraciones. Él comenzó su exposición describiendo la concepción del poder de la cual emerge la dinámica instalada:

—*No se ha superado la humillación como forma de ejercer el poder,* dijo y ejemplificó con el conflicto que ocupaba a la sociedad en ese momento, el del gobierno-campo argentino, en el que las dos partes concebían la solución como una derrota de la otra. La cuestión de fondo estaba en el modo de abordar el problema. La crisis evidenciaba la falta de práctica en el diálogo como modo para arribar a una solución compartida. Es decir, a través de la cooperación en vez del árido enfrentamiento. En muchos aspectos, en el discurso de los dirigentes, aparecía la humillación del otro como forma de salir del conflicto. Ignacio trazó un paralelismo con el sistema judicial, en donde también se manifiesta claramente la misma concepción:

En un Juicio tradicional alguien reclama y otro se defiende de ese reclamo rechazándolo, se produce una instancia en la que se aportan pruebas para ver cuál de los dos tiene razón, y esa razón la otorga el Juez. El Código Procesal establece que tiene que haber un vencido y un vencedor, y que el vencido tiene que someterse absolutamente al poder que el Juez le otorga al vencedor. Por ejemplo, si alguien reclama judicialmente la cancelación de una deuda que no ha sido atendida y el Juez emite una sentencia a su favor, el deudor tiene que pagar aún a costa de perder los bienes que le son más queridos.

—*Esto es tan evidente, que a mí incluso me cuesta trabajo pensar que puede haber otra solución, aunque se está pensando,* concluyó.

En lo judicial, como en prácticamente todos los ámbitos hay quienes están buscando alternativas sobre la base de la cooperación, lo cual es más satisfactorio y beneficioso que el simple resultado de un vencedor y un vencido. Con el "Caso Mendoza" la Corte Suprema de La Nación, abrió una alternativa al sistema tradicional, más satisfactorio y beneficioso que el simple resultado de un vencedor y un vencido.

El "Caso Mendoza".

"Caso Mendoza" es la carátula de un juicio tramitado ante la Corte Suprema en instancia originaria. Es decir, que no hubo intervención previa de otro Juez, sino que se elevó el asunto directamente, por su importancia y por quienes son los demandados: el Estado Nacional, la Provincia de Buenos Aires, catorce Municipios ribereños, además de cuarenta y cuatro empresas que tienen sus establecimientos en la cuenca.

La demanda fue iniciada por Beatriz Silvia Mendoza y otras dieciséis personas, algunas residentes de "Villa Inflamable", un asentamiento ubicado en el Partido de Avellaneda cerca de Dock Sud, y otras que trabajan en el Hospital Fiorito, también de Avellaneda y que viven en la zona de influencia del hospital.

Un aspecto innovador del caso es que el juicio sale del planteo tradicional, ya que se inició para la prevención del daño ambiental colectivo futuro y la recomposición del ya causado por la contaminación de la cuenca Matanza-Riachuelo, una de las mayores catástrofes ambientales de la Argentina.

Una idea de la dimensión del problema.

La contaminación en el área del Riachuelo data de la época de los saladeristas, y ya por el año 1887 la Corte Suprema había emitido un fallo que sentó precedentes importantes al respecto, cuando estableció que la habilitación de una industria se hace bajo la presunción de que es inocua, es decir que no produce ningún daño. De manera que dejó en claro que una habilitación no es excusa para justificar el daño que, eventualmente, pueda producir la actividad.

Sin embargo, distintas industrias utilizan el curso de agua del Riachuelo para deshacerse de sus desechos, de modo que la contaminación actualmente afecta directamente a tres millones de personas, que son las que viven en los catorce municipios ribereños de la cuenca, e indirectamente alcanza a varios millones más. Es una de las zonas más densamente pobladas del Gran Buenos Aires y en estado de emergencia social y sanitaria. Allí hay cloacas abiertas y buena parte de las personas no tiene un servicio sanitario eficiente y existen basurales clandestinos.

Ignacio ilustró el problema con la catástrofe que había irrumpido en mi cotidianeidad laboral, en la primavera del 93, a través de las empresas de mi cartera asentadas en el área ribereña.

—*A principios de la década del 90 hubo un caso que fue brutal, una tragedia ocurrida en 1993. En uno de esos basurales se vertieron, por accidente, residuos industriales que produjo que por la cloaca fluyera gas cianhídrico. El gas cianhídrico se produce por la conjunción de varias sustancias, especialmente el cianuro. En aquella ocasión terminó escapando por el inodoro de una casa que quedaba más o menos cerca del lugar. La gente que estaba en la vivienda murió instantáneamente, pero lo más dramático fue que cada vez que entraba alguien con la intención de auxiliar caía muerto, puesto que el gas se había quedado encajonado dentro de la casa.*

El abandono de todo tipo de solución.

El caso del gas cianhídrico fue dramático, pero no engendró acciones concretas contundentes. La inacción en busca de solución es una de las cuestiones más evidentes en la contaminación de la cuenca. Data de cerca de doscientos años y fue creciendo a pesar de que se crearon instituciones interjurisdiccionales para resolverla, además en el año 1999 se presentó el Informe OKITA sobre el estado de situación y planes de solución. Ignacio compartió:

—*Yo en ese entonces formaba parte de la Comisión Pro bono del Colegio de Abogados de Buenos Aires, donde se realiza trabajo voluntario en causas públicas. Nos habíamos reunido unos cuantos abogados, varios de ellos ya muy especializados en derecho ambiental. Estuvimos discutiendo durante varios meses y llegamos a la conclusión de que no se podía hacer nada, no encontramos la forma de iniciar un juicio. Había muchos factores que nos llevaron a esa conclusión, desde la dificultad de encontrar a las personas que tuvieran derecho a reclamar hasta encontrar un juez competente para el caso. Ese fracaso, la verdad siempre me pesó, por eso cuando conocí el caso de un grupo de personas que se nucleó en una asociación barrial para la causa me produjo mucha alegría, y más aún por la reacción de la Corte que, claramente, había incluido el tema en su agenda de Políticas Públicas.*

Principios de innovación.

Hubo varios casos en los que la Corte fue más allá de la forma tradicional y comenzó a tener una actuación activista, buscando una mayor trascendencia, como un verdadero poder del Estado y no uno limitado a solucionar ciertos conflictos.

—*Uno de los elementos más impresionantes de esta forma de actuar de la Corte fueron las audiencias públicas que se hicieron en el "Caso Mendoza",* señaló Ignacio.

En una audiencia pública se evita el problema que existe en la mayor parte de los expedientes judiciales que terminan siendo un depósito de papel. Cuando todo está mediatizado a través del papel, más o menos cualquiera se anima a decir cualquier cosa porque no se lo dice en la cara a nadie. Es muy fácil negar una deuda cuando no se tiene al acreedor enfrente, resulta fácil decir que no se es responsable de un accidente cuando no se está frente a la víctima. Con respecto al "Caso Mendoza", Ignacio compartió:

—*Fue tan evidente cuando una de las empresas demandadas alegó: "Cumplimos con todas las reglas, nadie puede imputarnos ninguna contaminación" y uno de los jueces de la Corte dijo: "Bueno, pero todos sabemos que el río está contaminado." Es decir, no se puede ocultar.*

Principios de solución.

La Corte dictó una resolución, en junio del 2006, en la que manifestó que la causa por los daños personales, a la salud y a la propiedad de los diecisiete demandantes debería dirigirse a un Juez de primera instancia, y en cambio se declaró competente en cuanto al daño ambiental colectivo. A partir de esa resolución hubo cambios importantes. Ignacio los presentó claramente:

—*Se abrieron dos juicios paralelos. El tradicional donde se repite el mecanismo de una parte acusa y la otra se defiende, en el que habrá un vencedor y un vencido. Otro en el que la Corte tomó una actitud proactiva, intimando al conjunto de demandados a elaborar un plan de saneamiento, y a las empresas requirió informes sobre los recaudos para detener y revertir la contaminación. Unos meses después, el Estado Nacional, la Provincia y la Ciudad presentaron el plan con su respectivo comité ejecutor, y la Corte nombró peritos para que evaluaran la factibilidad del plan, poniendo en marcha un proceso en pos del saneamiento.*

Preludio de una Sentencia.

Al terminar el taller se me acercó una bióloga de cabellera encanecida, quien compartió:

—*¡Tenía dudas en venir! Hace años yo daba clases en las escuelas en la zona norte, incluía el tema y me angustiaba mucho. No sabía de esto que está pasando con el Riachuelo.*

También se acercó un abogado, de una Fundación activa en la causa.

—*Yo también soy de los que abogan para que se termine el problema ambiental de la cuenca,* dijo.

Dos semanas después me hizo llegar la sentencia que entonces había emitido la Corte Suprema el 8 de julio del 2008. Era un paso más en pos de la resolución de un problema socioambiental con una trayectoria de dos siglos formando parte de la vida y el paisaje de Buenos Aires. También fue un paso hacia una Justicia como un poder capaz de contribuir activamente para tender puentes entre lo que es y lo que conviene al bienestar de todos, articulador de recursos sociales y transformador de viejas estructuras que ya no sirven.

El Riachuelo se destaca como un epicentro contaminante, ubicado a unas pocas cuadras del centro financiero y político del país, en donde son muchos los que viven "ajenos" a esa realidad que les es tan cercana como el aire que respiran en el cotidiano trajinar. Los efluvios contaminados alcanzan a millones de personas que viven en la Ciudad de Buenos Aires y en el Gran Buenos Aires, desde Berazategui hacia el sur y hasta Moreno hacia el noroeste. Está lejos de ser el único, sus venenos se entremezclan con los fluyen por el Río Reconquista y el Luján hacia el Tigre vaya a saber de cuántas maneras.

A lo largo y lo ancho del país y más allá, toneladas de desechos industriales y domiciliarios se vierten a la tierra, se incorporan a la atmósfera, se escurren hacia las napas acuíferas y fluyen en las corrientes hacia las lagunas y los mares. Cada ciudad, cada pueblo, aunque no tenga industrias importantes en sus cercanías tiene su propio basural, su propia miseria ambiental. Lo que podría incorporarse a la tierra como nutriente habitualmente se mezcla con plásticos, tintas y demás en una oscura sopa. Es parte del paisaje y de algo más profundo: la actividad humana concebida como escindida del entorno del cual depende.

La cuestión de fondo.

Es sorprendente lo arraigado de la visión que lleva a considerarse escindido del medio ambiente biosocial. Solamente una minoría, que crece lentamente, lo ve diferente y se inquieta por las implicancias que tiene y, sobre todo, por las que puede llegar a tener. Los que nos hemos incluido en esa corriente, sabemos que también solemos perderlo de vista, porque hemos crecido en una cultura ciega a la interdependencia, creyendo que es una palabra vacía, que la solidaridad es una declaración de deseo o una expresión de la propia voluntad, y no una realidad, particularmente evidente en la cuestión ambiental. Para dar un ejemplo, cito el comentario que una amiga, arquitecta, persona informada y con gran sentido práctico, deslizó con naturalidad y convicción, dejándome perpleja:

—*A mis hijos los crié en un barrio para que tuvieran verde y crecieran sanos,* dijo reflexionando acerca de lo que les había podido dar. Se refería a un edificio con espacio verde en Catalinas Sur, a unas cuadras del Riachuelo, desde cuyo balcón se puede ver el emblemático puente de La Boca, a metros de la desembocadura del río cuyas aguas bajaron contaminadas durante todo el tiempo que ella habitó con su familia en ese lugar.

Cuanto más cerca de los focos de contaminación, peor. A través de un estudio documental "El Riachuelo mata en silencio", elaborado en el año 2004 por Clarín y la Universidad de Quilmes se ha constatado que la población ribereña sufre de diversidad de males vinculados a los problemas ambientales: cianosis, cáncer, retraso mental, hepatitis, dengue, hanta virus y otros, y se constata que las concentraciones de metales como ser mercurio, zinc, plomo y cromo superan cincuenta veces los máximos aceptables.

Aunque la conciencia al respecto ha ido aumentando paulatinamente, todavía cuesta relacionar el propio bienestar con el del ambiente en el que se está inmerso. Sin embargo, un sistema vivo —desde una perspectiva sistémica— se considera junto con su entorno, —el conjunto de elementos exteriores al sistema—, porque para vivir, necesariamente interactúa e intercambia con él. Cabe preguntarse: ¿Hasta dónde, por cuánto tiempo y cómo puede un ser vivo continuar en un entorno que le es altamente desfavorable?

Hay que tener presente que la fuerza del paradigma es grande y es sutil, subyace poderoso sin que nos demos cuenta. Es fácil verlo en otros cuando es diferente al propio, aunque rara vez es apropiado señalar lo que se ve. En la práctica social aún predomina el pensamiento fragmentado, carteasiano, que cada vez más necesita complementarse con un pensamiento capaz de abordar las múltiples dimensiones e interrelaciones en el conjunto.

Fragmentar es separar al nivel del pensamiento lo que está unido en la realidad, en el nivel biológico. Al separarlo en el nivel del pensamiento, también se lo separa en las prácticas cotidianas, donde por tal motivo se multiplican las complicaciones e inconvenientes. Por ejemplo, el consumidor es a la vez productor, ahorrista, ciudadano, accionista y mucho más, sin por eso dejar de ser la persona compleja que es, con sus sentimientos, afectos e inquietudes. Olvidarlo puede ser fatal, sin embargo tiende a ser así en el sentipensar-hacer de la cultura vigente. Irá cambiando a su tiempo, puesto que la ciencia ha logrado innovar reuniendo lo que se había separado en el nivel del paradigma.

La perspectiva sistémica busca comprender las interacciones y las propiedades emergentes de un conjunto interrelacionado, que constituye una totalidad en sí misma, distinta a las partes que la componen. Es un pensamiento más promisorio, que reconoce la íntima interdependencia, enriqueciendo perspectivas, dando lugar a innovaciones en el sentipensar-hacer. Es un abordaje que ha surgido en un resquicio creativo, a partir de la inquietud científica de unos pocos. Se extiende lentamente, incorporándose a numerosas disciplinas a través de los autores que lo cultivan, algunos muy conocidos.

Los resquicios creativos.

Atestiguar novedades, sea en la vida personal, sea en la sociedad, es muy complejo. No es fácil saber dónde y cuándo surgen y cómo se extienden. Son muchas y se influyen mutuamente, de múltiples maneras. Los resquicios a veces permanecen ocultos por décadas y hasta siglos, y surgen de pronto como los *tenues hilos* que enlazan generaciones y culturas en este planeta y quizá más allá: ¿Cómo elucidar el misterio que une y contiene a todos?

Por años trabajé en una oficina con vista a la calle, desde donde vi crecer un arbusto en un lugar impensado. Producto de alguna semilla traída por los pájaros y el polvo de décadas surgió como un pequeño brote en las molduras de cemento del ventanal del edificio de enfrente, en un resquicio. Fue estirándose a pesar de todo, bailoteaba con el viento que se embolsaba en aquella calle en invierno y quedaba marchito en los atardeceres de verano, debido a la inclemencia de los rayos de sol que caldeaban el cemento. Estuvo allí, vaya a saber cuántas temporadas, hasta que dejé de verlo.

Nuevas realidades surgen cuando algo cambia en el ambiente o en los integrantes del sistema social, sean personas u organizaciones de cualquier tipo, fundamentalmente a partir de cambios en los patrones de interacción que subyacen en los comportamientos. Lo que parece repetirse al infinito, de pronto acusa una pequeña variación, luego otra y otra, y al cabo de un tiempo el sistema ha mutado.

La novedad surge allí donde, por algún motivo, hay más propensión al cambio: porque hay algo que muta, aún sin proponérselo, o porque se abre espacio en donde antes no había, o se amplía uno muy pequeño, aparentemente insignificante. Surge en un movimiento expresivo que se nutre del impulso creativo que le dio lugar, encontrando receptividad en la trama a la que ingresa y fuerzas favorables para sortear lo que le es adverso.

Dada la densidad interacción en la actual trama humana no es de extrañar que las olas de cambio sean tan asombrosas. En las mutaciones que acontecen se entremezclan las que son favorables con las que no lo son, de modo que nadie sabe cómo será el mañana. Esto inquieta a muchos, porque les resulta evidente que hay fuerzas amenazantes tomándolo todo, de modo que lo positivo corre el riesgo de ser neutralizado.

Es imperioso que los paradigmas que subyacen en las decisiones y las acciones tiendan a propiciar un escenario promisorio. No importa lo oscuro del panorama, mientras hay vida, hay esperanza, posibilidad de cambio: un resquicio creativo puede abrirse en cualquier lugar del sistema y hasta en muchos al mismo tiempo.

Los sistemas tienen esa posibilidad maravillosa: algo que surge en el más recóndito lugar, en el más mínimo espacio, puede encontrar los senderos que lleven a transformar el todo creativamente. Esa posibilidad provee anclas a la esperanza y alas al anhelo de un mundo mejor.

Si un sólo impulso encontrara la receptividad de un hambre de cambio, lo suficientemente fuerte como para nutrir el compromiso con lo que en verdad importa a todos y a cada uno, entonces una vida feliz, o por lo menos más feliz que la actual, sería posible ¿Hay alguien que en su sano juicio no quiera eso?

Capítulo 5

ECOCONDICIONES AMABLES
En invierno, nave mágica

El invierno venía afianzándose en la ciudad ¿Cómo sería en la laguna? Podía imaginar el viento sur barriendo la extensión, empeñado en disipar la niebla matutina que lo oculta todo.

—*Trae consigo colores brillantes en el cielo y deja una sensación de transparencia en el aire*, había escrito Daniel. Él comienza cada mensaje dándome elementos para que yo pueda imaginarme en donde sea que él esté. Sakshi Lee, por su parte, pone cuidado en los detalles prácticos. Ella escribió:

—*Vamos a necesitar unos días para enseñarte los sistemas de la casa y asegurarnos de que puedas manejarte con soltura ¿Te parece unos días antes de nuestra partida? ¡Me encanta imaginarte paseando con los perros, emponchada en ropa calentita! La lluvia y el viento afuera, y el calorcito de la chimenea adentro son aspectos del lugar que no conocés. Con el mal tiempo el trillo a veces se torna intransitable por días, pero Juan viene y va con su motocicleta. Él es la conexión más segura con el mundo "exterior". También nuestra amiga Graciela, con lo gaucha que es, es capaz de caminar los seis kilómetros que estarás de la ruta. Lo ha hecho otras veces cuando estuvo de casera.*

Era un anticipo de lo que me esperaba, pero a mí lo único que me preocupaba era conocer los sistemas de la casa, particularmente el de generación eléctrica: una combinación de energía solar y eólica. Las baterías eran originales y estaban prácticamente amortizadas, con su vocación ecologista mis amigos se resistían a cambiarlas, pero para mis habilidades eso significaba "pronóstico reservado". Sabía que con lo demás me las ingeniaría.

Reminiscencias de "El Ranchito".

Por su estilo y facilidades, "La casa de la Laguna" es del primer mundo. Todo lo contrario a la que conocí en mi primera visita. "El Ranchito" era el nombre que aparecía sobre la puerta de entrada de la casita donde vivían mis amigos, antes de construir la nueva con sus propias manos y diseño soñado. Chiquito, pero muy acogedor, "El Ranchito" casi escondido en la arboleda del viejo casco de estancia, a unos treinta metros de la antigua casona que por entonces estaba destinada a recibir a los huéspedes, me enamoró a primera vista.

Habíamos estado las dos solas, Sakshi Lee en "El Ranchito" y yo en una enorme habitación de la antigua casona, que en su mobiliario incluía un piano y un escritorio antiguo. Allí se respiraba un cierto aire de misterio, aun siendo de día. Dos ventanales cuyas finísimas y transparentes cortinas dejaban ver un aljibe cubierto por la hiedra en un lugar privilegiado del patio, un claro abierto al cielo, en medio de una espesura de sauces en los que el viento se encargaba de realzar el aire de misterio cuando jugaba en sus largas cabelleras verdes. Sakshi Lee había invitado:

—*Durante el día podés bañarte ahí, si querés. Nosotros lo hacemos habitualmente antes de almorzar. Acá no hay vecinos cerca*, aclaró.

Al mediodía siguiente ella fue a refrescarse y luego sugirió:

—*Si querés probá mientras pongo la mesa.*

En mi infancia solía bañarme al aire libre, echándome agua fresca con un balde. De nuevo, allí estaba yo renovando la experiencia, parada sobre un círculo de cemento con los rayos de sol colándose entre los árboles, dibujando enormes gotas de luz en mi piel en la que se escurría el agua refrescante del aljibe. El viento parecía aprobar jugando con la brisa, envolviéndome en un disfrute largamente olvidado.

Las noches eran más inquietantes. No había luz eléctrica. Cenábamos a la luz de una lámpara a keroseno en la pequeña cocina-comedor de "El Ranchito", mientras el resto de la casita estaba apenas iluminada por velitas ubicadas en lugares estratégicos. Instaladas allí frente a la ventana, nos acompañaba un concierto de grillos y ranas, con esporádicas intervenciones de alguna nutria que aportaba un sonido semejante a un lamento. El cielo tapizado de estrellas asomaba entre los árboles y se dejaba ver cuando salíamos al camino para un paseo antes de ir a dormir. Al quedar sola en la vieja casona, la oscuridad que envolvía el lugar se hacía sentir, realzando la transparencia de las cortinas del enorme cuarto que me albergaba. Me apuraba a apagar la velita y quedaba un rato atenta a los sonidos del ambiente, algunos muy cercanos.

—*Si por las noches escuchás ruidos en el cielorraso, son murciélagos. Viven ahí, pero no entran aquí. Sólo son molestos*, me había informado Sakshi Lee convenientemente.

Aquella corta estadía fue tan intensa en autoconocimiento, amistad, alegría y descanso, que me refrescó lo suficiente para atravesar el año entero sin vacaciones.

Azucenas rosadas.

Florecen en marzo, imposible no verlas porque bordean el camino cerca del casco de la antigua estancia. Me habían recibido en aquella primera visita, justo antes de comenzar las clases en la universidad. La idea de pasar unos días allí se le había ocurrido a un amigo cuando le hice saber que necesitaba una escapadita a un lugar tranquilo, antes de embarcarme en un programa intenso. Muy suelto, él me había sugerido:

—*¿Sabés dónde? Uruguay, cerca de La Paloma. Sakshi Lee y Daniel viven en un lugar así ¡Es para vos! ¡Llamálos!*

Yo los había visto solamente una vez, apenas unos minutos, y no era mi costumbre alojarme en casa de otros.

—*¡Vos llamá!* insistió mi amigo, pasándome un número de teléfono. Fue tan convincente que di el paso.

Atendió Sakshi Lee. Un poco dubitativa le pregunté si se acordaba de mí y ella respondió como si hubiera estado esperando esa llamada.

Cuando pude expresar mi intención, exclamó:

—*¡Me encantaría que vengas!*

Aseguró que era un momento oportuno, porque Daniel por esos días estaría en Venezuela. Cuando volví a llamar, Sakshi Lee otra vez me sorprendió al hacerme saber que ya había arreglado detalles prácticos para recibirme:

—*¡El miércoles vamos a Montevideo! Llevo a Daniel y el jueves te espero en el puerto.*

Amanecía cuando salí de casa aquel jueves que cambió mi vida. Llegué temprano a Puerto Viamonte, pero no sé por qué subí entre los últimos. Quedaban pocos lugares en el buque, ninguno al lado de la ventana, pero encontré asiento al lado de un señor. Con una timidez inusual para una ejecutiva desenvuelta como era yo por entonces, le dediqué una sonrisa y sin decir palabra me acomodé en el asiento cerrando los ojos para relajarme.

Cuando el buque comenzó a moverse los primeros rayos de un Sol naranja se reflejaban en el agua, entonces hurgué en mi mochila en busca del libro que llevaba. Leía apenas un poco y después espiaba el paisaje tras la ventana, reposando la mirada en la superficie oscura del agua en movimiento, admirando la estela de espuma que dejaba el buque a su paso y el camino de luz que se abría hacía mí desde el horizonte, entonces cerraba los ojos suavemente para sentir inquietudes, emociones, recuerdos, incertidumbre.

Fuera internacional o de cabotaje yo iba y venía sola. Noté que era así desde hacía ya mucho, por lo menos desde la escuela secundaria. Recordé un episodio que ocurrió cuando cursaba segundo o tercer año y la escuela organizó una salida de día completo en micro. Todo había sucedido según lo programado y ya íbamos de regreso. Llegaríamos a las 7 de la tarde, pero en la ruta tuvimos un percance. Llamaron a la escuela para que los padres estuvieran sobre aviso. Llegamos a medianoche y el micro paró en medio de la calle porque estaba todo lleno de autos con las familias esperando. Recorrí las hileras de autos, ida y vuelta, atestiguando encuentros de padres aliviados e hijos despreocupados, sólo para constatar que mis padres no estaban.

—*¡Te quedás en casa!* sugirió entonces mi mejor amiga, y yo llegué a la mía el día siguiente encontrando a mi familia tomando mate en la galería. Atravesé el jardín a grandes pasos, enojada.

—*¡Estaba todo el mundo!* dije en tono de reclamo.

—*Nosotros estuvimos a las siete y nos enteramos. Vos te sabés arreglar,* respondió mi madre sin alterarse.

Habían pasado varios años de aquel percance y ya me había acostumbrado a que nadie me fuera a buscar. Era la primera vez que sería distinto, me emocioné. El buque había alcanzado velocidad crucero. Apelé al libro, pero las letras se desdibujaban. Intenté anclar la mirada en el centelleo dorado que jugaba en la espuma del río, pero no resultaba. Entonces el señor de al lado pidió permiso diciendo que iría a estirar las piernas. Al pasar me preguntó si yo prefería sentarme del lado de la ventana y se fue sin esperar respuesta. Al rato volvió con desayuno para dos y se abrieron las puertas a la conversación. Las emociones se me fueron aquietando cuando aquel hombre despertó mi interés. Conversando animadamente hasta encontramos que teníamos amigos en común. Él viajaba seguido al Uruguay, por trabajo.

—*Es mi primera vez y por placer,* dije.

Supe que él estaría regresando al día siguiente y yo en una semana. Cuando ya el barco atracaba en el puerto él preguntó si me gustaría volver a verlo. Salí a las escapadas, había mucha gente y a Sakshi Lee no la veía. Mi ansiedad se transformó en asombro cuando, al atravesar el umbral de la puerta de salida, la descubrí detrás de un ramo de flores. Nos dimos un buen abrazo, luego subimos a su camioneta y para cuando bordeábamos la rambla de Montevideo ya charlábamos como si nos conociéramos de toda la vida.

—*¿Te gustaría un picnic a la orilla del mar? ¿Preferís un restaurant?* preguntó ella al rato.

Almorzamos en la playa y unas horas después salimos de la ruta, pasamos varias tranqueras y cuando llegamos a una loma bajamos del auto.

—*¡This is our home!* dijo Sakshi Lee señalando hacia la laguna.

En ese momento tuve la certeza de que aquella arboleda, todavía lejana, escondía un lugar entrañable. Minutos después llegamos al viejo casco, en donde el viento jugaba en un estallido de azucenas rosadas que alegraban el pasto en torno a los árboles.

—*¿Sabés que en mis pagos también hay? Mi madre las tiene en su jardín,* dije al verlas.

Tanto había y tanto encontré aquella vez que mi asombro desbordó, porque a mi regreso en el puerto de Buenos Aires también me estaban esperando.

Salirse del esquema.

Para promover la "agenda verde", Jorgelina y yo nos habíamos propuesto un esquema de continuidad, de modo que por aquellos días nos reunimos para conversarlo.

—*Las empresas están haciendo poco para con el medio ambiente,* observó ella.

—*Lo vimos con el taller y es la experiencia de la Fundación HABITAT & Desarrollo, también lo dicen otras investigaciones de campo, estudios de la CEPAL y de la consultora McKinnsey* dije.

Pensamos que abordar el asunto desde el rol de las cámaras empresarias era una opción al alcance. Jorgelina reflexionó:

—*No se ve como una inversión, todavía.*

Ella luego exploró la propuesta y encontró acogida, pero entre las idas y vueltas las fechas se complicaron. Además yo necesitaba organizar los detalles de mi estadía en "La casa de la Laguna", durante la que luego seguí rumiando la cuestión, encontrando algunas claves para ampliar mi perspectiva y comprensión del problema. Lo ambiental, social y biológico, no se ve como una cuestión clave. La mayoría cree que no es importante propiciar lo que es beneficioso para todos, para el conjunto. No lo creen ni las organizaciones, ni las personas que actúan por sí y en las organizaciones, por lo menos no lo suficiente. Es comprensible, porque nuestra cultura está imbuida de una visión que no lo reconoce: la de la ciencia clásica, racionalista, reduccionista, mecanicista, fragmentaria, dual.

En el umbral de la revolución científica, en los albores del pensamiento moderno, con las formulaciones del pensamiento cartesiano, la antigua unidad micro-meso-macrocosmos —ser humano-sociedad-universo— fue sustituida por la relación sujeto-objeto. Esa perspectiva luego se impuso en el mundo entero con el devenir de la historia europea a partir del siglo XVII. "El gran paradigma de Occidente", como lo llama Edgar Morin, es ejemplo elocuente de las brechas que pueden abrirse cuando la intención es puesta en acción: las aspiraciones de Descartes de procurar cuanto esté al alcance para el bien general de los hombres han quedado traicionadas de camino. Tal traición estaba ya en germen en la concepción de su método: separar espíritu de materia, sujeto de objeto, ser humano de naturaleza y todo aquello que está entretejido en distintos niveles, en múltiples dimensiones y matices.

El método cartesiano —en el corazón de la ciencia clásica—, y por ende de la economía pensada desde esa perspectiva, abrió las puertas a un poder desbocado que desconoce sus propias limitaciones. Ha despojado lo humano en lo humano, el sujeto ha sido vaciado de subjetividad, de ser, y ha devenido instrumento de una ciencia vacía de sentido, que no reconoce más finalidad que la del servicio a sí misma: razón devenida irracionalidad, agotadora realidad. A pesar de ello, la ciencia —referente dominante— sigue siendo depositaria de esperanzas e ilusiones. Soberana prolífica, brilla en incontables logros: genera conocimientos, multiplica invenciones y renueva tecnologías en un sinfín de aplicaciones cotidianas. Es por tal motivo que la mayoría cree que la ciencia todo lo solucionará: siglos con desbordantes adelantos dan prueba de su poder. La humanidad que ella ignora, la vida que pisotea son solamente una instancia, una etapa necesaria del progreso ¿Pero hacia dónde se progresa?

Ante tanta marea avasallante y al rescate del entretejido vital, a finales del siglo XIX surgió la ecología, como la primera disciplina integradora. Sin embargo, la economía de la corriente principal sigue su marcha autista hacia un horizonte cada vez más sombrío. Debido al pensamiento que subyace a la dinámica actual es la ciencia más atrasada, tanto que muchos han olvidado que es una ciencia social. Desde ya, en flagrante contrasentido con su origen: "Eco" es la raíz que comparten la ecología y la economía. El vocablo proviene de "oikos", palabra griega que refiere a la organización del ambiente y la vida familiar, las normativas de las relaciones a su interior y con el entorno: la sociedad y la naturaleza. Sin duda, una perspectiva más rica permite reconocer nuestra interdependencia con la gran trama a la que pertenecemos, en la que creamos y vivimos una autoecorealidad.

La autoecorealidad que propiciamos bien podría sernos amable. Un contexto que facilita satisfacción y abundancia de calidad de vida es posible. Es una cuestión de diseño y de propiciación que nos involucra en roles protagónicos, transformadores.

Los cambios más necesarios e importantes están en el nivel paradigmático. Sólo nuevas creencias profundas y valores éticos sustentadores de la vida pueden dar lugar a modos de ser-hacer a la altura de las circunstancias y desafíos actuales.

De externalidades a ecocondiciones.

No es lo mismo pensar en el ambiente como un proveedor de recursos y descarga de desechos, de oportunidades y amenazas, que considerarnos constitutivos del ambiente y constituidos por él, partícipes activos, contribuyentes de las condiciones ambientales. La segunda perspectiva reconoce la autonomía de las personas —la capacidad de ser y elegir por nosotros mismos—, una autonomía que tiene muchos matices de dependencia con el entorno cercano y lejano. Somos con nuestro ambiente biosocial. Sin duda, cuanto más amable tanto mejor, ya que hace a la calidad de cada uno de nuestros momentos, sean afortunados o no.

En la economía se denomina externalidades a lo que se internaliza desde el entorno, por vía de mayores beneficios o de mayores costos. Es un concepto que surgió en los albores de la era industrial, con el nacimiento mismo de la economía como ciencia. Los ejemplos típicos, negativo y positivo respectivamente, son: la suciedad que aparecía en la ropa recién lavada que se tendía a secar en las proximidades de las fábricas cuyas chimeneas impregnaban el aire del vecindario, y la polinización por la acción de las abejas en los campos y jardines próximos a sus colmenares. Ya en el origen del concepto se reconoció que las externalidades no son transables. No se pueden comprar ni vender, aunque se intenta mercantilizarlas. No son objeto de intercambio, sin embargo, inciden en las ecuaciones de costos/beneficios individuales y sociales, por ende en los precios y en muchas otras dimensiones de la cotidianeidad: en la calidad de vida ¿Qué justifica modificar el concepto? ¿Por qué llamarlas ecocondiciones?

Porque representan costos o beneficios derivados de condiciones medioambientales que se crean en la trama individuo-sociedad-cosmos. No son externas, sino interrelacionadas y en constante retroalimentación transformante que incide en múltiples dimensiones, en los diferentes actores y en el entorno en su conjunto. Dicho de otro modo, el ambiente biosocial imprime mayores costos o provee mayores beneficios, directa e indirectamente. por vía de obstáculos y dificultades, o bien de facilidades e incluso servicios. Por ejemplo, la existencia de una buena escuela contribuye de muchas maneras, no sólo para las familias cuyos integrantes participan en sus actividades, no sólo para la vecindad, porque lo que se genera allí ingresa a la trama biosocial y se metaboliza en la vida de muchos, a corto y largo plazo.

Somos seres individuales-colectivos, partícipes de algo más grande que nos atraviesa y constituye, que nos reúne en una incertidumbre cohesiva que entrelaza pasado, presente y futuro, tiempo y no tiempo, lo que es, lo que podría ser y lo que nunca será. Entrelazamos nuestro ser-estar en el mundo en irrenunciable solidaridad, dando lugar a las realidades que vivimos. Sin embargo, prevalece aún la idea de un "homo economicus" que se piensa separado —aislado— y busca priorizar su beneficio ante todo, aún a expensas del ambiente y de otros. Es el ideal racional que busca maximizar beneficios y minimizar costos: los suyos. Es una concepción tan arraigada como agotada, porque un tal ser racional no existe. En su lugar existe un ser complejo que no puede separar su racionalidad de su irracionalidad, tiñéndolas con afectos, sentimientos y emociones. Un ser, que además vive en irrenunciable interdependencia.

Temores, alegrías y esperanzas se mezclan en cada decisión, en cada momento, en millones de corazones en todo el planeta que dejan sus huellas en pequeños y grandes quehaceres, pero aun así, el pensarse separado se evidencia en los comportamientos de buena parte de la humanidad, en especial de quienes ocupan lugares visibles, los que llamamos lugares de poder, los que atraen la mirada y los que indican modelos a seguir. Tal así, que la economía imperante continúa operando con la concepción que considera al ambiente como "algo" externo con lo que nos relacionamos, fuente de sustento, de oportunidades y de amenazas, con sus costos y beneficios asociados.

Esa visión se refleja en las decisiones y actividades de las empresas, de las familias y también de las naciones. Sin embargo, es en la trama biosocial en donde se crean las condiciones en las que se desenvuelve, con una asombrosa diversidad, la vida de los habitantes del planeta, en un conjunto muy complejo, donde se sustenta y renueva la vida de incontables seres. Se podría decir que es obvio, pero a muchos se les hace difícil reconocer que sus sentimientos, pensamientos y comportamientos retrovierten sobre sí mismos de diversas formas, en tiempos inciertos, como una suerte un boomerang que ingresa a una red de interinfluencias que incluye el punto de partida.

Una ecología de la acción nos constituye y excede: las consecuencias de nuestro sentipensar-hacer retornan de maneras previsibles e imprevisibles, en momentos esperados e inesperados. Todo se recrea momento a momento, de innumerables maneras, en la historia viva que viene siendo desde hace millones de años en la espiral coevolutiva que protagonizamos.

Ninguna acción es inocua. Toda interacción deja su traza, pequeña o grande. En ese sentido, a nivel planetario la comunidad humana está sujeta, fundamentalmente, a dos tipos de reguladores: los de la biósfera (y el cosmos en su totalidad) y los de su cultura.

Una sociedad que se reconoce interdependiente con la biósfera propicia patrones de interacción favorables a cuidar las regulaciones de su metasistema/entorno. Significa que las regulaciones culturales reconocen y respetan las que rigen en la biósfera, porque su propósito es sustentar la vida creando ecocondiciones amables.

Vivimos las huellas de acciones o inacciones de otros y de las nuestras propias, en íntima interdependencia. Cada individuo, grupo e institución participa en la configuración del "oikos" en el que gestiona su cotidianeidad. Cuánto más favorable tanto mejor: ecocondiciones amables hacen la vida más fácil y placentera.

Relato en tiempo de descuento.

Las noches frías me esperaban a la salida de las clases recordándome que pronto estaría lejos, había empezado a sentir un punzón en el pecho que se hacía muy presente camino a casa.

Sakshi Lee, a cada tanto, hacía llegar algún mensaje por los detalles prácticos:

—*¿Todo pronto para venir? Botas de goma son esenciales. Si no tienes, te conseguimos un par en Rocha. Es época de barro y de rocío fuerte. Por favor, traé tu permiso de conducir para que puedas usar la camioneta por cualquier cosa.*

Lo que yo venía estudiando con Ana María Bovo tenía un enfoque autobiográfico. Literatura de la experiencia lo llama ella, la que transmite lo que se ha vivido o atestiguado en el entorno cercano, pero quería explorar con algo que no me fuera tan cercano, quería saber si podía hacerlo, si me conmovería menos. Pensé en Nelia, una amiga uruguaya que solía contarme fragmentos de su vida que por algún motivo me resultaban atractivas. Cuando nos vimos le dije que quizá intentara escribir su historia y la invité a cenar sin imaginar, ni remotamente, lo que resultaría:

—*El domingo ¿le parece? en mi casa. Con un vinito nos animamos. Usted me contará y yo luego veré qué pasa.*

Ella desbordante de entusiasmo respondió:

—*¡¡¡Siempre supe que algún día una escritora contaría mi historia!!!*

Me sorprendí tanto que respondí balbuceando:

—*Es solamente un ejercicio, un experimento, un… un, no se lo tome tan en serio.*

No sé si ella escuchó, porque sólo pidió precisiones:

—*¿A qué hora tengo que estar? ¿Cuál es la dirección?*

El domingo siguiente ella llegó puntual y cenamos conversando tranquilamente, sin tocar el tema, pero cuando íbamos por el té ella me dijo:

—*Silvita, si quiere ir preguntándome, no sé si va a grabar, o a tomar nota ¡Eso lo decide usted!*

Busqué los elementos y me dispuse a escuchar. Ella hablaba y verificaba que yo tomara nota. No había espacio para preguntas y aquella noche, cuando Nelia se fue, me increpé:

—*¿Y ahora qué? ¿En qué me metí?*

Despejé la mesa, tomé una última copa de vino, lavé todo y decidí darme un baño. Salvo el cuaderno de notas no quedaban vestigios.

Nave mágica.

Me instalé en la bañera y al hacerlo me sumergí en un río de imágenes y sensaciones, como si algo me hubiera trasladado a aquel lugar en las sierras uruguayas donde había nacido Nelia, su madre Francisca y varias generaciones de sus antepasados. Ya me había secado y tomado otro té, pero aquello continuaba, de modo que busqué las notas, me metí a la cama y las repasé identificando algunos detalles que necesitaba saber y luego dormí profundamente. A la mañana siguiente preparé un matecito y empecé a ordenar la información. Lo hacía sin especular, había una naturalidad en ese hacer que me asombraba. Sólo necesitaba constatar algunos detalles, de manera que aquella noche y varias más llamé a Nelia para preguntar:

—*¿Había olor a mar en ese lugar? ¿Cómo era el ranchito? ¿Hacia dónde miraba? ¿Tenía ventanas?*

Era una prueba fehaciente, una experiencia contundente de una afirmación de Ana María Bovo en su libro "Narrar, oficio trémulo": "Los narradores son los que, a través de sus palabras nos suben a naves mágicas sin remeros ni timonel. Nos cruzan de un mundo a otro. En principio todos somos narradores, narradores espontáneos."

Nelia me había subido a una nave mágica. Lo que quería transmitir tenía tanta fuerza que me trasladó a aquella porción de sierra uruguaya donde trascurrió su infancia. Mi imaginación quedó prendida en aquel lugar y en los días que siguieron me sentí respirando allí con ella, atestiguando sus vivencias. Llegué a percibir el olor a mar que solía traer el viento antes de que ella lo mencionara. Cuando me di cuenta ya no podía discernir entre lo que ella describía y lo que yo imaginaba, todo aquello se había vuelto vivo en mí y sentí la urgencia de concluir cuanto antes. A los pocos días nos volvimos a encontrar y ella tenía más información, pero yo me apresuré a responder:

—*Esa historia está terminada y yo también. Me duele el cuerpo, baños de inmersión, ejercicios, respiración, pero estoy cada vez peor, esta mañana no podía andar erguida. Se lo quiero leer.*

Tenía la idea de que hacerlo tendría el efecto de un pequeño exorcismo, le devolvería lo suyo. Fervientemente, sólo quería que esa nave mágica me devolviera a mi puerto, a mi lugar.

Confiar en el proceso.

Algunos procesos son muy obvios, es fácil comprender lo que está sucediendo y hacia donde se orientan los cambios. Otros son todo lo contrario, se mueven inmersos en el misterio y apenas podemos intuir lo que sucede, entonces lo mejor es propiciar un buen fin apelando a los recursos al alcance y a la confianza. Durante aquella semana solamente empeoré, de modo que llamé a mi médico y le describí mi estado:

—*El dolor va corriéndose de lugar, del pecho pasó a los omóplatos y ahora lo siento en los hombros, como si fueran enormes clavos incrustados que migran.*

—*Es un proceso* dijo él, indicando globulitos de árnica.

Se acercaba la fecha de partida hacia "La casa de la Laguna". Comencé a dudar. Por otra parte, algo estaba pasando con mis amigos. Hacía tres semanas que no tenía noticias de ellos, no respondían al correo, ni a los mensajes que les dejaba en el contestador. Al primer contacto supe que se habían quedado sin energía eléctrica.

—*Estuvo nublado y sin viento. Es inusual,* dijo Sakshi Lee al teléfono.

Tres días antes de mi partida recibí el último correo electrónico de Daniel:

—*Por aquí te estamos esperando. Mientras escribo puedo ver una bandada de cisnes de cuello negro habitando la desembocadura del Arroyo de las Conchas, indiferentes al fuerte viento sur que comienza a encrespar la superficie de la laguna. Las cigüeñas que más temprano bordeaban el pajonal han encontrado otro rumbo. Sin ellas el pajonal se ve desnudo y solitario al embate del viento. El Sol brilla y el cielo está muy azul. Es como si la naturaleza también supiera que estás por venir.*

Reuní todo mi valor e hice las valijas como pude. No tenía fuerza en los brazos y no podía respirar libremente.

—*Es un proceso,* insistió mi médico cuando lo llamé.

Confié. Siempre me había ido bien en mis estadías en "La casa de la Laguna" ¿por qué habría de ser distinto? Imprimí la historia de Francisca, la madre de Nelia, y la llevé conmigo. Estaría cerca de aquel lugar en las sierras donde ellas habían nacido. Lo hice instintivamente, dándome otra oportunidad para comprender mejor que la vida de Francisca y los suyos de alguna manera misteriosa hacen parte de la mía.

Ecocondiciones amables.

Nuestras vidas se entrelazan más de lo que podemos ver en la unidad-diversidad que somos. La vida nos vive mientras nosotros vivimos la vida. Somos partícipes de una trama biológica y social que reúne incontables generaciones. Sabemos que nuestro sustento vital —multidimensional— se genera en la gran trama de vida: alimento, vestimenta, techo, afectos, habilidades, conocimientos, aspiraciones, sentimientos, creencias y anhelos profundos reverberan allí, recreándose constantemente en una espiral evolutiva.

Aunque los conocimientos disponibles habilitan a reconocerlo, nuestra consciencia aún no se ha desarrollado lo suficiente para vivir conscientemente con esa comprensión. En cambio, hemos desarrollado lo suficiente nuestra consciencia para nutrirla con nuevas comprensiones, a través de conocimientos y prácticas ya disponibles, dando lugar a un mundo más amable.

Múltiples costos emergen de una trama poco amable. Es difícil llevar una buena vida en una sociedad que no provee las condiciones que la favorezcan, aunque es posible y ha sucedido infinidad de veces. La historia humana es elocuente al respecto: hay personas que son capaces de atravesar condiciones que les son muy adversas y aun así mantener su integridad. Todos tenemos esa capacidad en mayor o menor medida, ya que la ejercemos a diario para adaptarnos a las diversas circunstancias. Sin embargo, la vida cotidiana es tanto más fácil cuando la amabilidad es un rasgo muy presente en las personas y en las organizaciones con las que interactuamos. Es la diferencia que hace la diferencia a través de ecocondiciones amables.

Las ecocondiciones se crean en las múltiples interacciones que ocurren a diario en el ecosistema social, generando patrones que facilitan o dificultan la realización personal en un interjuego individuo-sistema social. Es notable que los estudios de Abraham Maslow con respecto a las personas autorealizadas indican que ellas no sólo evidencian una mayor consciencia de sí, sino que tienden a interactuar de maneras cuidadosas para con su entorno. Tal observación permite pensar que la felicidad, en el sentido de contentamiento profundo, conlleva una cierta consciencia de la solidaridad irrenunciable que nos une a millones de seres. La felicidad está ligada a una genuina amabilidad.

Las necesidades personales bullen en un interjuego constante y situacional donde emergen, se disuelven, se satisfacen o bien, perduran y se multiplican produciendo insatisfacción, preocupación y angustia. La felicidad es satisfacción. Es la vivencia de una persona que tiende a sentirse satisfecha, para quien la plenitud se ha vuelto un estado familiar y las deficiencias ocupan un lugar secundario que logra satisfacer en su trama de pertenencia.

En una vida plena, feliz, hay satisfacción, sea porque la necesidad se disuelve o porque se satisface. En ese sentido, sea que ello provenga desde el entorno o desde el fuero interno personal, comporta una autoecointeracción, la cual si es beneficiosa propicia una autoecosatisfacción. En cierta manera, lo que damos, nos damos. Damos lo que somos. Somos lo que recibimos, generamos y damos.

El mundo interior y exterior, en conjunto inseparable, ofrece constancia viva de cómo hemos podido desarrollarnos como ser humano y como sociedad. La capacidad de ser feliz tiene una fuerte impronta cultural: los patrones culturales, las creencias y valores dan forma a nuestro mundo personal y social, expresan el grado de desarrollo de nuestra consciencia de interdependencia, de solidaridad, de genuina amabilidad autoecosistémica.

Aquí algunas preguntas orientadoras para reconocer lo que propicia la cultura en la que abrevamos: ¿Qué tipo de experiencias son las que tiñen nuestra cotidianeidad? ¿Son satisfactorias? ¿Hay carencias? ¿Vacíos? ¿Cómo es nuestro entorno familiar y social? ¿Cuáles son los temas que se destacan y generan atención? ¿Cómo se abordan y atienden? Es fácil gestionar la cotidianeidad? Es decir: ¿Se nos facilita la vida con ecocondiciones amables?

Capítulo 6

LA TRAMA DE PERTENENCIA
La historia de Francisca

Las personas somos vulnerables, irremediablemente. Las fronteras con nuestro entorno son porosas y hasta pueden ser difusas. No somos seres aislados. Pertenecemos a una trama y mucho acontece en ella, constantemente, y por eso tantas veces sucede que un evento contundente, irrumpe y lo trastoca todo en segundos. Rara vez es una manifestación espontánea y aislada, sino todo lo contrario. Son incontables las estelas que silenciosamente se incorporan al tejido vital de las historias personales y sociales, y por cierto cuánto más amables mejor. Los hilos de la trama son más sutiles, numerosos y poderosos de lo que parecen. La historia de Francisca, a quien nunca conocí, irrumpió con tal fuerza en mi vida que me hizo comprenderlo.

∞

Francisca era la última hija de una familia numerosa, nació cuando todos sus hermanos ya se habían ido a probar mejor fortuna y venían de visita cada tanto. Se anunció inesperadamente y vino a renovar la vida en el pequeño rancho que había albergado a la familia por tres generaciones. Pero dos meses antes de su nacimiento, su padre no volvió de una diligencia en la ciudad y su madre mezcló la espera con dolor de despedida. Por las tardes se sentaba bajo la parra del patio a mirar la lejanía y a saciar su pena con las uvas que ese verano la parra dio prodigiosamente.

—*Me las pide el niño,* decía en voz muy baja acariciándose el vientre. Así fue como Francisca tomó el gusto por las uvas ya antes de asomar al mundo, cosa que ocurrió en medio de una tormenta de finales de verano. Su madre se debatió en trabajo de parto la noche entera, llenado el aire con sus gritos de parturienta que alternaban con el sonido de la lluvia cuando ella se daba un momento de alivio.

—*La Luna está mala,* repetía la abuela de Francisca mientras ayudaba como podía: secando el sudor del rostro de la parturienta, alcanzándole una taza de té de barba de piedra, rezando cada tanto un Ave María mezclado con invocaciones a la fuerza de los elementos implorando benevolencia.

Francisca llegó por fin con la primera luz de una mañana que prometía, con el último pujo de su madre que no sobrevivió al trance. La recibió su abuela, quien le cortó el cordón umbilical con una tijera de esquilar calentada hasta el rojo vivo en la llama del candil y la envolvió en trapos limpios, después de colocarle una faja con hojitas de batata embadurnadas con grasa de lagartija sobre el ombligo, para que le quedara como corresponde a una niña bien nacida. Fue ella quien se ocupó de criarla y forjarle un destino.

El viejo rancho en el que vivían era una construcción de piedra que como única abertura tenía una puerta de madera rústica. Cada mañana, ya sea que estuviera el cielo cubierto de nubes o el sol abrasando la tierra, Francisca asomaba al mundo por esa puerta desvencijada, siempre con la certeza de ser parte de algo más grande. Aspiraba el aire limpio de la sierra y retrataba en sus pupilas los infinitos puntos de encuentro entre el cielo y la tierra que se extendían hasta donde diera la vista. Adivinaba el mar del que no conocía más que el aroma de mariscos y algas que traía el viento del este cuando soplaba con insistencia. Paisaje agreste, piedras, tunas y soledad. Paraje Barriga Negra era el nombre del lugar.

∞

Algunos vecinos les facilitaban la tarea de sobrevivir. Los que vivían a un kilómetro y medio, en tiempo de esquila, venían a buscar lana en un camión viejo que llegaba hasta el otro lado de la margen del arroyo. Los más próximos estaban a unos cuatrocientos metros del rancho, ladera abajo. Era una pareja ya mayor que le cedía la mitad de la leche de sus vacas a cambio de la tarea de ordeñe que Francisca aprendió apenas supo caminar con paso lo suficientemente firme como para que su abuela no tuviera que cargarla en carretilla. A esa altura su abuela tendría ya unos noventa años, el rostro surcado de miles de arrugas pero mantenía el andar grácil y pausado. Fue ella quien despertó en Francisca un gran amor por los animales. Le enseñó a llamar a las vacas por sus nombres y acariciar sus cuellos, como un modo de pedirles permiso antes de ordeñarlas, agradeciendo de antemano su leche.

—*Manchiiita, Blanquiiiita, Estrelliiiita* repetían las dos, atentas a los movimientos de las vaquitas para adivinar su humor, calmándolas con palmaditas en el lomo.

Terminada la tarea tomaban leche tibia y espumosa ahí mismo, momento que su abuela aprovechaba para instruir:

—*¡Para que crezcas fuerte y linda!* decía secándose los bigotes blanqueados.

Una vez al mes iban a la feria del pueblo, a vender unas cosas para poder comprar otras. Con el tiempo Francisca fue relevando a su abuela en las tareas y era todavía una niña cuando comenzó a ir sola al mercado. Salía de mañanita y regresaba a mediodía con las compras y noticias frescas: que se estaba por casar quién, que esperaba un nuevo niño quién, que estaba al borde de la muerte quién y todo mezclado con precios, escaseces y otros hallazgos en las tiendas a cielo abierto. A lomo de un matungo viejo recorría los senderos de la sierra hasta llegar al pueblo que quedaba a unos diez kilómetros. En las alforjas, de ida llevaba cordero recién carneado, miel de chirca y arrope de tuna y de regreso traía harina, yerba y alguna otra cosita. El resto lo iban ahorrando para alguna compra importante. Fue el caso de su vestido de quince años, cuando con unos meses de anticipación compró una tela de algodón blanco con flores de un rosa intenso, como las de los macachines que juntaba en primavera.

—*¿Me prestás un rato la revista?* le dijo a la del tenderete y luego de hojear la revista a conciencia, prescindiendo de las palabras se esforzó en memorizar detalles del modelo de tapa que era el único que venía en colores.

—*¿Es para vos no?* le preguntó la del tenderete y Francisca asintió con un tono de rubor en las mejillas.

—*Una mujer a punto de florecer…!* dijo la otra con un toque de picardía, desplegando la tela frente a Francisca. Juntas calcularon la cantidad necesaria y cerraron trato. Aquella tarde, como otras veces, en su camino de regreso al rancho vio a los hombres del campo vecino arriando el ganado. Ellos la saludaron tocándose el sombrero en señal de respeto, de lejos. Sin acercase hacían un alto haciéndole saber que la habían visto. Se acostumbraba.

∞

Unos días después se les murió el matungo viejo y Francisca tuvo que hacer el recorrido a pie, cargando menos, saliendo más temprano, regresando más tarde, mascullando penurias que mechaba con las ensoñaciones que le traía su vestido de mujer. Cosiéndolo a mano con puntos invisibles por las noches a la lumbre del candil logró terminarlo a tiempo para estrenarlo en la boda de una prima que se casaba con un patrón de estancia.

Hubo fiesta en la casona grande. Llegaban caminando, a caballo, en sulky o en carreta con sus mejores ropas, calzados con alpargatas los más y con botas los menos, trayendo consigo guitarras, bandoneones y tambores en alegre algarabía.

—*Tú bailas con todos los mozos que te saquen,* recomendó su abuela a Francisca antes de salir.

—*Te dejas llevar, una pieza no más con cada mozo,* agregó mientras le abrillantaba los cabellos con un toque de caracú, que había guardado de la sopa, dejándolos de un azabache intenso.

En la casona grande se fueron juntando los que venían de cerca con los que habían venido de lejos. Las mujeres circulaban por la casa y bajo la enramada del patio cotorreando, y se acicalaban en grupitos en los dormitorios donde Francisca pudo verse de cuerpo entero reflejada en un espejo por primera vez.

—*Te queda pintado,* le dijo su abuela con orgullo.

Los gauchos se juntaban debajo del ombú haciendo pasar las novedades de la región junto con el mate mientras el asador mantenía un ojo en los corderos que se doraban sobre viejos elásticos de cama devenidos en parrillas. Vinieron el juez y el sacerdote del pueblo, y las ceremonias se hicieron antes del almuerzo que tuvo una sobremesa tan larga que se continuó en el asado de la noche. Bien servida, no faltaron pastelitos, pan casero, chorizos y morcillas. Todo muy regado con mate, caña, vino, animada conversación y payadas en las que los gauchos se debatían en pícaros contrapuntos. A la hora del baile, debajo de la enramada se fueron acomodando los músicos y arrancaron con un vals:

> *"Yo quiero China que te pongas tu listón, así mañaaana salimos a pasear... ¿Por qué me escriiiibes si no sé leeer? ... "*

Las parejas salieron al ruedo a levantar polvareda en el patio donde la luz fogosa de los faroles contrastaba con la tenue luz azul de la Luna llena que iluminaba la región. Francisca llevaba su pelo negro recogido en un moño de un rosa intenso y su vestidito con pollera de frunces, con paso ligero bailó con varios mozos bajo la mirada atenta de su abuela que estaba tan complacida de verla moverse con gracia y discreción que no alcanzó a percibir el ligero temblor de Francisca cuando bailó con uno de los arrieros del campo vecino. El baile siguió hasta que cantaron los gallos, entonces la gente se dispersó, algunos regresaron a sus casas y otros descansaron sobre pelegos y colchones dispuestos para ese fin en la casona del anfitrión.

El domingo siguiente Francisca estaba tarareando el vals de los macachines mientras andaba cerca del arroyo donde asomaban las primeras flores de la estación. Tarareaba alegremente, agachándose a juntarlas:

"Juntando unos macachines una mañana teee vi…"

Ya había logrado un pequeño ramo cuando vio llegar al hombre que la había llevado con suavidad y firmeza siguiendo los acordes de ese vals en el baile de la fiesta. Él se apeó de su caballo tropero frente al rancho, se sacó el sombrero negro que llevaba y se presentó ante la abuela de Francisca que lo atendió sin hacerlo pasar.

—*Uberfil Belén Nuñez Guerra me llamo doña. Hace un año que estoy de arriero con mi tío en el campo vecino.* Sin preámbulos dijo que andaba buscando mujer, que Francisca ya tenía edad y que había notado que vendría bien un hombre en esa casa. Ella lo miró bien a la cara y le dijo que volviera en un mes.

—*¡Hay que averiguar bien de donde viene!* dijo a su nieta sin preguntarle nada, adivinando su aprobación por la luz que le vio en la mirada antes de que Francisca bajara la vista.

—*No sólo de qué familia es el hombre, sino como acostumbra, que luego le vienen los hijos,* prosiguió.

—*Se tiene que ver que hay un hombre en la casa y no que se ha traído un zángano,* concluyó y sin más se dedicó a preparar el guiso de cordero que era un lujo de domingo.

∞

La abuela se ocupó de visitar al dueño del campo donde trabajaba Uberfil y de indagar sobre él con los demás vecinos. Que se quiere casar con su nieta les explicaba para averiguar vida y obra de aquel hombre. A las tres semanas llegó a una resolución, estaba lista para darle el sí. No era bebedor ni mujeriego, buen padre sería, aunque le llevara veinte años a la niña. Hubo trato y al poco tiempo Uberfil vino a ser el hombre del rancho viejo.

En el transcurso del primer año renovaron el techo de paja que ya había comenzado a dejar pasar el agua cuando había aguaceros fuertes en el verano y tormentas en el invierno, sonando como un concierto de oboes cuando había mucho viento. Lo mismo con el puente de madera que usaban para cruzar el arroyo cuando las lluvias lo hacían crecer. Al segundo año les nació la primera hija que eligió venir al mundo con una Luna creciente tan brillante que envolvía de luz azul la región destacando el rancho recién blanqueado a la cal. Había venido en una noche muy fría, de modo que la abuela de Francisca se mantuvo ocupada en mantener vivas las brasas en los tachos dispuestos en la cocina y en el dormitorio para dar calor. La niña apenas dio tiempo a prepararse para recibirla, pues llegó al segundo pujo de su madre cuando el agua rompió en hervor en el fogón de la cocina.

—*¡Primeriza con suerte!* le dijo la abuela a Francisca cuando le puso a la niña sobre el pecho, ya limpia y envuelta en un lienzo de algodón.

Tan liviana y tan breve la tarea que pasada la medianoche el rancho quedó sumido en silencio, compenetrándose con el que reinaba en el exterior. Toda la familia se durmió. Tan complacida estaba la abuela que a la mañana siguiente encontró fuerzas para hacer el sendero cubierto de escarcha hasta el establo de los vecinos a ordeñar las vacas una vez más, y en los dos años que siguieron se abocó a enseñar a Francisca los infinitos secretos del oficio de madre.

—*Hay que hacerle la reliquia,* le dijo cuándo a la niña le llegó el momento de la dentición. Buscó una tarántula entre las piedras, la apretó para que sacara el diente y en un ritual mezcla de rezos y yuyos lo transformó en una protección.

—*En día con mucho sol tiene que ser y le haces los rezos con mucha intención,* aclaró y luego envolvió el diente en un pequeño trapito, le puso una cuerda y lo colgó al cuello de la niña.

∞

Una madrugada, no mucho después, Francisca se despertó por un movimiento que sintió en el rancho como si de pronto el silencio se hiciera más profundo. En la cocina, donde dormía su abuela, la lumbre había quedado encendida. Se acercó al camastro y percibió que la anciana ya no respiraba, aunque tenía el cuerpo todavía tibio y el rostro más sereno que nunca. Le acarició la cabeza y se dispuso a prender el fogón para calentar agua. Cuando despuntaba el Sol, ya había terminado de frotarle el cuerpo con un trapo, de vestirla con su mejor ropa y de peinarle los cabellos plateados juntándolos en un breve rodete. Luego la envolvió en una sábana limpia poniendo ramitos de lavanda aquí y allá y se dedicó a intercalar los rezos para el alma de su abuela con los abrazos de su niña. Fue la primera vez que sintió soledad. Fluía de su corazón, llenaba el rancho, se extendía por la sierra, impregnaba el universo. Se tocó el vientre y supo que venía un segundo hijo. Su sentimiento de soledad se hizo más fuerte, mezclándose con una nueva esperanza.

Poco antes del nacimiento de su segunda hija le sobrevino una nueva pérdida. Un accidente como pasa cuando se hace más de lo que se puede. Francisca estaba preparando el cordero del domingo y salió a buscar unas hojitas de romero para adobarlo. Su niña en la plenitud de su curiosidad puso una banqueta sobre el suelo apisonado de la cocina y se estiró para ver mejor lo que Francisca había dispuesto sobre la vieja mesa de madera, agarrándose de ella. En ese hacer cedió uno de los tablones y la niña resbaló hacia el fogón volcándose encima el caldero donde hervía el agua para lavar las sábanas. El golpe fue tan fuerte y las quemaduras tan profundas que la niña no sobrevivió más que tres días de infierno, a pesar de los ungüentos de aloe y hojitas de batata que Francisca renovaba a cada rato. De la muerte de un hijo una madre no se repone jamás, pero nuevos nacimientos le dulcificaron el semblante a Francisca: nació otra niña y antes de que se cumpliera el año otra más, y cuando ésta última ya había cumplido los cuatro vino un varón.

∞

El rancho se llenó de voces y a Francisca se le fueron multiplicando el trabajo, las alegrías y las escaseces, que cuando parecieron volverse demasiadas vino a paliar la situación una cantera que se instaló un poco más allá de la margen del arroyo. Las jornadas de Francisca comenzaban antes de la primera luz en invierno y al amanecer en verano. Lloviera y tronara o hiciera un frío de helar ella iba al ordeñe a primera hora de la mañana y otra vez antes de oscurecer, en el medio intercalaba su trabajo en la cantera con los quehaceres domésticos: preparar la comida, barrer el rancho, lavar la ropa. Toda la familia junto con ocho peones trabajaba en esa cantera, que estaba a cargo de Uberfil. Los hombres picaban las piedras y Francisca con sus niños ayudaba a cargarlas en un viejo camión. Para extraerlas, los peones picaban un reguero de varios metros en la piedra. Uberfil, considerándose el responsable y el más hábil en el oficio, se ocupaba de colocar allí la dinamita él mismo.

Francisca se anticipaba a todos llevando a sus niños sobre una carretilla lo suficientemente lejos para resguardarlos de la explosión. Se ponía tensa en cada ocasión, pedía a los niños tapar sus ojos y oídos, y ella hacía lo propio murmurando una oración. Las piedras volaban en todas direcciones y Uberfil tenía que correr para alejarse lo más rápido posible. La vez que tropezó le cayeron piedras en la espalda, pequeñas, y por suerte no le dejaron mayor estrago que una costilla rota y unos moretones que lo mantuvieron a media marcha por un mes. Francisca lavaba la ropa en el arroyo con jabón de grasa de cerdo y golpeando con ellas las piedras, frotándola en una tabla de madera para luego extenderla y secarla al sol. Ese mes golpeó más de lo habitual para sacar la mugre de esos trapos y la impotencia de su corazón.

Por ese entonces las niñas mayores ya tenían edad para ir a la escuela, y en eso estuvieron de acuerdo Francisca y Uberfil: que aprendieran para que la vida les fuera más fácil.

—*Pueden ir en el Overo,* ofreció él orgulloso del caballo que había aportado a los bienes de la familia.

—*Si salen después del ordeñe llegan bien,* concluyó ella.

Las niñas comenzaron la aventura diaria de recorrer los seis kilómetros hasta la escuela. En ese tiempo también se abrió una calera en las cercanías y Francisca aceptó el trabajo de remendar y coser bolsas por las noches. Cosía y las niñas aprendían con ella, si no era en la costura, era en las tareas escolares. A veces la más pequeña quedaba eximida de esas tareas para escribir rudimentarias cartas a la hermana mayor de Francisca.

—*Preguntale cuando viene,* decía Francisca a la niña, que en alegre esfuerzo se ponía a su servicio para hacer llegar mensajes y noticias familiares a Baldomira quien hacía años vivía en la ciudad.

∞

En las bolsas de la calera Francisca hacía alarde de creatividad. Cuando ya no se podían zurcir, las iba apilando a un costado y alguna noche se inspiraba.

—*De éstas va a salir una trapera,* decía a las niñas.

Juntas cosían los recortes unos con otros transformándolos en una colcha que luego rellenaban con restos de trapo y un poco de lana de oveja. Los inviernos eran crudos y las frazadas nunca alcanzaban. Cuando el frío amainaba aparecían otras creaciones:

muñecas de trapo con trenzas de lana para las niñas y para el niño un gatito, hecho con los restos de arpillera al que cosieron botones viejos para hacerle los ojos y crines del Overo para hacerle los bigotes.

—*De éstas va a salir un piloto,* decía Francisca cuando aparecían algunas bolsas de aquel otro material que no filtraba el agua.

Uberfil por su parte, fabricó unas galochas con pedazos de ruedas viejas de camión a los que agregó cintas de cuero atornilladas a los costados para asegurarlas a las alpargatas de las niñas.

—*Con estos tamangos van a poder ir caminando a la escuela en época de mucha lluvia,* les dijo al entregar su par a cada una.

La escuelita rural a la que iban funcionaba en el parque de vacaciones de un sindicato en donde había hamacas y toboganes en los juegos. Las niñas pocas veces faltaban a clases y las dos iban con entusiasmo, la más pequeña por su gusto por la lectura y la más grande porque la escuela era terreno fértil para desplegar su picardía y de paso dar alivio a la más pequeña. Cuando el arroyo estaba crecido y tenían que pasarlo a pie la mayor aprovechaba. Era más ágil que la pequeña. Cruzaba a grandes zancadas el puente de tablones y a gritos desafiaba al agua que pasaba rugiendo unos cuantos metros más abajo, arrastrando piedras y ramas.

—*Pasá rápido, no mires el arroyo,* alentaba a su hermana menor que avanzaba a gachas agarrándose a los alambres de la pasarela, entonces volvía sobre sus pasos para saltar sobre los tablones haciendo que el viejo puente se balanceara peligrosamente.

—*¡Mammaaaaaaa!* gritaba la pequeña y Francisca corría a poner orden y a brindar auxilio. Luego verificaba una vez más las bolsas para asegurarse que las dos llevaran muda de ropa y un par de alpargatas secas. Las niñas se cambiaban antes de entrar a clase, detrás de unas chircas a unos metros del establecimiento o en un rincón de la escuela si la lluvia no amainaba.

∞

Francisca quedó encinta una vez más. Seguía atendiendo sus interminables tareas diarias incluida la de cargar las piedras de la cantera, y ya tenía el vientre muy crecido cuando el del camión que venía siempre le sugirió que haría bien en colocar a sus niñas en casas de familia en la ciudad. Allí podrían vivir y educarse a cambio de ayudar en tareas domésticas.

—*En la casa de mi prometida podría ser. Es gente muy acomodada,* dijo.

Francisca respondió con una mueca de tristeza sin decir nada, pero pasaron cosas que le hicieron cambiar de idea. El domingo siguiente, mientras golpeaba la ropa en las piedras del arroyo, sus niñas encargadas de cuidar al más pequeño jugaban alrededor de la tuna del patio. Al niño, para mantenerlo entretenido, le dieron botellas de vidrio que él hacía sonar golpeándolas unas con otras. Francisca vió el horror cuando, a su regreso, lo encontró llorando con la cara ensangrentada y con trozos de vidrio en la boca. A partir de entonces llevaba al niño consigo a donde fuera. Una semana más tarde, cuando regresaba del arroyo con su pila de ropa seca encontró a una de sus niñas leyendo en el patio al lado de la tuna. La vio sentada sobre una piedra, inmersa en una revista de figuritas, y a su lado una serpiente cascabel. A Francisca esa visión le cortó el aliento.

—*No te muevas,* dijo a la niña, sin levantar la voz.

—*No te muevas* rogó, pero la niña siguió la dirección de la mirada de su madre y saltó del susto.

Francisca mató a la serpiente con el bastón de rama que usaba para caminar entre las piedras y luego se dispuso a limpiar el rancho con ayuda de sus hijas. Hizo escobas nuevas con ramas de chirca y les ordenó:

—*¡Vos adentro!* a la más chica.

—*¡Vos alrededor del rancho y vas cantando!* a la más grande.

Después se ocupó de ir regando con creolina el suelo apisonado de su rancho y rodearlo por fuera regando en círculos para proteger a su familia de las alimañas. El ritual concluyó con una ristra de ajo nueva al lado de la puerta y dientes de ajo en los ocho rincones del rancho, como se hacía desde de los tiempos de su abuela a comienzos de cada primavera.

Apenas dos días después, a Uberfil en el sendero hacia la cantera, no lejos del rancho, lo mordió una cascabel. Estaba resfriado, con el cuerpo dolorido y la mente embotada, por lo que cuando escuchó el sonido de la campanilla ya había sucedido. Sacó el puñal que llevaba siempre en la faja de la cintura, desgarró sus ropas y miró un instante los puntitos que tenía en la pierna. Sin dudar se abrió un tajo en el lugar, volcó algo de pólvora y la hizo estallar. Luego vendó la herida con trozos de su camisa y se dirigió al rancho lanzando todos los improperios que no había dicho en años.

Uberfil pasó una semana medio adormilado, tomando vasitos de caña con ruda de la que les fueron aportando los vecinos. No tardó en recuperarse de la mordedura y volver a la cantera, pero había cambiado. Al parecer, algo de aquel veneno le quedó en el cuerpo. Se quejaba de dolores de espalda a menudo y se le dio por tomar caña cada vez más seguido y en más cantidad. Cuando la última hija de Francisca cumplió un año, Uberfil ya había tenido varias borracheras. Fue por eso que Francisca decidió colocar a las niñas mayores en casas de familia en la ciudad como le había sugerido el camionero, sería para ellas un mejor destino.

∞

Tres años después, una noche de tormenta Uberfil salió enojado del rancho a perseguir unos fantasmas que él veía cada vez más a menudo. Francisca lo dejó hacer. Por la mañana salió a buscarlo, encontrándolo lleno de barro tirado en una zanja a la orilla del arroyo, lo arrastró hasta el rancho y esperó a que se le pasara lo que le quedaba de esa borrachera.

—*Vas a terminar mal así,* le dijo Francisca con toda la tristeza del mundo en su mirada. Luego preparó un atado con las pocas pertenencias personales que tenía, fue a despedirse de sus vecinos y con sus hijos se dirigió a la ciudad buscando la casa de Baldomira. Nunca había ido más lejos que a la feria del pueblo que quedaba a diez kilómetros, pero no le costó llegar.

—*No voy a insistir, pero puedes venir a vivir conmigo,* le había dicho su hermana en la última visita que le había hecho, hacía ya más de un año.

—*Cuando vi la parra del patio del costado, las paredes blancas… tantas veces me contaste como venir,* le dijo Francisca a su hermana cuando pudo soltarse de su abrazo y dedicarle una sonrisa que no alcanzó para disimular la tristeza que traía. Supo que Baldomira había anticipado su llegada, había un cuarto para ella y otro para sus niños con sábanas de algodón y acolchados floreados en las camas.

∞

Francisca se acomodó a su nueva vida con naturalidad, ahogando su pena en silencio y festejando la solicitud de su hermana con charlas y risas. Consiguió un empleo para las mañanas, ocupándose de las tareas domésticas en la casa de un médico donde todo era fácil. Con heladera, lavarropas, lustradora y otros artefactos a su servicio se convenció de que había subido en la escala social. Por las tardes ayudaba a Baldomira en su oficio de modista, en el living de la casa convertido en taller, atiborrado de telas, maniquíes y revistas, atendían a las señoras del vecindario, siempre después de las tres cuando terminaba el radioteatro. Las recibía Francisca y cuando eran de primera vez les preguntaba:

—*¿Gusta de un matecito o prefiere un té?*

Juntas, las dos hermanas atendían a las señoras con alegre cotorreo de vecinas hacendosas, despreocupadas de los vaivenes de la economía y la política, salvo por los precios y variedades de las góndolas del barrio y los artículos de su menester. Baldomira les tomaba las medidas y hacía malabares para adaptar las creaciones pensadas para escuálidas modelos de pasarela a las figuras de sus clientas. Francisca la asistía cortando moldes, hilvanando prendas, cosiendo ruedos y botones.

El ambiente de aquella casa le sentó bien a Francisca y los años pasaron sin mayores sobresaltos. Se convirtió en la abuela de una niña dulce y pícara que la visitaba a menudo alegrándole el alma y renovándole el cuerpo. A veces, algún atisbo de tristeza ensombrecía su mirada, especialmente cuando en la radio, en la que pasaban milongas y valses, escuchaba los acordes de aquel vals de los macachines, entonces soltaba un suspiro que no se esforzaba por disimular.

Una siesta con el sol de febrero caldeando la tierra, cuando las uvas ya estaban maduras en la parra del patio, salió a buscar unos racimos de la mano de su nieta. Quizá por estar caliente la fruta, quizá porque le había llegado el tiempo, tuvo un mareo y cayó desmayada al suelo. Se sumergió en ríos de sueños que transcurrían mientras su rostro fue adquiriendo una expresión serena. Francisca volvió a ver el rancho de piedra donde vino al mundo, caminó por los senderos de la sierra posando la vista en los infinitos puntos de encuentro entre el cielo y la tierra y fue a encontrarse con su abuela que la estaba esperando envuelta en aroma de lavanda, rodeada de racimos de uva fresca y dulce.

∞

Silvia Zweifel

Capítulo 7

EL PODER CON OTROS
Aterrizaje en Laguna de Rocha

Al llegar a la Terminal de Rocha Daniel me estaba esperando en compañía de Mitra, su perro dálmata. Después de un abrazo y algunos trámites tomamos la ruta para luego recorrer el trillo hacia la laguna. Por allí, avanzábamos despacio y Daniel iba presentándome los numerosos pájaros que avistábamos en las cercanías del arroyo. Los rayos de sol doraban el paisaje abierto y los campos estaban muy verdes, pero él aclaró:

—*Llovió hace poco, pero la tierra sigue con sed.*

Al llegar a "La casa de la Laguna" encontramos a Sakshi Lee en la huerta acompañada de Diwali, la perra de pelo azabache que ellos habían recogido al borde de la muerte a la vera de un camino, hacía ya tiempo.

—*Te ves cansada,* dijo mi amiga al recibirme y entonces compartí brevemente acerca de mi estado.

Cuando me di cuenta, el equipaje que traía ya estaba en "mi" dormitorio, el del lado suroeste, en la planta baja. Hubo cena bulliciosa seguida de meditación en la salita de arriba y luego desaparecí entre las sábanas hasta bien entrada la mañana siguiente cuando asomé a la cocina todavía inundada de olorcito a café. Sobre la barra el mate estaba esperando junto con frutas, cereales, miel y todo lo que me gusta. Tomé mi desayuno en la galería que da a la laguna haciéndome a la idea de que aquél sería el paisaje que vería a diario durante los siguientes dos meses.

Ya había terminado cuando asomó Sakshi Lee:

—*¿Pronta?* preguntó agitando la carpeta que ella había preparado.

Era una guía. Sakshi Lee es americana y en esto se le nota mucho. Estaba todo descrito, desde los detalles técnicos hasta como tratar a los perros y a los caballos, junto con la información de contacto que podría necesitar, desde el vecino más cercano hasta los integrantes de la familia en el país y en el extranjero. La lista era larga y parecía completa.

Picardías caninas.

El jueves de su partida acompañé a mis amigos hasta la ruta y luego volví a pie con los perros.

—*Siempre tenés que llevar a uno con la correa, para que no se escapen,* me recordó Sakshi Lee al despedirnos, y ya con el abrazo, como previendo que ocurriría, aclaró:

—*Si pasa, que no te dé un ataque de nervios.*

Los perros comenzaron a dar trabajo de inmediato. Todavía avanzábamos por las tranqueras de los campos vecinos cuando Diwali comenzó a tironear de la correa. El entorno estaba tentador: a la izquierda se veían avestruces y a la derecha, por donde corre el arroyo, había garzas, patos y teros. Al atravesar el área arbolada, por donde se ingresa al predio de mis amigos, el viento jugueteaba entre las ramas y hacía girar un molino que allí, en el bajo, provee de agua a un gallinero en donde divisamos zorritos merodeadores que hicieron muy difícil mantener a los perros conmigo.

Caía el Sol cuando llegábamos a la casa. El viento frío se había vuelto más fuerte y más frío, pero quise bajar hasta la laguna. Nos sentamos sobre el muelle en donde me concedí un momento para sorber la lánguida luminosidad que resplandecía, cada vez más suave, en el espacio abierto que nos rodeaba. De pronto apareció una nutria y tuve que soltar la correa para evitarme un chapuzón. En instantes quedé sola y furiosa.

Un fuego amable.

Ya en la casa dediqué una mirada a la estación meteorológica que marcaba 10ºC en descenso. Para sobreponerme a la frustración y hacer algo por mí busqué la guía y al repasar las instrucciones para prender el fuego sentí la voz de Sakshi Lee conmigo:

—*Es una caldera. Si cerrás las puertas y prendés la turbina el calor se distribuye por la casa, pero asegúrate: si no hubiera electricidad la temperatura podría subir mucho y la caldera podría derretirse.*

Verifiqué el marcador de la derecha que mostraba las opciones de velocidad. Estar sola me producía inseguridad con los detalles técnicos, pero leía las instrucciones como si escuchara a Sakshi Lee explicándolo paso a paso:

—*La turbina se enciende cuando el hogar alcanza determinada temperatura, antes no. Si la vas a dejar funcionando durante toda la noche, que es lo ideal, tienes que estar segura de contar con por lo menos 24,8 amperes de carga.*

El fuego prendió maravillosamente.

—*¿Cuánto tardaría en alcanzar la temperatura para que entrara a funcionar la turbina? ¿Dejo abierta o cerrada la puerta?* me pregunté y fui a revisar el tablero de la electricidad en el área de trabajo, fuera de la casa, al cual se accede a través de una puerta trasera.

Aventurarme a salir.

Al abrir la puerta me envolvió una ráfaga helada. Los aullidos del viento entrando por la boca oscura del enorme portón se mezclaban con los sonidos del molino unos pasos más allá y con los sonidos de animales nocturnos, más lejanos. Atravesé el lugar lleno de herramientas, mesadas y armarios hasta llegar al tablero. Luz había. Tres enormes lámparas colgaban del techo dejándolo todo aceptablemente iluminado. Me apresuré a juntar las dos alas del portón, pero no encontré como asegurarlo.

—*Marca 26 y cargando,* leí aliviada confirmando que alcanzaría para toda la noche. Luego confirmé que la puerta lateral del área de trabajo tampoco tenía llave en su cerradura.

—*Raro,* pensé.

Nadie había hecho mención a la seguridad. En la guía no figuraba y opté por pensar que no había nada que temer. Juan recién vendría el domingo.

La protección de las cortinas.

Afuera la temperatura había descendido por debajo de 5°C. Deambulé por la planta baja espiando el exterior, prendiendo y apagando las luces para economizar.

—*¿Esos perros donde andarán?* me preguntaba.

Cada tanto abría la puerta de la cocina, aventuraba unos pasos en la oscuridad helada y los llamaba. Mitra tenía que tomar medicación tres veces al día. En el living-comedor el único sonido lo aportaban los leños del hogar cuando se reacomodaban. Las aberturas no tenían mayor protección, ni siquiera persianas, y solamente los ventanales importantes lucían gruesas cortinas hasta el piso, recién entonces me percaté de que nunca las había visto corridas.

—*Protegerán del frío,* pensé recorriendo la casa para correrlas.

En la planta alta me recibió el silbido del viento sur en su embate contra el ventanal de ese lado. Me acerqué y apoyé la nariz contra el vidrio, dejando que mi aliento lo impregnara. El molino de generación eólica estaba a unos metros, pero sólo podía sentirlo girando en la negrura.

Inmersa en silencio.

Sentía una gran fragilidad y también una agradable sensación de compañía y tranquilidad. Después de cenar, una vez más salí al patio para llamar a los perros. Respondía el silencio, solamente rasgado por la ventisca, el movimiento del molino y el chillido de algún animal por los pastizales. Subí a instalarme en la salita de meditación, pero no podía concentrarme. El dolor palpitaba en mi espalda bajando por mi brazo derecho hacia la muñeca. Había disimulado con Sakshi Lee, cuando ella pidió que corriera la heladera para enseñarme lo que debería hacer en caso de que el gas viniera defectuoso y emanara hollín.

—*Te vas a dar cuenta, el olor se expande por la casa,* había instruido.

—*Si pasa, la voy a sacar ¡Ahora hacélo todo vos!* había pedido yo.

Bajé las escaleras. En el hogar el fuego seguía ardiendo esplendorosamente. Sobre la mesa del comedor había reservado un extremo para tomar las comidas, en el otro había puesto la computadora, la guía y mi diario personal, y en el centro un florero rebosante de coronita de novia que iría renovando a lo largo de la estadía.

—*Va a ser mejor así, además la casa me queda grande,* había dicho a Sakshi Lee cuando se me ocurrió aquella disposición que completé con tres pilas de libros sobre la mesita ratona del living.

Algo parecido al odio.

El odio es un sentimiento ligado a la impotencia, y yo me sentía impotente y furiosa aquella noche. No sabía qué hacer con respecto a los perros y repasé la guía que había elaborado Sakshi Lee. En la sección "Perros", ella instruía:

—*Muchos mimos, habláles, tocálos, mirálos ¡Que sientan que hay alguien!*

—*¿Cómo mimarlos si se escapan en mis narices?* dije, pensando que esos peludos no pueden no sentir mi presencia. Mi frustración era tan grande que recorrí el almanaque para constatar cuánto faltaba para que Sakshi Lee y Daniel regresaran, y lo asenté en mi diario: "28 de agosto, 7 semanas para que regresen." Iba a escribir algo más a continuación, pero en ese momento levanté la vista. Los perros estaban mirándome desde la bow-window, mojados y sucios.

Sentí algo parecido al odio. Reprimí como pude mis ganas de gritarles y respiré profundo antes de abrir la puerta. Entonces, del modo más amable que mi sentimiento en ese momento permitía, los reté. A la perra, que habitualmente duerme adentro en un canasto, antes de dejarla entrar, acusé de instigadora, y al perro, que tenía su casita en la galería del área trabajo, increpé para que fuera a su cucha. Luego unté con manteca una de sus pastillas y fui a dársela.

—*No sé si ya comiste, pero hoy aquí no se sirve cena,* dije tapándolo.

—*Él está acostumbrado, le das su cena, esperás un rato, después lo envolvés con este lienzo y le das un abrazo ¡Gruñe porque le gusta!* había dicho Sakshi Lee, pero yo estaba demasiado enojada para un abrazo. Aunque, de sólo ver a esos peludos con las cabezas gachas, mi corazón ya se había ablandado.

Clima cargado y fiesta de luces.

Amaneció nublado, la estación meteorológica indicaba lluvia. Decidí ir a pasear enseguida con los perros. Los dos andaban con cara de culposos y trotaban a mi lado sin dar mayor trabajo. Diwali me observaba de reojo, será porque yo no les hablaba. Al mediodía llamó Dionisio, a quien compartí el episodio de la escapada nocturna y él, bien dispuesto a infundir tranquilidad, afirmó:

—*¡Son unos sabandijas! ¡Ya van a ir sabiendo quien manda!*

De tardecita se levantó un vendaval y pasó poco para que el tablero indicara carga máxima. Entonces me dediqué a descubrir los matices de iluminación de la casa regalándome las dicroicas en los rincones especiales.

Nubarrones cargados adelantaron la noche que se iba cerrando sobre la casa que se negó a plegarse a la oscuridad, pero al desatarse una tormenta eléctrica di por concluida la fiesta para recorrer las habitaciones siguiendo las instrucciones bajo el título "Tormentas". Luego me retiré a mi cuarto instalándome sobre la alfombra, frente al ventanal en donde, a resguardo, atestiguaba el embate de la tempestad.

—*¿Cómo fue que se me ocurrió aceptar esto?* me pregunté entonces. Tanto como a mis amigos, me había llamado la atención lo rápido que yo había tomado la decisión. Ahora sentía aquella pregunta suspendida en mi mente, sostenida por la quietud de mi postura. Me dejé estar. El cielo se iluminaba y oscurecía repentinamente con un baile de destellos en la lejanía, sobre la laguna.

Vidas entretejidas.

Un rayo impactó sobre la línea del horizonte y el estrépito hizo aflorar los rastros de una experiencia que había leído en un libro de Robert Johnson. En su autobiografía "El equilibrio entre el cielo y la tierra", él describe dos veranos como guarda forestal en las montañas con su perra Shep como única compañía. La torre de vigilancia que le habían asignado, como es habitual, estaba en la cima de un monte y cuando había tormentas eléctricas Robert tenía que desconectar el teléfono y subirse a un taburete de vidrio. Ahí se quedaba, observando y esperando, con Shep temblando en su regazo.

Debía ser impresionante, porque la punta del pararrayos ubicado sobre la torre llegaba a fundirse por la acumulación de carga eléctrica y se producían estruendos ensordecedores en una explosión de destellos. Johnson refiere: "Esos destellos eran pequeños arcos de corriente que alcanzaban hasta 7 u 8 centímetros. Bailaban alrededor de la estufa y otros objetos metálicos de la habitación. Estaría a salvo, siempre y cuando permaneciera sentado sobre el taburete de vidrio y no saliera fuera durante la tormenta". Los destellos en la laguna habían traído ese pasaje y también la certeza de que vestigios de esas vivencias seguían habitando en mí. Las vidas se entretejen más de lo que podemos ver.

Tenues hilos.

Aquellos hilos de luz irrumpiendo en la oscuridad, iluminando la superficie del agua parecían replicarse dentro de mí. No conocí a Robert Johnson personalmente, sin embargo, al estar allí experimentando la renovación de la atmósfera lo sentí cercano, familiar. Él denomina *tenues hilos* a aquello indefinible que conduce la vida hacia donde pertenece, y que por algún motivo interviene más en unas vidas que en otras. Se refiere a las situaciones y personas, que en los momentos más inesperados, traen algo que reconfigura la vida de maneras significativas.

El libre albedrío es una cuestión relativa. Hay un rumbo que está más allá de nosotros, aparece de formas impensadas otorgándonos significado y plenitud. Creo que se manifiesta a través de un acto de revelación. Está fuera del alcance de la voluntad, no tengo idea de cómo hacer que suceda, pero sé que cuando sucede el alma se alegra.

Podemos propiciar las bendiciones de los tenues hilos, que entretejen nuestra vida con la de muchos más, sintonizando con los anhelos de nuestro ser profundo. Al hacerlo así nuestras vivencias cobran nuevo significado y podemos ocupar nuestro lugar en el gran concierto de la vida, aportando plenamente con nuestros mejores talentos y aspiraciones.

Hilos desapercibidos.

Contener el esplendor divino es una capacidad misteriosa. Requiere estar abierto a la revelación. No hay recetas, pero podemos seguir los pasos de otros e inspirarnos en sus conocimientos y experiencias para ejercitar ese arte esencial. Hay innumerables huellas vivas del misterio. Atesorarlas conscientemente es un recurso valioso: una fuente de sustento en la urdimbre que nos contiene.

Siempre me gustó imaginar cómo cada quien puede dejar legados que facilitan el transitar de otros y reconozco que hay quienes son parte de mí sin pretenderlo siquiera. Sucede en la interacción personal y a través de lecturas que nutren conversaciones a través de kilómetros y milenios. Reconozco que mi sentipensar-hacer se recrea en mí con otros. En y con lo otro me constituyo, conformo y transformo. Polvo de estrellas, mi pulsar late con el de millones de seres, con el de millones de estrellas, en el tiempo y en la eternidad, en lo que soy, en lo que puedo ser, en lo que nunca llegaré a ser y en lo que ni siquiera puedo imaginar.

Tenues hilos entretejen el adentro con el afuera, el acá con el allá, el presente con el pasado y el futuro. Algunos, a pesar de ser muy importantes pasan desapercibidos, por ejemplo en la economía global en la que precisamente por tal motivo se multiplican los desvaríos y las crisis. Sucede, a pesar de la creciente sofisticación de los métodos de gestión y de las tecnologías de la información. La cuestión es de fondo y radica en el pensamiento subyacente, que tiende a considerar lineal lo que es complejo, homogéneo lo que es diverso, dependiente lo que es interdependiente.

La perspectiva imperante lleva a pretender que lo complejo sea simple, a utilizar suma —fragmentación— en donde hay interacciones, a pensar como opuesto lo que puede ser complementario, a privilegiar lo competitivo en donde conviene privilegiar lo colaborativo, y por ende a sufrir múltiples cegueras, torpezas e ineficiencias que traen consigo descontento, desconfianza y dolor.

Anhelamos algo mejor, mucho mejor, y está al alcance. Esos hilos que pasan desapercibidos en la corriente principal tienen una importancia mayor de lo que parece, porque al percibirlos cambia la mirada, y cuando cambia la mirada, cambia el modo en que actuamos en el mundo. Enriquecer la perspectiva, reconocer los hilos que traman nuestros destinos es abrir las puertas a un nuevo poder, tanto más amable.

El poder con otros.

El ambiente calentito de la casa daba sensación de cobijo. Cuando la lluvia se hizo torrencial me quedé escuchando ese sonido primitivo. El agua golpeteaba y yo rumiaba: hacer menos y vivir mejor tiene que ser posible.

Aun cuando encuentra más resistencia en unos lugares que en otros, la perspectiva imperante impulsa una homogeneización aplastante de las identidades y de la creatividad de las personas y de culturas enteras. Procura la gran escala en pos de lo que supone redundará en ahorros y en rentabilidades que solamente se sostienen por corto tiempo y a veces ni siquiera. Despersonaliza el rostro humano en la relación humana, negando a muchos el sentido de ser que proviene de su labor, su participar. Promueve la proliferación y el crecimiento de actividades de escaso valor social provocando costos y carencias, aún sin proponérselo.

Cada sistema genera una estructura inmaterial, para regular las interacciones a su interior y con el entorno, en vistas a cumplir sus propósitos: a esto se denomina organización. En toda organización, sea pequeña o grande, se dan bucles de comunicación, coordinación y control para que sucedan las actividades tendientes a cumplir sus propósitos existenciales. Por compleja que sea la organización, el ajuste mutuo entre las personas —la comunicación y la coordinación informal— ha demostrado ser irrenunciable. Abundan ejemplos en todo el abanico de actividad humana, desde una canoa impulsada por dos remeros avanzando por un arroyo de aguas tranquilas, hasta la intrincada red de tareas altamente especializadas de profesionales de diversas disciplinas trabajando juntos para lanzar una nave al espacio exterior.

Habitualmente se incorporan formas coadyuvantes al ajuste mutuo a medida que la cantidad de personas involucradas ya no permite la suficiente fluidez en la comunicación directa entre ellas. Esto se realiza a través de estructuras organizativas que facilitan los flujos de información, energía y materia. Tales estructuras se diseñan atendiendo al tipo de tareas y a los conocimientos de las personas que las realizan, lográndose así la coordinación de acciones y la corrección de desvíos a partir de la detección de errores y de nuevas posibilidades. La forma más común es la supervisión directa de varias personas por parte de un coordinador-responsable.

Otras formas descansan en la estandarización de la tarea o del producto: la primera, por medio de la división en tareas simples o funcionales, a la manera de una línea industrial; la segunda, por medio de la especificación del producto terminado o bien del resultado que se espera por la destreza y capacidad de la persona, por ejemplo, una operación quirúrgica. Estas modalidades de estandarización generalmente se combinan con la acción de un coordinador-responsable, todo depende de las características del sistema y de las habilidades de diseño que se ponen en juego.

La mayoría de las organizaciones mezcla los diferentes tipos, pero en todas el liderazgo y la comunicación informal entre las personas subsiste, necesariamente. En cada familia, grupo, institución, y sociedad operan patrones que subyacen a los comportamientos: el sentipensar-hacer descansa en la cultura. Ella sostiene las dinámicas de interacción instaladas y también orienta el aprendizaje en un juego de emergencia y de diseño. Los hábitos, costumbres, conocimientos, saberes y la disposición al aprendizaje sustentan las transformaciones significativas en la vida personal y social.

Nada ha podido suplantar la capacidad de las personas para gestionar la complejidad que involucra una cantidad de situaciones no previstas que ocurren en la actividad humana. Esa capacidad anida en la complejidad de cada persona, atravesada por sus creencias, valores, vivencias, conocimientos, propósitos y otros muchos rasgos que hacen a su sentipensar-hacer, siempre en línea con las circunstancias que vive y el contexto sociocultural al que pertenece.

La complejidad que enfrentamos como comunidad humana ha venido creciendo y sigue haciéndolo a ritmo creciente, desafiándonos como nunca antes. Los seres humanos tendemos a ser más complejos y por cierto actualmente lo somos mucho más que nuestros antepasados remotos, similar a lo que sucede en la sociedad local y planetaria, tanto más compleja que en el pasado no tan lejano.

Las interacciones entre personas, organizaciones, culturas y sociedades han aumentado enormemente en los últimos siglos, aunque el sentipensar-hacer aún no ha evolucionado lo suficiente para priorizar el poder con otros, cada vez más importante. Dar

buen lugar a la escala humana para nutrir propósitos
compartidos puede hacer una diferencia notable en ese sentido.

El poder con otros emerge de la capacidad de ser-hacer en
conjunto, en sinergia amable e inclusiva que se nutre en la
unidad-diversidad con la que pulsa el conjunto, generando nuevos
modos de sentipensar-hacer capaces de aprovechar conocimientos
y saberes disponibles, impulsando así la espiral coevolutiva de la
que somos protagonistas, individual y colectivamente.

La desagregación sistémica.

Ya en la cama dormí profundamente, sólo sentía dolor cuando me movía para reacomodar la postura y cada vez que lo hacía una ola de imágenes repiqueteaba en mi sueño. Eran de una película de la década del 80 que había dejado huella en mi consciencia. "Brazil" narra un mundo posible que me atemoriza, uno en donde la burocracia estableció una dictadura implacable, impasible y aplastante de lo humano. No estamos tan lejos, nos deslizamos peligrosamente. Vivimos en un mundo hiperinstitucionalizado en múltiples niveles, en donde se multiplican las entidades, sus procesos y productos ¿Sirven ellas a las personas más de lo que las personas las sirven a ellas?

Las instituciones, sean estatales, interestatales, empresas comerciales o sociales, crecen en número y tamaño. En su mayoría, ellas importan mucho más que las personas que interactúan en y con ellas. Tienden a vivir de la energía de las personas y a neutralizar su poder, ignorando sus aspiraciones y talentos. Tienden a ejercer autoritarismos burocráticos a través de enredadas regulaciones que terminan por detraer más valor social del que generan: ¿A quién benefician las tensiones y crisis sociopolítico-económicas que insumen tanta energía humana y sobrevienen tan a menudo?

Por su vocación parcelaria, la perspectiva imperante tiende a alimentar problemas acuciantes. Desagrega en recortes y luego intenta reconstruir el todo como si se tratara de un rompecabezas, desechando interconexiones, de modo que empobrece la lectura de la realidad y por ende las decisiones y acciones resultantes. Ignora que el todo y sus partes constituyen un conjunto interaccionante. Debido a esa ignorancia no encuentra el "pegamento" adecuado para unir las piezas de su "rompecabezas", dando lugar a una multiplicación de artificios, complicaciones y desvaríos.

En un sistema complejo —todo conjunto social lo es—, el todo no equivale a la suma de sus partes: en algunos aspectos es más y en otros es menos, depende de la forma en que se han organizado las interrelaciones que dan lugar a las interacciones en su interior y con su entorno. El todo-partes no es separable: aunque son distintos y distinguibles entre sí, ambos se interpenetran, y por tal motivo abordarlo como un "rompecabezas" lleva a equívocos. El todo posee propiedades emergentes propias que surgen del conjunto, a su vez las partes que lo componen pierden algunas de sus características propias en su calidad de partícipe del todo, y en ese sentido quedan limitadas a menores grados de libertad. Sin embargo, esa restricción puede otorgarles nuevas posibilidades. Es así, por ejemplo en una familia.

Las características de la familia a la que pertenecemos configura una paleta de posibilidades a nuestro ser y estar en el mundo: la cultura familiar, su particular forma de entender y ejercer el poder, la cantidad de integrantes y sus patrones de interrelación, la posición socioeconómica del grupo y la de cada integrante en particular, su dispersión geográfica, su afectividad, su historia e historias tienen insoslayable injerencia, conllevan limitaciones y posibilidades reales y potenciales. Es también un ejemplo de la importancia de lo cualitativo con respecto a lo cuantitativo:

En un sistema, particularmente si es social, hay que considerar las componentes multidimensionales y en especial todo aquello que coadyuva a la emergencia de las características más favorables del conjunto y/o de los conjuntos que lo integran.

Vivimos en un mundo de sistemas entramados al infinito: unos en otros, unos con otros. El cosmos entero es el ejemplo más acabado: millones de micromundos y macromundos pulsan incesantemente transformándolo todo.

Ya en 1983 los sistemistas Flores y Ludueña señalaban que "para tener éxito en el abordaje de un sistema complejo debemos admitir la interrelación y profunda interdependencia de todos los niveles y dimensiones de la realidad. Es más, estas interacciones son frecuentemente más importantes que el contenido aislado de cualquiera de ellos por separado, y si ellos permanecen aislados en nuestro pensamiento, las interrelaciones nunca saldrán a la vista", y por supuesto, la ceguera comporta torpeza e ineficiencias.

En los sistemas complejos las interrelaciones en un mismo y/o distinto nivel se manifiestan, por ejemplo, en una multiplicidad de bucles, que operan de maneras que amplifican o neutralizan los flujos de energía, que además pueden operar por un tiempo de una manera en alguna parte del sistema y luego mudarse a otra y hacerlo en sentido contrario. Dicho de otra manera, cuando de sistemas complejos se trata —que los hay muchos en el mundo cotidiano—, es muy fácil confundir causas con síntomas o variables estrechamente correlacionadas y para esos casos hay que abandonar la idea de causas y efectos encadenados. Un abordaje que puede resultar de utilidad para comprender sistemas complejos o abordar cuestiones complejas es la desagregación sistémica:

Todo sistema complejo puede ser desagregado por medio de la configuración de unidades más pequeñas, completas en sí mismas, con una escala menor y con menos niveles de organización que la unidad mayor a la que pertenecen. La desagregación sistémica facilita ver y comprender matices e interdependencias de un sistema habilitando así a propiciar propósitos compartidos, lo cual es particularmente importante en el acelerado proceso de integración sistémica en la comunidad planetaria.

Una cuestión compleja, de un sistema complejo, puede ser abordada por medio de preguntas paraguas y preguntas derivadas, formuladas para explorar aspectos específicos, que irán develando interrelaciones significativas a las que conviene atender.

Juegos creativos, imaginación prospectiva, indagación asistida, silencio compartido, escucha activa y la conversación como método nutren el poder con otros, dando lugar a nuevas comprensiones e innovaciones culturales significativas, resolviendo y disolviendo nuevos y viejos problemas, haciendo más fácil y feliz la vida.

Días grises y amigos peludos.

A la mañana siguiente me costó arrancar. Empecé por dar a Mitra sus antibióticos, luego preparé un mate y me acomodé en el sillón de la bow window. Los pastizales se curvaban ante el viento que azotaba tanto que hasta podía ver el movimiento de las ramas en la arboleda del antiguo casco en la lejanía. De pronto noté que había agua en el piso de la cocina y fui a levantar un canasto con calabazas y zapallos que Sakshi Lee había dejado allí, uno de ellos estaba en descomposición. Sentí alivio al comprobar que aquel líquido oscuro, desparramado entre las juntas de los mosaicos, no era más que eso.

—*En La Paloma hizo 2°C en la madrugada, pero con la salamandra me mantengo bien. Así va a estar toda esta semana ¡Abríguese para salir!* indicó Dionisio al teléfono.

Al rato fui por la primera caminata del día. Avanzaba dificultosamente a causa de la ventisca, Diwali paraba a cada rato a lamer los charcos y Mitra corría orejas al viento, adelantándose.

—*Espanta a los caballos,* había dicho Sakshi Lee.

Yo lo dejé hacer y él los rodeó saludando, luego se dejó atar a un árbol al borde del bosque y Diwali se solidarizó con él acompañándolo mientras me acerqué a los caballos a verificar que estuvieran bien.

—*Por lo menos esto va mejorando,* pensé alegrándome de haber encontrado un método que funcionaria por el resto de la estadía. Luego, en el muelle usé nuevamente la cuerda para atar a Diwali y repartiendo mimos mejoré sintonía con mis peludos compañeros.

Fuera de servicio.

Por la tarde el viento paró, el gris se disipó. Fui a la huerta para leer el pluviómetro y me detuve a sacar yuyos en los almácigos. La pila de compost había crecido bastante cuando di por concluida la tarea. La oscuridad lo envolvía todo rápidamente cuando fui a dejar las herramientas al área de trabajo. Unas ráfagas heladas hacían girar el molino, pero noté que el tablero marcaba apenas por encima de los 24 amperes. No estaba mal, sin embargo, en la madrugada desperté con la certeza de que no había energía. El aire helado acariciaba mi rostro, palpé la alfombra buscando la linterna que había dejado allí y me deslicé hasta la estufa en donde quedaban algunas brasas, apenas rojizas. Las amontoné, puse dos piñas y un poquito de papel, agradeciendo el poder de mi aliento cuando las llamas surgieron, disipando la oscuridad frente a la chimenea. Me acurruqué allí a repasar la guía, disipando mi ignorancia con la luz de la linterna.

En la sección "Corte de luz" Sakshi Lee instruía:

—*Sucede automáticamente cuando el voltaje cae por debajo de 22.9 amperes. Si sucede, deberías apagar el convertidor con el botón negro de la derecha. Si no lo haces, podría oscilar intermitentemente.*

Me aventuré al área de trabajo. Un viento gélido se colaba por allí, pero no alcanzaba a generar electricidad, la aguja oscilaba, de modo procedí siguiendo las instrucciones del manual. De pasada hacia la casa me detuve a tapar a Mitra con una frazada adicional, dándole unas palmaditas para transmitirle calor, luego ya de regreso en la cama tomé unos globulitos extra y me abandoné arropada con el calorcito del acolchado de plumas, pensando que en unas horas llegaría Juan.

Pronóstico reservado.

El reloj me despertó por la mañana y medio dormida fui a buscar la pastilla con manteca para Mitra. Estaba dándosela cuando se abrió el portón y entró Juan, quien se mostró sorprendido al verme.

—*No quiero que se pase la hora de su medicina…* justifiqué. Luego, frente al espejo del baño, comprendí mejor su sorpresa: tenía el pelo hecho una pasta, la piel apergaminada y lucía ojeras profundas.

El domingo se había presentado envuelto en bruma y calmado, de modo que el pronóstico era pasarlo sin electricidad. Sakshi Lee, había aclarado:

—*Si no hay luz, tampoco hay teléfono,* de modo que fui por mi celular y anduve con él por la planta baja. No captaba señal. Iba a salir cuando vi a Juan caminando hacia la casa.

—*No sé si le mencionaron algo… pero ¿podría ayudarme con la batería del tractor?* pidió.

Quedamos en vernos media hora más tarde. Juan tenía que preparar lo necesario para hacer puente entre la batería de la camioneta y la del tractor. Mientras tanto, yo seguí intentando con el celular hasta que fue a parar al fondo de mi valija: no hubo modo de que captara señal. Ya reunidos en tarea tardamos diez minutos en desactivar la alarma de la camioneta y otros diez para arrancarla, por estar también ella con la batería baja. Finalmente arrancó el tractor e hice el camino de regreso a la casa, alegrándome al sentir pinchazos de viento helado en mi rostro, cada vez más fuertes. Me esperanzaba la idea de poder relanzar el equipo y contar energía suficiente para la calefacción, porque el frío y la humedad se habían instalado en la casa y en mí. Solamente frente al fuego perduraba el calor de hogar.

Tránsito difícil.

Esa semana la gripe se sumó a los dolores que había traído de Buenos Aires. Dionisio intentaba mantenerse comunicado para animarme, aconsejaba té de guaco:

—*Con azúcar quemada, hiérvalo hasta que se evapore la mitad y tómelo antes de acostarse ¡es de lo mejor!*

Tenía que dejar preparado el brebaje antes de subir a meditar, pero la segunda noche que lo hice el frasco con guaco resbaló de mis manos estrellándose en el piso. Las fuerzas me alcanzaron para juntar las hojas y guardarlas en una bolsita con cierre para protegerlas de la humedad, pero subí las escaleras a duras penas. Apelé al recurso de la visualización e intenté iluminar mi cuerpo con una sensación de bienestar, pero sólo conseguí que aquel dolor palpitante recorriera mi columna subiendo y bajando, en la región del corazón parecía no haber nada más. El té caliente aportó alivio, pero al meterme a la cama aquello volvió a presentarse y recién entonces me di cuenta de que era una locura estar allí sola. Sin embargo, después de aquel episodio los dolores poco a poco fueron remitiendo y para cuando terminó la estadía sólo quedaban resabios.

Adaptación activa.

La disponibilidad de energía eléctrica se tornó intermitente y deparó varias noches con luz de vela. Amanecía gris, destemplado y ventoso, apenas lo suficiente para generar energía por unas horas. El ritual del tractor también se repitió, pero ya sin éxito. Las veces que Sakshi Lee y Daniel llamaban yo les aseguraba:

—Me las voy ingeniando.

—¡Desconectá todo cuando hay restricciones! había instruido ella.

Por días ni siquiera abrí la computadora. Necesitaba revisar el correo, pero no encontraba oportunidad de conectar a la Internet, porque cuando había viento la antena no captaba señal y cuando paraba la energía eléctrica se esfumaba. Cuando lo logré, entre el correo encontré un mensaje de mi hermano que decía:

—¿En qué jungla te metiste? ¡Te dejamos pilas de mensajes en el celular…!

Respondí de inmediato al correo y luego recorrí los teléfonos de mi familia dejando mensajes, pero no supe de ellos hasta casi el final de mi estadía.

Terapia ocupacional.

Cuando había energía aprovechaba para hacer unas pocas llamadas: a Dionisio para tranquilizarlo, a Montevideo por una actividad en ciernes, a Juca Gambarotta y a Graciela para entrar en contacto. Juca estaba de viaje y Graciela me dijo:

—Sabía que estás, pero es que ando haciendo un curso. ¡Ya me haré un tiempito…! Si tenés una urgencia ¡a las órdenes!

Por aquellos días, al atardecer parecía querer despejarse, entonces yo iba a la huerta. Sacar yuyos me daba la sensación de estar limpiando mi alma: un recuerdo, un yuyo, un dolor otro yuyo, y así. Me mantenía mucho tiempo de cuclillas vaciándome con aquel hacer, apenas me acordaba de levantar la vista para otear el horizonte y no perderme la puesta del Sol. Me aliviaba verlo aunque sabía que sus rayos, a esa hora, no contribuirían a la provisión de energía eléctrica.

Tormenta de viento.

Había pasado una semana desde la partida de mis amigos. Juan finalizaba sus jornadas a las cuatro de la tarde y sus días libres, los viernes y sábados, él los pasaba en Rocha. Aquel jueves, a primera hora de la tarde el viento se hizo más insistente, el cielo se encapotó y Juan se acercó para avisar que se iría:

—¿Precisa algo?

Manzanas y bananas pedí. Él asintió y dijo que llevaría consigo la batería de la camioneta para hacerla cargar.

—¿En la moto? dije, temiendo que él pudiera resbalar en el trillo.

Lo vi alejarse, después disipé mi preocupación poniendo mis esperanzas en el viento que me obligaba a acortar paseos y refugiarme en la casa. Un vendaval se desató al anochecer con una fina llovizna que apenas mojó la superficie. El cielo tenía un resplandor extraño, como una bóveda plateada en la que el viento soplaba con furia.

Acurrucada debajo del plumón presencié una tormenta muy distinta a la de la semana anterior. Una de las aberturas laterales del ventanal de mi cuarto no tenía burletes y por allí se colaban silbidos insistentes. Esa insistencia, paradójicamente, reforzó la sensación de protección que me daba la casa. Sabía que era muy sólida. La había conocido, cuando no era más que líneas y números en un plano. La había visto a medio construir, cuando todavía había mucho que imaginar de ella. Me sentía a salvo allí, sabía en donde estaba.

Hay lugares que brindan cobijo, a pesar de las tormentas de cualquier tipo. Se corresponden con el que nos es genuinamente propio.

Silvia Zweifel

Capítulo 8

EL LUGAR GENUINO
Del invierno a la primavera

El cielo estaba muy azul y el Sol comenzaba a iluminar la laguna dándole un toque azulino. Ni una gota de viento, ni una nube. Cuando me acomodé en el sillón de la bow window, el Sol ya se había levantado por encima del bosque de pinos. En una charca próxima a la laguna, donde solían estar una o dos garzas, había un grupo numeroso, que por lo animado de sus "conversaciones" parecían estar en una reunión de consorcio. Era viernes, Juan no aparecería. Disfruté por adelantado de la caminata, los perros estaban esperando. Fui al área de trabajo a buscar la correa y de paso di una miradita al tablero.

—Tenés que acostumbrarte a revisar, por lo menos dos veces por la mañana y dos por la tarde, había dicho Sakshi Lee.

Las agujas estaban ancladas en cero. Me dio un bajón, pero de inmediato revisé los paneles solares y recorrí el cableado. No había daño visible y la carga disponible todavía era buena. Soy perezosa para los números, pero me llevó segundos saber que si no levantaba viento quedaría sin luz antes de la noche. Di aviso a Dionisio y decidí pasarla bien. Dejé que la luminosidad del día me entrara al alma. Jugué con los perros, corríamos disputándonos una botella de plástico que Mitra había encontrado al borde de la laguna. La corriente solía traer alguna que otra. Fui hasta el potrero a mimar a los caballos. Había descubierto que llevándoles ramas de una hierba de hojas lechosas, que también crece en mi tierra misionera, conseguía acercarlos al alambrado y ahorrarme de ir buscarlos al bañado. Yo agitaba las ramas llamándolos y los tres acudían al galope. A Sereno, que llegaba a la cabeza, le tocaba la mejor ración.

—*¡Te vas a poner gordísimo!* le decía cuando él me arrancaba el manojo de las manos. Era un hermoso caballo árabe al que se le notaba el exceso de comida y la falta de ejercicio.

A Luna, la yegua, parecían importarle más las palmaditas y las caricias. Tímida y delicada, yo le preguntaba:

—*¿Otro poquito?*

Zorro, ya viejo, se acercaba sin mayor apuro. Lo revisaba con más detenimiento, me daba la impresión de demasiada fragilidad, lo palmoteaba repitiendo su nombre en voz baja:

—*Zorro, Zorro, Zorro…* y él se quedaba quieto siguiendo mis movimientos a su alrededor.

Aquella mañana, los perros y yo hicimos el regreso por el bosque juntando piñas. El viento había dejado el suelo tapizado de ellas. Abiertas y secas son lo mejor para encender fuego.

Bote a la vista.

Después de almorzar me aventuré entre los libros, yo había traído algunos, Sakshi Lee me había dejado una pila de recomendados y Daniel otra. Elegí "De mochilero a Guardaparque".

Juan Carlos (Juca) Gambarotta tiene una particular manera de presentar los *tenues hilos* que entretejen su vida. Me reía leyéndolo y los perros se asomaban a los ventanales a mirar qué pasaba. El capítulo donde él cuenta cómo logró sintonizar su profesión comienza así: "Parece una casualidad maravillosa el hecho de que la posibilidad de ser guardaparque me estuviera esperando. Fíjense que en nuestro país de intelectuales, solamente había una vacante para ese cargo. El gobierno estaba empezando a hacer la casa donde vivo actualmente cuando yo andaba por Brasil. Déjenme fantasear con que la construcción comenzó el día en que en Marajó decidí quitarme el velo de la cara y dedicarme a la conservación de la naturaleza".

Picoteando episodios llegué al del censo de aves que Gambarotta había hecho en el año 1987, en las lagunas costeras. Había relevado la población de cisnes de cuello negro, de cisnes coscorobas (blancos) y de flamencos en el sistema costero uruguayo. De pronto me encontré leyendo: "El primer vuelo fue el seis de octubre y fue una linda manera de festejar mi aniversario de decidirme a ser quien soy, pues al llegar a la Laguna de Rocha tuve un espectáculo que jamás hubiera esperado ver. Gran parte de la laguna estaba punteada de blanco, bajamos más y me felicité por la idea de hacer el censo aéreo: separados como dos metros el uno del otro había cisnes y más cisnes. Y yo creo que nunca se habían constatado tantos, aunque según me contaron unos pescadores después, antes eran más."

Me pareció significativo estar visitando ese pasaje justo en ese momento y asomé para un vistazo. En aquel momento, en la laguna no había un sólo cisne, pero descubrí un bote muy cerca del muelle. Pescadores serían. Fui por los binoculares y una campera rompevientos que me quedaba muy holgada. Me calcé las botas de goma de caño alto y un gorrito con visera. Acompañada por los perros caminé unos metros hacia el lado de la laguna. Me paré en un lugar bien visible con las piernas más separadas que lo habitual y observé a través de los binoculares. Los intrusos se fueron al instante.

Al retomar la lectura, noté que algo similar había hecho Gambarotta en sus primeras experiencias como guardaparque. Me reí al releer el episodio que yo había emulado sin darme cuenta, porque en la ocasión que refiere en el libro, tanto él como los pescadores portaban armas y hubo tiros. Lo mío fue un exceso de asociación o de imaginación. Funcionó, porque no volví a ver a los que habían rondado cerca del muelle aquel día.

—¿*Habrá vuelto Gambarotta?* me pregunté, pensando que lo llamaría en cuanto fuera posible.

Fiesta de colores.

Una fiesta invita a la alegría, a la liviandad, a la frescura ¿Quién no quiere ser anfitrión de esas cualidades? Es posible festejar con gran pompa y algarabía, así como con pequeños rituales que mantienen viva nuestra disposición. Donde sea que estemos, con quien sea que estemos, siempre es posible ejercitarnos en el arte de ser anfitriones de los mejores sentimientos y vivencias. En el transcurso de mi estadía en la "Casa de la Laguna" las oportunidades se fueron renovando, con pequeñas variantes que me permitieron reconocerlas y tomarlas. En el paseo de aquella tarde, incluí el antiguo casco y me detuve por un momento frente a lo que quedaba de "El Ranchito", apenas más que la base.

—*Tenía personalidad,* pensé con cierta nostalgia.

Un arbusto bien crecido de coronita de novia, algunas calas y una hilera de iris amarillos eran los vestigios de lo que había sido el jardín. La coronita de novia estaba en flor y corté un gran ramo, era hora de renovar el que había en la casa.

El Sol se despidió en tonos rojizos y violetas. Parecía una enorme lámpara roja bajando hacia la línea del horizonte, pintando de violeta las nubes azules que comenzaban a cubrir el cielo y una estela luminosa sobre la superficie de la laguna en dirección al muelle donde estábamos los tres: los perros y yo. Aquella insinuación luminosa me inspiró y anuncié, como para mí:

—*Hoy cenamos a la luz de las velas.*

Elegí dos, de color violeta, las dejé preparadas en candelabros azules, y como todas las noches, después de ducharme me vestí con pollera larga y un abrigo de lana suiza que me había regalado mi hermano. Era el uso de la casa: un toque de elegancia para compensar la onda rea del día. Sólo había llevado un atuendo de vestir abrigado, ya me había acostumbrado al hecho de tener una sola opción. Me detuve largo rato saboreando vivencias y aunque no podía identificarlo, sentía que en mi alma algo estaba cambiando.

Baches inquietantes.

Los baches imponen dificultades, sobre todo cuando son imprevistos. Cuando no es posible anticiparlos nos conduce la ignorancia, dando lugar a una inoperancia que nos pone en situaciones de fragilidad evitable. Sin duda, algo de eso estaba pasando. El frío renovó su crudeza y en el transcurso de la mañana siguiente se le sumaron las nubes y el viento. Me alegré solamente porque volví a contar con energía eléctrica, lo que me permitió hablar con Dionisio, quien aseguró:

—*¡Tranquila! Juan es un gaucho avezado, le va a encontrar la vuelta.*

Había que esperar a que viniera. El domingo yo estaba instalada en el sillón-hamaca de la bow-window sorbiendo mate, la bruma cercaba la casa desde el lado de la laguna y los rayos de sol se insinuaban tímidamente apenas por detrás del bosque, cuando vi a Juan por el trillo con el paquetito de fruta que le había pedido. Salí a recibirlo.

—*Me parece que heló,* dije para entablar conversación.

—*Acá no, porque está la laguna. De camino estaba todo escarchado,* comentó él. Con respecto al tablero dijo:

—*Cuando salga el Sol probamos.*

Como era habitual, Juan me pasó el parte de la radio confirmando el pronóstico que mostraba la estación meteorológica de la casa: Nubecitas con lluvia.

—*Se lo hubiera ahorrado…* pensé frustrada, pero al rato asomó el Sol y fui por él. Constatamos que el fusible estaba quemado y Juan sugirió:

—*Puede que Daniel tenga alguno de repuesto.*

El área de trabajo tenía varios armarios con cajas, latitas y herramientas en donde buscamos infructuosamente hasta que sugerí llamar al servicio técnico.

—*Es domingo*, deslizó Juan.

—*¿Necesita leña?* agregó de inmediato en respuesta a mi mirada.

Saqué el carrito para que Juan lo cargara con leña y me metí a la casa mascullando. A resguardo de su mirada intenté despejarme tomando agua. Iba por el tercer vaso cuando llamó Daniel.

—*Fusible de repuesto no hay, pero lo que pueden hacer…,* dijo e instruyó fabricar uno usando dos alambres de cobre.

—*¡Creí que eso de atar con alambres era cosa de argentinos!* protesté. De todos modos, no teníamos como saber si funcionaba: el cielo se había vuelto plomizo. El viento salvó la situación una vez más, pero intensificó el frío.

A punto de abandonar.

Abandonar es una decisión que hay que considerar con cuidado. A veces es el curso de acción más conveniente y otras es todo lo contrario. Por eso, es importante evaluar el abanico de posibles consecuencias, repasándolas incluso intuitivamente, prestando atención a lo que dicen nuestras emociones, sentimientos, sensaciones. No importa de qué se trata, siempre hay que mantenerse atentos a nuestras intenciones y propósitos, a nuestros modos de sentipensar-hacer y a los de los demás.

Las cosas se estaban dando para probarme en ese sentido. Al día siguiente Juan volvió a pedir asistencia con el tractor. Para entonces yo había dejado de creer que lo que no estaba en la guía no sería un problema para mí, la había repasado en busca de baches. Sakshi Lee, antes de su partida, me había dicho:

—*Juan se ocupa del agua*, y yo había escuchado cuando ella le daba instrucciones para que él dejara bien cargada la cisterna. Ahora necesitaba cerciorarme. De camino al viejo casco indagué sobre el asunto y Juan, que con toda naturalidad, respondió:

—*¡Ah...! Si no hay energía da hasta que se termine el tanquecito de arriba. El año pasado Graciela traía bidones desde Rocha.*

Sentí que mi inquietud desbordaba, porque además constatamos que las baterías de los dos vehículos estaban vencidas.

—*¿Cuánto costará una nueva?* pregunté.

—*Uno puede decidir, pero siempre es mejor preguntar a Daniel,* deslizó Juan como al pasar.

Callé e hice el trayecto de regreso a la casa evaluando el tanquecito que asomaba detrás de ella. No podía imaginar cómo haría si llegaba a faltar el agua. Agua hay y mucha, pero la de la laguna es salobre. Al inspeccionar de cerca el tanquecito ubicado encima de la enorme cisterna calculé:

—*Ciento cincuenta litros como máximo.*

Al deslizar la mirada hacia el suelo noté que al pie de la cisterna había una canilla lateral que permite sacar agua directamente.

—*No es para tanto,* me tranquilicé.

Daniel llamó al rato, pasó más instrucciones e hizo saber que llamaría de nuevo por la tarde.

—*Si no funciona llamo al técnico,* concluyó.

—*Para entonces ya no vamos a poder hablar ¡El viento está parando!* subrayé.

Recorrí una vez más el trayecto hasta el antiguo casco, pero no resultó. Me sentía furiosa, pero me abstuve de comentarios y caminé hacia la casa imaginando cómo hacer para irme de allí. Entre lágrimas veía que la laguna se ponía de un tono azul dorado, el Sol estaba asomando.

Punto de inflexión.

El punto de inflexión es un umbral secreto, un cambio casi imperceptible. Sabemos que en el momento más oscuro y frío de la noche comienza el alba. Ese acontecer cotidiano es un patrón instalado en nuestra trama de vida, que se replica en muchas dinámicas sociales. Hay que estar atento para reconocer cambios relevantes, nuevas tendencias, y de ser posible contribuir a configurar lo más promisorio.

De algún modo, la luminosidad en la laguna encendió mi esperanza poniéndome alerta. Ya en la casa, me pasé un paño húmedo por el cuerpo, preparé una limonada y me senté a despejar pensamientos. La temperatura estaba subiendo. Sonó el teléfono. Era el técnico, quien además es amigo de la familia y vecino de Dionisio.

—*Ya sé que estás sola, pero quisiera darme una vueltita en un rato. Tengo unos potenciales clientes ingleses y quisiera mostrarles el sistema…,* dijo.

—*¡Serás muy bienvenido por aquí!* exclamé.

Terminada esa conversación telefónica salí a compartir las novedades con Juan que trabajaba en la huerta. El Sol estaba a pleno. Era ya mediodía y no quería perder una gota de luz. Fui hasta la huerta, decidida a que instaláramos el fusible "fabricado en casa", pero hubo que poner un cartoncito en una pieza que no hacía buen contacto.

—*Se ve peligroso esto así,* dije y pasé las siguientes dos horas matizando quehaceres en la cocina con miradas al tablero y al camino ¡Feliz de ver que la aguja marcaba cargando! ¡El Sol estaba iluminando mi vida!

La hora pasaba, la visita no aparecía. Clientes de por medio, el técnico llegaría y sus clientes podrían apreciar el sistema en funcionamiento. Cuando vi dos autos avanzando desde el recodo del trillo me dispuse a oficiar de anfitriona. Conduje al grupo hasta el tablero y dejé que el técnico se explayara con las bondades de la energía solar. El cartoncito pasó desapercibido para los visitantes ingleses, el equipo funcionaba espléndidamente, ya marcaba una carga por encima de los 25 amperes.

—*A este ritmo un rato más...* calculé calladamente, ponderando la rapidez de captación de energía.

Invité a los ingleses a ubicarse en un lugar con vista privilegiada, frente a la entrada de la casa, en donde se quedaron charlando, mientras fui tras el técnico para revisar el desperfecto. Él, sacando el cartoncito, en voz baja, comentó:

—*Esto puede incendiarse,* luego miró todo detenidamente y sentenció:

—*¡Fue un rayo!*

El rayo que había visto impactar en la laguna durante la tormenta eléctrica iluminó mi mirada una vez más. Reconocí *los tenues hilos* en el juego de luces que había atestiguado la noche de la tormenta eléctrica, trayéndome la remembranza de la experiencia de Robert Johnson. Lo había visto impactar a lo lejos, por la línea del horizonte. El técnico, como si hubiera estado leyendo mis pensamientos, aclaró:

—*No hace falta que caiga cerca,* procediendo a cambiar unas conexiones anunció:

—*Hay que cambiar una pieza que tengo que pedir. Voy a dejar el sistema sin regulador.*

La aguja respondió mostrando que el equipo captaba una pequeña carga. El cielo seguía muy azul, pero la inclinación de los rayos a esa hora de la tarde no daba para más. Aquella noche las fuerzas ni siquiera me alcanzaron para subir a meditar, pero dormí sintiéndome acobijada en mi lugar de descanso, y el día siguiente estuvo tan soleado que hubo energía para todo lo que no había habido por días: lavarropas, aspiradora, licuadora. La casa estaba funcionando ¡Mi alma se estaba despejando!

Reminiscencias de la huerta de mi madre.

Las reminiscencias pueden devolvernos a lugares entrañables, momentos nutricios y espacios de contención, despertando recuerdos que renueven la vida amablemente. Mi estadía en "La casa de la Laguna" había sido pródiga en ese sentido.

El miércoles me levanté antes de que sonara el reloj. El cielo se presentaba en franjas, una azul sobre el horizonte y por encima de ella otra de nubes grises. Los rayos de sol se abrían paso iluminando los pastizales y la superficie de la laguna, por primera vez, la temperatura había subido por encima de 15°C. Esa mañana junté flores para embellecer la casa y por la tarde me dediqué a la huerta, a sembrar tomates y pimientos, y a ralear zanahorias, nabos y remolachas.

—*La primera vez que sembré no nacieron, entonces tiré todas las semillas ¡Creí que no servían!* había explicado Sakshi Lee.

Había centenares de plantitas en un verde compacto. Apilar las que desechaba en el cajón del compost me dejaba un sentimiento de redención, y en aquel hacer de pronto me vi en la huerta de mi madre. En Misiones el clima genera una exuberancia verde, la vitalidad de la selva se cuela por todas partes y en primavera, después de un aguacero, las plantas parecen crecer centímetros mientras uno las mira.

La huerta de mi madre tenía mucho de eso. El lado sur estaba al borde de un potrero y el lado norte lindaba con el patio de la casa, con lo que al asomarnos por la puerta de la cocina podíamos ver las hileras de almácigos. En el linde izquierdo, fuera de la huerta, crecía un nogal que en verano quedaba cubierto por una planta de chuchú: una enredadera que da unos frutos en forma de pera que consumíamos en ensaladas o encurtidos. Por la derecha, un ciruelo extendía algunas de sus ramas ofreciendo sombra en verano. Era el mismo ciruelo que crecía frente a la ventana de mi dormitorio y en el que yo veía episodios de las historias que leía. En invierno, en sus ramas desnudas aparecían batallas campales, guerras navales, escenas bíblicas y seres extraordinarios con narices enormes y barbas caprichosas, y en verano, entre su follaje, asomaban rostros de personas y animales misteriosos. Muchos ojos miraban desde allí.

Mi madre proveía la cocina con verduras recién cosechadas. Ella salía a buscarlas cuando tenía en marcha el almuerzo del día. Le gustaba sorprendernos con exquisiteces recién cosechadas:

—¿Zanahorias bebé?

Yo las untaba con azúcar después de que ella las cepillara.

—¿Nabos tiernos?

Con una pizca de sal, era el aperitivo capaz de dejarme sentada a la mesa y verla hacer.

Las imágenes de mi infancia me sumergieron en la tarea y cuando levanté la vista el cielo tenía una tonalidad dorado-ocre que provenía de detrás de la casa. El Sol me avisaba de que ya era hora de instalarse sobre el piso de la galería, a sorber el ocaso acariciando a Diwali. Había dulzura en el ambiente.

Mezcla de sensatez y orgullo.

La sensatez sólo se mezcla con el orgullo cuando viene a resguardar nuestra autoestima y confianza. A medida que fueron pasando los días fui apelando a ella cada vez más, aun cuando todo estaba tornándose más amable.

El jueves Juan se retiró temprano, de nuevo pedí frutas. Otra vez levantó viento por la noche. A la mañana siguiente me dispuse a disfrutar.

—*¡Voy a hacer pan!* decidí.

Daniel había hecho tres de despedida y quedaba poco. Rastrillé en los recetarios, mezclé ingredientes y amasé cantando de buena gana. El hueco por encima de la heladera me pareció buen lugar para hacer levar la masa, pero al poner mi mano allí no encontré el calorcito que esperaba. Con ayuda de la guía de Sakshi Lee cambié la garrafa, pero algo falló y por un momento consideré dejar todo así hasta que Juan volviera, pero imaginar cómo quedaría lo que había en la heladera, con el agravante de que Juan fuera a enterarse de la desgracia, hizo que reconsiderara.

—*Mejor no darle el gusto,* pensé y luego repasé las instrucciones. Para mi alivio, volví a sentir la voz de Sakshi Lee explicándolo todo para mí:

—*Cuando notes ausencia de calor encima de la heladera y la ausencia de frío adentro, es que se apagó. Lo más probable es que se haya acabado la garrafa. Sucederá en menos de tres semanas después de nuestra partida y otra vez antes de nuestro regreso.*

Me horroricé:

—*¿Dos veces?*

Festejé cuando pasé con éxito la operación del encendido, siempre atenta a la guía de Sakshi Lee:

—*Observa la llama encenderse en el espejo mientras sigues*

apretando el botón. Si la llama se mantiene con color azul: ¡Listo!

El pan levó poco, ni lejanamente se parecía a aquellos esponjosos que había hecho Daniel, pero al día siguiente logré una revancha: la pasta casera con salsa de puerros resultó exquisita. El pronóstico culinario también mejoró: la huerta tenía almácigos repletos con hileras de puerros a punto, de modo que hice una lista de opciones atractivas: pastas, tartas, empanadas, salteados, guisos y sopas.

Siguiendo los hilos de la memoria.

El domingo Juan no apareció, sino que llamó avisando que estaba con gripe. Los días que siguieron, con la casa funcionando y la atmósfera poniéndose primaveral, me sentí a gusto en mi piel y me di más a la lectura. En la pila de libros había dos de Fritjof Capra que había traído conmigo; el primero que conocí de él fue "El Punto crucial", a comienzos de la década del 90, a través del abogado del banco en el que yo trabajaba, quien una tarde dejó sobre mi escritorio un ejemplar sentenciando:

—*Te va a interesar, es del que escribió "El Tao de la física".*

Me atrapó el abordaje sistémico que Capra despliega acerca de la cultura y la sociedad. Articulando diferentes áreas temáticas, entrelazando aspectos en común, pone de relieve lo que subyace a los acuciantes problemas que enfrenta la sociedad. Para cuando "El Punto crucial" llegó a mis manos yo ya me había acostumbrado a la cotidianeidad de las empresas y de los bancos, que en un principio me había resultado extremadamente ardua, cosa que el abogado del banco había atestiguado con cierta curiosidad. A él le había pedido los libros en los que profundicé mis conocimientos sobre los instrumentos bancarios: las cartas de crédito, los pagarés, los cheques, los contratos, todo eso. Su oficina estaba instalada en una ochava del cuarto piso del edificio. Para ingresar allí había que atravesar una antesala cuyas paredes estaban cubiertas por una biblioteca bien provista.

—*¿Y ésa biblioteca para uso de quién?* pregunté la segunda vez que lo fui a ver.

—*Para nosotros,* dijo él y entonces mencioné lo que buscaba. Me llevé tres, dos de los cuales me resultaron imposibles y el tercero, vaya a saber de qué autor compasivo con los legos inquietos, resultó ser suficientemente sencillo y completo. Poco después de aquellos préstamos bibliotecarios me asignaron una cartera de clientes de crédito, empresas a las que el banco prestaba dinero, y por algún tiempo no hubo mayor motivo para visitar el departamento de legales, pero la situación cambió sustancialmente cuando una de las empresas a mi cuidado entró en crisis financiera.

—*¡Que el abogado la acompañe a la reunión!* indicaron de la Gerencia y a partir de entonces los desquicios del sistema económico-financiero-político-burocrático se instalaron como tema de inquietud en mi vida.

Entre pesadillas y tropiezos: una oportunidad.

En el banco, la atención de las empresas estaba organizada por sectores económicos y la compañía que se había presentado con problemas era del sector curtidor-exportador, un sector desafiante para una inexperta como era yo por aquel entonces. Ya había tenido varios sobresaltos porque, en aquel período, el país operaba con un estricto sistema de control de comercio exterior y de cambio, que originó una serie de artilugios por parte de los operadores económicos. Habitualmente, ese tipo de medidas promueve sub o sobrefacturaciones de mercaderías y triangulaciones financieras, con los consiguientes costos adicionales derivados que se metabolizan en la economía del país y que terminan pagando los que no extraen beneficio directo del artilugio, no importa el tamaño de sus bolsillos.

Uno de los subproductos de los artificiosos controles impuestos por el estado, estribaba en que reportaba clientes cautivos a los bancos: los exportadores e importadores tenían que presentar garantías ante la aduana. Esto les representaba mayores costos por las comisiones que debían abonar a los bancos. Costos a los que solían adicionarse otros, por días extra de barco anclado en puerto o por alquiler de depósitos aduaneros, cuando no lograban obtener una carta de garantía con la premura necesaria.

Todo el conjunto engordaba el denominado "costo argentino" que las empresas generalmente trasladaban a sus clientes, y en última instancia, por carácter transitivo, a los consumidores. Inflación por "ecocondiciones desfavorables" o por "externalidades negativas" si se usa el lenguaje tradicional, sería la carátula más representativa para un engorro propicio a las ineficiencias y abusos de variado tenor. Sin duda, lo que es innecesariamente complicado tiende a generar oportunismos de lo más variados, favoreciendo a minorías con real poder político y/o económico en los ámbitos específicos en los que se juega el juego de la complicación.

La burocracia es un poder impersonal, dado a multiplicar requisitos y obligaciones que tienen que cumplir los ciudadanos, no importa el costo, porque no lo paga la burocracia. Además, con toda naturalidad establece presunción de culpabilidad para el ciudadano que ose incumplir sus mandatos. Esto hace más difícil la vida cotidiana, crea costo hundido muchas veces innecesario, y dificulta la generación de valor útil en bienes y servicios para sustentar la vida cotidiana de las personas. En aquel contexto, quienes en los bancos sufríamos por la letra de una reglamentación penal cambiaria digna de Robespierre, éramos los que firmábamos las cartas de garantía asumiendo responsabilidad por aspectos, que en muchos casos se nos presentaban difusos, inasibles. La penal cambiaria daba lugar a bromas y pesadillas:

—¡Vos fumás y sabemos qué marca usás, quedate tranquilo! ¡Vos, andá diciendo qué te gustaría que te llevemos!

Teníamos conciencia de estar ubicados en el trayecto más frágil del tortuoso entramado, pasibles de ser caratulados como delincuentes de cuello blanco en cualquier momento y yo, por atender a empresas de un sector económico particularmente difícil, me encontraba en terreno delicado. No pasó mucho que una mañana uno de los operadores de la mesa de cambios del banco, que como parte de su trabajo leía pilas de circulares del Banco Central a diario, me llamó con una noticia:

—*La atendés vos ¿no? Te aviso que le suspendieron la autorización para operar en cambios.*

Yo no conocía a ninguna otra compañía del mercado en esa situación, por lo menos que fuera cliente y quedé azorada. A los minutos llamó el responsable de comercio exterior:

—*¿Podés venir a verme?*

Bajé inmediatamente a su despacho y allí me interioricé de la gravedad de la situación. No recuerdo las explicaciones, pero sí que terminaron con la pregunta esperada:

—*¿Qué tenés para decir?*

Entonces aprendí que siempre se puede argumentar algo, pero no es alentador. Es constatar que, en la corriente principal de la sociedad, y por ende de la economía, ni siquiera es necesario haberse robado una gallina para pasar un penoso rato. Lo mejor es abrevar en los resquicios donde la esquizofrenia social mengua ¿Y eso dónde es? ¿Permite eludir el desquicio? ¿O solamente es hacerse el distraído?

La ignorancia y la indiferencia son opciones, que hasta pueden funcionar mientras no sea necesario resolver cuestiones alcanzadas por los vericuetos y desvaríos que profusamente crea la burocracia, pero antes o después aparecen, indefectiblemente. De hecho, vivimos la cotidianeidad ignorantes de buena parte de las muchas obligaciones que pesan sobre cada uno de nosotros, sin darnos cuenta hasta que emerge alguna cuestión. La trama burocrática hoy nos tiene atrapados. Hay quienes se sienten a resguardo en "su ámbito", pero olvidan que la burocracia lo ha ido tomando todo y reina por doquier. Lo que conviene es retomar el poder, rediseñando las dinámicas para que la burocracia sirva a la ciudadanía y no al revés.

En un mundo con alta complejidad hay que atender la complejidad, minimizando complicaciones. Sin duda, con los conocimientos y las tecnologías disponibles la sociedad está en condiciones de diseñar una burocracia ágil, liviana, al servicio de la gente.

De la necesidad a la autoecosatisfacción.

Es notorio que hasta el colapso del 29 la mayor parte de la actividad económica estaba dirigida a satisfacer las necesidades básicas y la mirada estaba puesta en la producción. Para reactivar entraron en escena nuevos artilugios: en la macroeconomía se incentivó el empleo y el consumo, en la microeconomía se estimuló la demanda, poniendo en juego herramientas de comercialización y distribución. Los avances tecnológicos adquirieron relevancia en todos los ámbitos de actividad. Todo el conjunto se complejizó con un dinamismo sin parangón. Las décadas posteriores vieron el ascenso del consumismo y todo comenzó a girar en torno al tener. Se enarboló la bandera del crecimiento ilimitado, promoviendo una fragilidad inusitada. La economía exacerbó la producción y el consumo bajo pautas lineales, ejerciendo una creciente presión sobre los ecosistemas naturales, así como sobre las personas, pero eso no es lo que necesitan las personas ¿o sí?

Las personas tienen necesidades que requieren ser satisfechas o disueltas, para evitar la insatisfacción, la preocupación y la angustia. Es conocido que rico es quien menos necesita, no importa el estado de sus finanzas. Es alguien satisfecho, contento, feliz. Es una capacidad que se nutre en el interjuego dinámico situacional persona-entorno, en "autoecointeracción", que configura los modos de sentipensar-hacer predominantes y con ella la capacidad de propiciar una "autoecosatisfacción".

La Pirámide de Maslow, tan familiar para quienes actúan en el mundo empresarial, podría leerse desde un punto de vista evolutivo, a nivel personal y social. Abraham Maslow distinguió las necesidades según se satisfacen desde el entorno o desde el fuero personal interno, considerando a las primeras de deficiencia y a las segundas de trascendencia y autorealización. Utilizó la figura de la pirámide para ilustrarlo, ubicando en la base las de deficiencia, comenzando por las vitales: alimento y techo, luego las de pertenencia social, por último en la cima, las de trascendencia y autorealización que en realidad promueven "autoecosatisfacción".

Cada persona tiene su propia configuración, que se modifica de acuerdo a las circunstancias que atraviesa y su particular forma de priorizar necesidades. Todos necesitan de alimento y un ambiente que provee de lo más vital y todos desean ser reconocidos, por lo que hacen, por lo que tienen, por lo que valoran: cada quien poniendo acento en lo que considera más importante. La sociedad, a través de la cultura, los paradigmas y valores, influye enormemente en las configuraciones personales. Si la cultura promueve atender las necesidades de trascendencia y autorealización, propicia autoecosatisfacción dando lugar a modos de sentipensar-hacer que reconocen la íntima interdependencia en la gran trama de la vida.

Las configuraciones individuales en la Pirámide de Maslow son tendencias de elección y pueden ser muy distintas. Los que no logran satisfacer lo básico y limitado tienen una amplia superficie dedicada a ese fin: su relación consigo mismo y con el mundo habla de esa deficiencia. Las personas que padecen esta configuración son las que se denominan pobres y desposeídas, y los que abogan y ejercitan clientelismos políticos lo aprovechan bien. Vale aclarar que político aquí se usa en sentido amplio y en referencia a los lugares desde los que se promueven las asimetrías y las dependencias que derivan de ellas. Quienes por sus ingresos cubren con facilidad sus necesidades vitales-básicas, pero que habitualmente sienten que les falta algo, e intentan satisfacerlo con las millones de opciones que les prometen reconocimiento, status, placeres y lo que sea que necesiten, configuran una enorme proporción dedicada a ese fin: Son los que siempre experimentan nuevos apetitos que los impulsan en las direcciones más variadas, las ofertas les llueven y sus necesidades crecen ávidamente, en insaciable voracidad.

La corriente principal considera que las necesidades tienden a ser infinitas, bien hábiles son en hacerlo creer. Todos estamos expuestos y son muchos los que sucumben, sin sospechar que tal sentipensar los lleva lejos de donde quieren ir: la configuración de necesidades que impulsa el sistema productivo-consumista imperante crea un hambre que no da sosiego. Deriva en una tendencia a la insatisfacción que corroe el cuerpo y el alma de la sociedad, de muchas maneras.

A quienes sucumben a las "autoecodeficiencias" se les dificulta el acceso a aquellas otras necesidades que Maslow ubicó en la cumbre de su conocida pirámide: las de trascendencia y autorealización, que llevan a alejarse de la deficiencia para orientarse hacia la plenitud. No por haberlas ubicado en la cumbre tiene que ser pequeña su participación. Ése vórtice bien puede significar la aspiración profunda que anida en todos. Quienes le otorgan buen lugar y tienen la suerte de poder hacerlo, priorizan su desarrollo como ser humano: eligen lo que puede acercarlos a sus aspiraciones humanas, construyen su capacidad de bienvivir y encuentran maneras de expresar sus talentos poniéndolos al servicio de un mundo mejor. Vale decir, tienden a la "autoecosatisfacción".

El contexto histórico cultural puede, tanto favorecer como obstaculizar el despliegue del "autoecodesarrollo" hacia la trascendencia y la autorealización. El contexto siempre está. Es allí donde se manifiesta el sentipensar-hacer en el mundo individual y social en toda la gama de cuestiones. Ese sentipensar-hacer a su vez, de alguna manera perceptible o no, participa en cada momento humano, en cada respiración, en cada sinapsis. Somos un conjunto, una compleja trama en la que laten muchas interdependencias, en constante transformación. La cultura se refleja en las necesidades que tienen preeminencia y en las formas de satisfacerlas. En ella se amasan creencias, valores y conocimientos que intervienen en las elecciones personales y grupales. Da lugar al espíritu de la época, a sus desafíos y desvelos. Nadie escapa a su contexto histórico-cultural. La cultura tiene mucho que decir, pero la persona es responsable de alcanzar sus máximas aspiraciones.

Buscar el lugar genuino en el gran concierto que bulle día a día es buena elección para quien quiere bien vivir. Es una cuestión de responsabilidad y de libertad, que requiere de la capacidad de reconocer la interdependencia vital y dinámica persona-sociedad-naturaleza. Es el ejercicio de una ética de la interdependencia: una autoecoética. Para la humanidad de estos tiempos, el desarrollo de una ética compleja comporta la posibilidad de tomar una oportunidad evolutiva crucial.

Aquí vale aclarar que ética de la interdependencia, formulada por Matjaz Mulej, y autoecoética son similares, con la diferencia que la primera enfatiza la interrelación y la segunda, en línea con la ética compleja formulada por Edgar Morin, enfatiza el desarrollo ético de la persona junto con el mundo al que pertenece.

Sorprendida en mi buena fe.

Igual que ahora, cuando trabajaba atendiendo una cartera de créditos y negocios yo tenía un perfil ingenuo, aunque cuando una de las empresas que atendía comunicó su cesación de pagos pasaron cosas que arrasaron con buena parte de mi ingenuidad. Un mes antes de que tuviera lugar la reunión a la que tuve que ir acompañada por el abogado, vino a Buenos Aires mi par de Montevideo, de la sucursal que por entonces estaba en ese país. Le compartí que revisando documentación había encontrado información preocupante sobre la empresa en cuestión. Intercambiamos pareceres e importes de los préstamos que adeudaba en ambas sucursales. Él pareció no haberse perturbado, es más, para tranquilizarme comentó:

—*Yo la veo operando normalmente.*

Por suerte, después lo conversé con mi superior, quien indicó:

—*Llamemos a la empresa y convengamos un plan de salida.*

En la reunión con compañía se acordó un programa de reembolsos. Todo parecía ir bien y al llegar la fecha de la primera cuota la empresa ingresó, a través del banco, el producido de una exportación cuyo importe equivalía a varias cuotas, pero mi interlocutor esgrimió:

—*Me lo tengo que llevar todo para un compromiso con Montevideo. La semana próxima ingresa otra operación que vamos a destinar a cancelar lo acordado.*

Dejé pasar y a la semana lo que ingresó fue la invitación a una reunión de bancos para tratar la difícil situación de la compañía.

Catarsis de acreedores.

Concurrí a la reunión de bancos convenientemente acompañada por el abogado. El anfitrión repartió el detalle de la deuda que la empresa mantenía con cada banco del sistema en ese momento. Inmediatamente noté que la sucursal de Montevideo había reducido exactamente la cantidad que dejé ir. Me puse furiosa y nunca volví a compartir información valiosa con aquél colega. La confianza cuando se quiebra es muy difícil de recuperar.

Durante las tres horas que duró la reunión de acreedores no dije una sola palabra, un poco por la indignación que sentía, pero mucho más porque aquello era una catarsis colectiva que me había sumido en un estado de incredulidad. Los intercambios finalmente dieron lugar a un listado de lo que se requeriría a la empresa para comenzar a considerar un acuerdo: incluía todo lo que ninguno de los bancos, nunca antes, había requerido a la compañía, aunque quizá alguno lo hubiera pedido tibiamente. Cuando finalmente terminó la reunión, yo ni siquiera había hecho un punteo de lo tratado, y ya bajábamos a la calle cuando recuperé el habla y expresé mi consternación al abogado:

—*Esto es el mundo real… ¡no puede ser!*

Él simplemente sugirió:

—*Vamos a almorzar ¡A ver si te vuelve el color!*

Fui aquella vez y muchas más, porque varias de las curtiembres que por entonces abastecían al mercado ruso se complicaron. En cada ocasión, yo encontraba alguna insensatez que comentar acerca de las prácticas del sistema financiero en el relacionamiento acreedor-deudor y el abogado, para suavizar alegaba:

—*No hay nada más indefenso que un acreedor frente a un deudor que no paga.*

Vale aclarar que se refería a deudores por cifras importantes. Estoy segura de haberle expuesto sobre los conceptos sistémicos que había aprendido con Charles François y de lo que imaginaba para ir superando aquella irracionalidad institucionalizada, pero sólo cuando leí el ejemplar de "El Punto Crucial" con detenimiento supe que aquel letrado había prestado atención a mis ideas.

Abrevando en mundos distintos.

Al aterrizar de las reminiscencias del Microcentro porteño me hubiera gustado darle una miradita a aquel libro, pero no lo tenía conmigo. Elegí otro, autobiográfico, en el que Fritjof Capra comparte experiencias de investigador-escritor. En "Sabiduría Insólita" él refiere sus encuentros con pensadores representativos de distintos campos que contribuyeron a los tópicos que él había articulado en aquél libro que llegó a mi escritorio gracias a los dolores de cabeza que me traían las compañías en problemas.

Apenas había avanzado unas páginas cuando leí: "Me doy cuenta de que a lo largo de quince años he seguido persistentemente un solo tema: el cambio fundamental de la visión del mundo que está experimentando la ciencia y la sociedad".

Me encontré diciendo:

—*¡Éste sí que encontró su rumbo!*

En "Sabiduría Insólita" Capra refiere detalles de la crisis personal tras la cual surgió su primer libro: "El Tao de la física": una etapa en la que él pasaba un poco como profesor universitario y otro poco como hippie: "Llevaba una vida un tanto esquizofrénica… muy pocos de los que me recogieron cuando hacía autostop con la mochila al hombro sospechaban que fuese profesor". Esa escisión, al parecer, llegó al colmo cuando concurrió a una conferencia internacional de física en Ámsterdam: "…durante el día me ponía traje y discutía problemas de física subatómica con mis colegas…por la tarde con mi atuendo hippie, circulaba por los cafés, plazas y bares…y por la noche me acostaba en mi saco de dormir en alguno de los parques junto a centenares de jóvenes de toda Europa".

Sentí afinidad. Durante años yo también llevé una vida así a mi modo. Después de pasar el día en trajecito sastre, pasaba por mi casa y al rato volvía a salir con ropa cómoda a dar clases de yoga. Aunque estuviese muy cansada algo pasaba cuando me paraba frente a la clase. Era como atravesar un umbral muy sutil y cambiar de mundo: guiaba la práctica sin esfuerzo y los participantes se iban renovados. El problema estaba en que, por algún motivo yo había armado mundos separados. A mis compañeros de trabajo nunca comentaba sobre mis fines de semana o de mis actividades fuera de la jornada laboral. En cambio, quienes me conocían en otros ámbitos apenas sabían que yo trabajaba en una entidad bancaria.

En algún momento me di cuenta que tenía que integrar esos mundos. Entendí que el hecho de vivir en una sociedad fragmentada no requiere que yo tenga que inscribirme prolijamente en la tendencia. Al seguir leyendo "Sabiduría Insólita" encontré similitudes entre las vivencias de Fritjof Capra y la de Juan Carlos Gambarotta, quien a su modo también pasó por un período así cuando quería vivir apartado de la civilización. Ese anhelo lo llevó a cruzar la Bahía de Marajó en una canoa de tronco, con la esperanza de encontrarla deshabitada.

En "De mochilero a Guardaparque" Gambarotta escribió: "Por primera vez en mi vida no sabía qué hacer…la canoa parecía esperar algo, estar indecisa. Pasaron las horas, el Sol ya estaba alto y sólo había avanzado unos siete kilómetros. Curiosamente, aún no me había propuesto ninguna idea nueva y eso era raro…sospechaba que lo que (yo) hacía no tenía fundamento y sin embargo lo tenía. Yo había creído que el mundo se dividía en dos, la parte donde están las ciudades, las carreteras, las computadoras y las leyes y la otra donde está lo silvestre…la canoa se mecía en la resolana ecuatorial y yo sentía un estado de ánimo que desconocía hasta entonces, el fracaso."

Por mi parte, los días que siguieron en "La casa de la Laguna" entré en sintonía y me sentí libre. A mi alrededor el vecindario estaba cada vez más concurrido. Bandadas de patos sobrevolaban el área, por centenares solían pasar justo por encima de nuestras cabezas envolviéndonos en el sonido de sus alas moviendo el aire, haciendo que los perros y yo miráramos hacia arriba.

—*Poderoso ¿eh?* les decía. Mirábamos lo mismo y veíamos distinto, cada quien según su interés.

Rumiando similitudes.

Me entusiasmé con las experiencias de Fritjof Capra y de Juan Carlos Gambarotta. Saltaba de un libro a otro, comparaba pasajes, imaginaba. Reconocí sus rastros en mi vida, tan distintos e igualmente inspiradores.

Fritjof Capra debió abandonar Estados Unidos a fines de 1970 cuando caducó su visa de residencia, entonces se trasladó a Londres en donde sus primeras semanas fueron tan difíciles como cruciales. En "Sabiduría Insólita él relata: "…cuando mi ánimo estaba en lo más bajo que ha estado en mi vida, tomé una decisión que me encaminó en una nueva dirección". Antes de abandonar California, Capra había tenido una experiencia de la danza cósmica de Shiva bajo la forma de cascadas de energía que cambiaban constantemente, dentro y fuera: una pulsación rítmica en la que estaba inmerso, una vivencia de unidad. Esa visión inspiró su recorrido de vida. Aquella experiencia, para él como físico, representaba el paralelismo entre la física y el misticismo. Estando en Londres, en su pequeño cuarto en el Imperial Collegue, supo que ese paralelismo algún día sería de conocimiento corriente y que su situación particular era la ideal para explorarlo a fondo y escribir sobre el tema. Ese reconocimiento fue punto de partida para que los años siguientes se dedicara a un estudio sistemático para identificar y trazar puentes entre las tradiciones místicas orientales y los conceptos y teorías básicos de la física moderna, un período durante el cual siguió viviendo un poco como físico y otro poco como hippie, austeramente. Acerca de aquel tiempo él refiere: "Lo que me impulsó durante dicho período fue una firme convicción en mi visión y en que mi tenacidad por fin se vería recompensada" expresa Capra en "Sabiduría Insólita".

Por su parte, cuando Juan Carlos Gambarotta encontró su rumbo en medio de la zozobra que experimentó en la isla de Marajó, atravesó por segunda vez la peligrosa Bahía desandando lo andado, teniendo que remar durante horas y deshacerse del timón, de los obenques y finalmente también de la vela. Cuenta que para acallar el esfuerzo de la irrenunciable tarea, reflexionaba sobre su destino. Acerca de aquella travesía él comparte: "Una gran mariposa azul apareció volando y pasó muy cerca de mi canoa. Se perdió de vista volando hacia Marajó ¿Y ésta qué hace copiándome? ¿Por qué se habrá aventurado a cruzar semejante espacio de agua?…seguro que no llega, apenas vuela a un metro sobre el agua. Me dio por pensar que al igual que ella, también yo podría no llegar", refiere en su libro "De mochilero a guardaparque". Después, sus pensamientos derivaron a lo que se proponía hacer una vez que estuviera de regreso en el Uruguay: "Seré un conservacionista activo, hace mucha falta allá...me acordé de lo lindas que son las lagunas del Este, me prometí buscar la forma de vivir al borde de una y me imaginé en un rancho dentro del monte. No sé si fue una visión de futuro, pero ocho años más tarde lo había logrado".

Visión, tenacidad y osadía parecen ser ingredientes cruciales para dar forma al propio rumbo. Hay que poder aferrarse a lo que dicta el corazón.

Corazón de fiesta.

Nunca tuve una visión tan clara como la que comparten Capra y Gambarotta, pero sé cuándo estoy en mi rumbo. Lo reconozco cuando una decisión me resulta vital, cuando lo que tengo que hacer tiene una urgencia particular. Me pasó cuando decidí inscribirme para cursar el posgrado en dirección de organizaciones sin fines de lucro. Hacía ya años que había concluido mi carrera de grado y siempre estudiaba algo.

—*¡Eterna estudiante! ¡...hay otras cosas para hacer en la vida!* decía mi familia.

Otros sugerían:

—*¿No te conviene algo formal?*

No convenía, porque nunca había encontrado algo que valiera el esfuerzo y prefería elegir libremente e ir construyendo alrededor de mis intereses. De repente cambié de idea. Sucedió a raíz de una conversación informal con alguien de un instituto de investigación que estaba organizando su equipo para un proyecto. De pronto, fuera de contexto, me lanzó una pregunta inocente:

—¿Y vos que estudios de posgrado hiciste?

No recuerdo qué respondí, pero el domingo siguiente, hojeando el diario, encontré un aviso con la propuesta del posgrado que luego cursé. Lo leí detenidamente. Estaba lejos de mi actividad habitual pero despertó mi interés, aunque me pregunté:

—¿Y qué hago con esto?

No tenía una respuesta coherente. Por su parte, la universidad puntualizaba que daría prioridad a quienes estuvieran trabajando en cuadros ejecutivos o directivos de organizaciones "del tercer sector": fundaciones, asociaciones y otras organizaciones de base. Yo solía colaborar con varias, pero no en esos puestos. Lo sentí injusto para con mi interés, pero me puse a la tarea de reunir lo necesario para cumplir la lista de requisitos.

Comenté mi decisión con una amiga con la que había cursado mi carrera de grado. Ella también era estudiante a perpetuidad, pero contaba en su haber varios doctorados y acababa de regresar de Estados Unidos en donde había estado con una beca Fullbright. Mi amiga, que conocía mi aversión por los estudios formales, le dio una hojeada a la lista de requisitos e información del posgrado, y haciendo mención a uno de los profesores que figuraba allí, instruyó:

—Fijate quien te va a entrevistar. Lo conocí en Cornell, parece que éramos los únicos dos argentinos que estábamos allá.

Muy práctica con la burocracia académica, también sugirió que pidiera una carta de presentación a quien había sido nuestro profesor de economía, el Dr. Besil:

—LLamálo ¡A él le encanta que sus alumnos se luzcan!

Cuando cursábamos la carrera él daba las clases introductorias. Imposible olvidarlo, de él había escuchado por primera vez: "La economía es la ciencia de la escasez. Es el arte de combinar recursos escasos para satisfacer necesidades múltiples".

—*¿Y esto es lo que voy a estudiar?* me pregunté atribulada.

Algo andaba mal con esa definición, aunque por entonces no tenía idea de lo que podría ser. Pero entendí que ése sería el marco de referencia al que tendría que remitirme si quería estudiar economía y lograr un título universitario que lo acredite, además tenía la esperanza de que durante el transcurso de la carrera despejaría la inquietud. No sucedió, sólo fue quedando silenciada y dormida por unos años hasta que los *tenues hilos* se encargaron de despertarla.

Siguiendo la sugerencia de mi amiga llamé a la universidad, donde me informaron que mi antiguo profesor seguía allí. No me sorprendió que él tuviera que esforzase para recordarme y me alegré cuando luego estuvo encantado de dar su recomendación. En cuanto a la carta de antecedentes laborales no me quedó otra que pedirla al banco y la extendieron con un texto muy apropiado para facilitar que fuera admitida. Luego, la entrevista de admisión fue con aquel profesor al cual conocía mi amiga. Me sentía nerviosa por saberme fuera del rango de preferencia. Él, por su parte, dando una hojeada a mis antecedentes mencionó el nombre de mi amiga como al pasar y eso me tranquilizó lo suficiente para que yo me despachara con todo lo que me entusiasmaba de aquel posgrado.

El entusiasmo genuino es abridor de puertas, pero no me sentía muy segura cuando terminó la entrevista, además en los días que siguieron, a duras penas, logré completar los requisitos burocráticos. Los presenté sobre el cierre, en un día de fuerte temporal. Se había desatado una sudestada impresionante y era mi última oportunidad para entregar los documentos, porque por la noche saldría de viaje. Pasé la mañana entera inspeccionando la calle, acercándome a cada rato a algún ventanal, no paraba de llover a cántaros. Ya era media tarde cuando los de mi oficina se solidarizaron:

—*¡Andá en un remise del banco, vas a llegar bien!*

Cuando me di cuenta estaba embarcada, literalmente. Las avenidas estaban tan anegadas que prácticamente navegábamos. Al llegar a la universidad encontré que no había luz y subí las escaleras en penumbras hasta el tercer piso. La secretaria, sorprendida de verme allí, me dijo:

—*¡Vos si que tenés ganas!*

Con toda convicción respondí:

—*¡Es que para mí es ahora o nunca!*

Hubo que pasar el verano con una ansiedad intermitente, que yo intentaba disipar diciéndome:

—*Tantas ganas no tengo.*

A principios de marzo recibí una carta de la universidad diciendo que me habían admitido. Sólo faltaban diez días para que comenzaran las clases, no había tomado vacaciones y sentí la urgencia de un descanso. Fue entonces que los *tenues hilos* me llevaron a entrelazar mi vida con las de Sakshi Lee y Daniel, todavía recuerdo nítidamente esa bienvenida con ramo de flores esperándome en el puerto de Montevideo.

Sospecho que todas las vidas se tejen con los tenues hilos y sé que cuando es posible reconocerlos, el corazón se pone de fiesta. Sucede cuando un cierto sentimiento se vuelve movimiento. Si le diera voz a ese impulso, diría algo así: ¡Es por ahí! ¡Es ahora! ó ¡Lo voy a hacer aunque sea lo último que haga!

Es una voz sin palabras. Cuando la escucho sé que ella me habla de algo que es para mí, no importa si fue evaluado o no, si parece conveniente o no. Es una fuerza interna que mueve en determinada dirección y es el indicador más seguro de que estoy siendo fiel a quien soy. Viene acompañada de una certeza inexplicable, de una confianza que no se acalla, aun cuando yo me llene de dudas.

Ahora puedo mirar hacia atrás y atisbar la coherencia que esos tenues hilos entretejen con sus susurros. Puedo ver que muchas veces seguí sus sugerencias con terror, para luego encontrarme en mi lugar genuino: un lugar desde donde desplegar lo mío en una danza amable con el mundo al que pertenezco. Esa voz ahora me habla de oportunidades para mí y para muchos más. Me habla de algo mejor que puede llegar a ser.

Capítulo 9

EL EXTRAÑAMIENTO DEL PARADIGMA
La primavera se instala

El ambiente había cambiado radicalmente en el transcurso de unos pocos días, un silencio amable envolvía los sonidos de la naturaleza, incluyéndome. Los inconvenientes se volvieron pequeños. El 16 de septiembre en mi diario escribí: "Si algo me gusta de lo que me está pasando es que todos los días veo el mismo paisaje y noto como cambia."

Aquel día amaneció nublado. Cuando salimos a caminar me detuve unos instantes al borde del bosque y dejé que mi mirada recorriera el espacio abierto. Desde allí la laguna se veía muy quieta y plateada. Comenzó a lloviznar y volvimos corriendo, los perros y yo, pero era sólo una nube y al rato terminó por despejarse. Luego el sol se tornó intenso y salimos a completar el circuito. Nos detuvimos en el muelle, acercándonos lentamente porque estaba el martín pescador que solía pescar allí. El ave, acostumbrado a nuestras visitas sólo abandonó su poste cuando estábamos ya muy cerca. Debe saber que aunque los perros tengan prohibido cazar no son de fiar, de hecho ellos temblaban con expectación.

El extremo del muelle, sobre la laguna, me producía cierta fascinación, quizá porque allí el cielo y el agua parecen hacerse uno, de hecho se tocan en la línea del horizonte. Me adentré a la laguna, parándome en ese lugar privilegiado y dejé que mi mirada recorriera el entorno impregnándome. Me acosté sobre los tablones de cara al cielo y dejé que mis ojos anclaran en el infinito. Escrutar el espacio abierto sin encontrar un límite siempre me da la sensación de estar inmersa en la vastedad. Cuando sucede ni siquiera puedo intentar recortarme, es como si los límites entre el adentro y el afuera se diluyeran completamente y la vastedad que me contiene y atraviesa se volviera tangible y palpitante. Como si mi pequeñez ya no existiera, mi palpitar se vuelve el palpitar de la inmensidad, o quizá la inmensidad palpita en mí, no lo puedo discernir. Es uno. Hace que me pregunte:

—¿Será sólo el universo o será algo más inmenso aún?

Fui emergiendo de a poco, sintiendo los tablones del muelle sosteniendo mi cuerpo, el chapotear de Mitra por debajo de ellos y la presencia de Diwali, que atada a la cuerda esperaba paciente.

Disfrutando lo que hay.

La disposición a disfrutar es una clave de vida. Asombrarse, deleitarse e incluso regocijarse con lo que deparan las circunstancias fortalece nuestra capacidad de abordar aconteceres, lugares y personas de maneras provechosas, apreciativas. La estadía en "La casa de la Laguna", me había templado en ese sentido.

Dionisio, que se mantenía atento a la llegada de la pieza necesaria para poner en condiciones el equipo de generación eléctrica, llamaba cada dos días para mantenerme informada sobre el particular, alentándome con sus gentilezas:

—Tengo preparada una canasta con huevos, se la voy a mandar con el técnico cuando llegue la pieza.

Huevos. Sólo quedaba uno y lo venía guardando. Las cenas rápidas en base a omelette tendrían que seguir esperando.

—*El trillo está bueno, en cualquier ratito tiene todo allí*, agregó.

Devolví su atención ofreciendo:

—*Avise, que le preparo un buen adatito de puerros y acelgas, quedan remolachas y nabos pero se están poniendo fibrosos.*

Hice pan y aproveché de la misma masa para hacer pizza "a la huerta". Hacía ya tiempo que no quedaba vestigio de la horma de queso de campo que había dejado Sakshi Lee. Conté las manzanas. Arriesgué usando tres en una compota con canela y pasas, felicitándome por la buena administración de las provisiones. A la hora de la siesta la temperatura había subido a 18°C y corría una leve brisa. Instalé las reposeras a la sombra, debajo de las palmas, y allí me descalcé para sentir las plantas de mis pies en contacto con el pasto mientras tomaba mate observando a mis amigos peludos que se disputaban lo que quedaba de una cabeza de nutria. Dos halcones sobrevolaron el área. Cuando Mitra los notó buscó refugio debajo de mi reposera y Diwali apenas les dedicó una mirada de reconocimiento.

Ya no los retaba. Si los perros hacían alguna travesura les retiraba la palabra, y entonces los dos rondaban echándome miraditas furtivas. Había dado con ese método en una oportunidad en la que Mitra sobrepasó sus marcas. Sucedió cuando una mañana lo encontré en medio de un gran lío en el área de trabajo en donde él había tapizado el suelo de ropa mezclada con vellones de fibra de vidrio, medias babeadas, una palita mordisqueada y las botas de Daniel a medio comer. Entonces hasta la mirada le había retirado. A partir de entonces ya sólo usaba un ¡No! rotundo las pocas veces que Mitra me saltaba encima manoteando con sus patas. A salvo de rasguños yo disfrutaba de mimarlo, cuando él se instalaba en mi regazo después del mate de la siesta.

Jazmines y estrellas.

Un cielo despejado, tapizado de estrellas y jazmineras en flor pueden deparar una experiencia mágica, exuberante, sanadora, y aquella noche se presentó la ocasión. A la hora de la cena llamó Graciela para anticipar que vendría a recibir la primavera:

—*Voy a pasar el equinoccio contigo en la laguna y luego te llevo de compras a Rocha, pero pásame la lista por las dudas,* dijo.

Me alegré por demás. Pasar un rato en su compañía y renovar provisiones vendría muy bien. Hacía ya tiempo que extrañaba unas cuantas cositas.

—*Si traés una garrafa de gas te agradecería. No quiero helarme en la ducha* pedí, y ella, muy suelta, sugirió:

—*Pues calientas agua en un tacho en la cocina y te bañas…*

Cené tranquila y luego me quedé estudiando largo rato en el comedor. En el aire había aroma de jazmín. Yo había sacado los primeros ramilletes de la jazminera y los había distribuido por los rincones más queridos de la casa. El aroma había adquirido una presencia palpable y se me ocurrió que por la noche los jazmines perfuman más. Al cerrar los libros contemplé un momento los dos candelabros azules con lo que quedaba de las velas violeta. Parecían estar custodiando el jarrón añil que estaba allí conteniendo un gran ramo irregular de coronita de novia. Acaricié el mantelito rústico sobre el que estaba el jarrón, y algo pasó que el contacto con esa superficie hizo que sintiera más vivamente todo mi cuerpo, mi piel, mi interior y mi respiración.

Era más tarde que de costumbre cuando me dirigí a mi cuarto. Al pasar frente a la puerta principal, ancha y vidriada, miré hacia el lado del bosque donde la Luna asomaba por detrás de los árboles. Dorada, llena, enorme, contrastaba con el oscuro perfil de las copas de los pinos. La noche anterior solamente había dejado traslucir su plenitud en la luz plateada que blanqueaba la espesa nubosidad que pasó migrando hacia el norte. Ahora su presencia era increíblemente tangible. Me sentí atraída y salí de la casa.

Todo estaba teñido de una luminosidad azul, hacía frío y desde la laguna llegaba el canto de las ranas. El cielo estrellado y la Vía Láctea que se veía espléndidamente me hicieron sentir la presencia de mi abuela. Solíamos mirarlo juntas, fue ella quien me enseñó a ubicar estrellas y planetas, hace ya tanto que ahora me resulta difícil reconocerlas.

Me imaginé caminando con mi abuela María por el claro que había cerca de su casa. El camino de acceso bordeaba una plantación de té, la que por lo bajito de sus plantas dejaba allí un gran espacio abierto al cielo. Por un momento, me pareció oír el canto de los grillos en las noches de verano cuando pasaba temporadas acompañándola. Escuché su voz diciéndome:

—*Cuando ya no me tengas aquí mirá bien el cielo ¡Vas a poder encontrarme en alguna estrella!*

Diwali me acompañaba, la acaricié dejándome estar en el calorcito que exhalaba su pelaje suave. Hacía tanto que no me regalaba un cielo así. Una fuerza nueva corría por mi cuerpo cuando más tarde subí las escaleras para ir a meditar. Al bajar, me instalé a oscuras en el sillón hamaca de la bow-window que se abría al paisaje bañado en luz de luna. Allí me detuve largo rato sorbiendo té, como si con él también sorbiera la luminosidad azul que lo envolvía todo. En su canasto, ahí nomás, Diwali emitía gruñiditos de contento. Aquella noche, al sentarme frente a mi diario, sonreí al notar que llevaba tres días leyendo "Las conexiones ocultas". El misterio siempre está.

Quietud colándose en mí.

La quietud realza nuestras vivencias otorgando profundidad, y bien puede derivar en un extraordinario sentido de conexión. Durante mi estancia en "La casa de la Laguna" se me dio, resultado de una afortunada conjunción.

Descansé bien aquella noche, y a la mañana siguiente estaba preparando el primer mate del día cuando vi a Juan avanzando a grandes pasos por el trillo. Muy arropado, con un gorro hasta las cejas y una bufanda flameando al viento, traía consigo un paquete conteniendo una docena de bananas, ya manchadas por lo maduras.

—*Si no le parece me las llevo. Las compré el sábado,* dijo a manera de disculpa.

Me alegré de verlo y me despaché contándole sucesos de los últimos días, hasta que él interrumpió bruscamente:

—*Ahora vamos a hablar de mí.*

Había ido al médico, pero sus explicaciones, que incluían certificaciones y trámites, eran tan enrevesadas que yo no alcazaba a comprender su estado. Lo dejé hablar hasta que me animé a interrumpir, diciendo:

—*Usted sabrá si está en condiciones de quedarse o no.*

Juan dudó, pero optó por retirarse, y yo me aseguré de que antes de hacerlo revisara el tanque de agua. Él trepó la escalerilla que conduce a la abertura de la cisterna, levantó la pesada tapa y se detuvo observando el interior con aire de estar extrañado. Dudó un momento y luego, dándose la vuelta para mirarme, comentó:

—*Está a tres cuartos. A este ritmo va para largo, aunque no llueva.*

Me guardé de decir que yo cuidada de usar lo mínimo, que llevaba registro de las lluvias y que tenía muy presente que habían caído sólo seis milímetros desde la tormenta eléctrica. No pensaba decir más, después de sus comentarios acerca de la experiencia de Graciela acarreando bidones. Indicando en dirección a la huerta comenté:

—*Si sigue así habrá que regar.*

—*Para eso hay que traer agua de otro lado, en aquel tanquecito,* respondió Juan, señalando un acoplado de tractor. Luego se marchó dejándome con la sensación de no haber entendido algo.

La extraña visita parecía haber sido solamente para que yo me tranquilizara con respecto a la disponibilidad de agua para atender la casa. Acomodé las frutas en el fondo de la heladera y limpié la cocina con la sensación de que no veía a Juan por días, y en ese hacer me fue entrando una sensación de libertad. Cuando terminé la tarea noté que el viento se había calmado y que el ambiente se había puesto templado. Salí a caminar. El sol se colaba por entre los pinos en el sendero que lleva hacia el potrero, los caballos pastaban tranquilamente. Ya no tenía apuro.

Al regreso estacionamos en el muelle y jugamos los tres, los perros y yo. Luego, ellos se detuvieron en torno a los postes a comer un pasto de hojas largas mientras me quedé sentada a la sombra. Mitra había perdido su collar, pero no me inmuté. La laguna parecía estar tomada por una quietud profunda que se coló en mí. Ya en la casa, serví un vaso de agua y lo tomé a sorbos instalada en la galería, lentamente, dejándome envolver por la leve brisa que soplaba en aquel momento. Toda la jornada transcurrió con ritmo muy pausado, dándome la sensación de estar entrando a otra dimensión. Al atardecer el Sol se despidió pintando el cielo de naranja, violeta y algún toque borravino otorgando al paisaje un tinte de vitalidad que no había visto hasta entonces, y al entrar la noche el sueño me venció antes de que asomara la Luna.

Soledad y silencio.

En los días que siguieron el silencio se tornó más profundo en el lugar y en mí, dándome un sentido de conexión. Saboreaba los pequeños aconteceres: el sonido de la avena cocinándose a fuego mínimo para el desayuno, el sabor de una limonada a media mañana, el canto de los pájaros, las garzas parloteando en la charca vecina, el viento en las copas de los árboles y en los pastizales. Todo estaba teñido de intensa profundidad. Sakshi Lee se inquietó por la ausencia de Juan y llamaba más seguido:

—*¿Cómo vas? ¿Está bien para vos así? ¿No te sentís en medio de la nada?*

Sus preguntas me devolvieron a la experiencia de Robert Johnson en la soledad de la torre de vigilancia en su juventud, cuando en una oportunidad lo había llamado, inesperadamente, el jefe de los guardas forestales para verificar si se sentía bien.

—*¿Ya has empezado a hablar solo?* le habría preguntado.

—*Bueno ¡sí!* habría respondido Robert.

—*¿Te contestas a ti mismo?* habría proseguido su jefe.

—*No,* habría dicho él.

—*Bueno, entonces estás bien,* habría concluido su interlocutor.

Robert Johnson refiere el episodio como el examen psiquiátrico más breve de su vida. Por mi parte, a Sakshi Lee le aseguraba que me sentía cada vez mejor, de hecho no había problemas que reportar. No le contaba que yo cantaba, reía y que a veces hasta me permitía gritar. Se me estaba limpiando el alma.

Miraba la puesta en compañía de Diwali. Esa hora para ella se había vuelto la de los mimos, se dejaba acariciar mansamente y el calorcito de su pelaje suave me daba sensación de cercanía con el Sol que parecía tomar velocidad al acercarse a la superficie de agua, allá en la lejanía. Mitra había tomado la costumbre de ir a dormir muy temprano y yo iba a taparlo ya antes de la puesta del Sol. Lo tapaba completamente y le daba un abrazo, que él devolvía con gruñidos de contento. Con los últimos vestigios del día me vestía para la noche, tomaba mi cena y subía a meditar. Desde que Juan se había ausentado me había tomado la costumbre de dormir nueve y hasta diez horas diarias. Los tres nos habíamos vuelto dormilones.

Una de aquellas noches, al terminar la meditación recordé la experiencia de Shiva que había leído en uno de los libros de

Fritjof Capra y me di cuenta cabal, por primera vez, que yo tenía dos versiones. Una ocurría cuando sentía que el fuego comenzaba a aparecer con las llamas lamiendo adentro y afuera, rodeándolo todo hasta que sólo veía fuego. Es la que aparece cuando algo que está "congelado", en mi cuerpo o en mi alma, se disuelve y comienza a moverse, siempre trae primero dolor y luego alivio. Hace años que sé que en mi pecho hay algo que está muy frío, en mi columna hay una vértebra que no logro sentir. Sé que hay algo ahí que tiene que irse alguna vez, y cada vez que veo ese fuego sé que doy un paso en esa dirección. Cada vez, cuando el proceso que desencadena concluye, puedo sentir que hay más espacio en mi corazón, que mi alma está en un mejor lugar y la gratitud fluye naturalmente.

La otra versión es la de los jazmines. Cuando aparece es una caricia al alma y algo se torna liviano y amable, extendiéndose, impregnándolo todo. También la "veo" solamente unos segundos: una lluvia de pequeñas flores cayendo con la suavidad de los copos de nieve y no me es posible distinguir si esa lluvia, que me envuelve en perfume de jazmín, está adentro o afuera. Siempre me produce alegría y una ternura que ilumina mi cuerpo y mi alma.

No sé si fue por las flores de jazmín que había dejado por los rincones de la casa, pero la soledad de aquellos días me había bendecido con esa versión, y la siguiente vez que Sakshi Lee llamó por teléfono le hice saber:

—*Tu jazminera está cubierta de flores y el aire lleno de perfume.*

Era una manera de ofrecer prueba de que la primavera estaba allí conmigo apreciándola, aunque no dijera palabra acerca de la amplitud de su significado para mí.

Una vivencia indescriptible.

El silencio se me había hecho carne, yo navegaba en él o quizá él navegaba en mí ¿cómo saber? Hasta me había olvidado de mí y no sé cuánto duró ese dejar de lado mi historia personal, mis problemas no resueltos, mis esperanzas, inquietudes, relaciones y quehaceres, pero sé que olvidé el camino andado y el que me proponía abrir.

Indescriptible, una vitalidad acentuada, suave y fuerte impregnaba mi cuerpo y mi alma, vibrando con pequeños remolinos. Me era muy tangible la continuidad entre el adentro y el afuera. La frontera de mi piel me unía a todo. Me ha pasado otras veces y es curioso: hace que me olvide de mí. Los pensamientos, sentimientos y emociones se acallan tanto que ya no hay recuerdos, ni tribulaciones aflorando ¡Nada y todo a la vez!

Cuando todo se percibe con tanta vida y belleza ya no queda lugar para las pequeñas cuitas de la propia historia, ni del futuro incierto. Había sucedido y ni siquiera me había dado cuenta. Lo noté cuando al estar tumbada sobre el muelle me reacomodé sobre los tablones para asomarme a contemplar la superficie de la laguna. En el instante mismo en el que mis ojos se encontraron con los míos, reflejados en aquel espejo, una cascada de quien soy en el mundo se apoderó de mí y me reencontré con mi historia, mis anhelos, mi familia, mis amigos, lo hecho y lo por hacer. Allí estaba otra vez con todo lo mío, pero ya no era igual.

El extrañamiento de sí deja estelas de pequeñas trasformaciones en el propio ser y le otorga sostén y sentido. Es una forma de extrañamiento de paradigmas, porque renueva la perspectiva con la que se aborda todo en la vida.

Desarrollar capacidades nuevas.

Los paradigmas subyacen al mundo que vivenciamos. Son las premisas profundamente arraigadas en nuestras mentes, que invisibles tiñen la mirada: cada vez que miramos vemos lo que nos permiten ver. Es el sentipensar constitutivo, que tiene distintos niveles de profundidad y en el nivel más profundo está constituido por premisas nodales subyacentes, que siempre se corresponden con el nivel de la acción. Dicho de otra manera, lo que creemos en ese nivel somos, y lo que somos se manifiesta en el comportamiento, en lo que hacemos y en cómo lo hacemos.

Las incoherencias entre sentir, pensar, decir y hacer son indicador de falta de conciencia o de engaño voluntario. Salvo el puro instinto, que actúa en las respuestas a un emergente y se esfuma con la interpretación del acontecimiento, nuestro mundo tiene su sustento en una red paradigmática subyacente. El problema surge cuando sus referencias clave no sirven para vivir bien, entonces hay que cambiar. Es un cambio en un nivel de pensamiento constitutivo profundo, porque cuando algo se transforma en ese nivel ya nada es lo mismo: los ojos que miran ven diferente, el ser que siente, siente diferente y lo que sea que haga lo hará con una nueva cualidad.

Transformar en un nivel constitutivo es laborioso y amenazante, la propia identidad y sentido de ser descansa allí. Sin embargo, lo hemos transitado muchas veces a lo largo de la historia. Ya no pensamos, ni vivimos como nuestros ancestros de hace cien, doscientos, quinientos o más años atrás, y a diferencia de ellos enfrentamos la necesidad de propiciar una sociedad planetaria multitranscultural, que impone mudar hacia un sistema de paradigmas habilitante. Es un emprendimiento mayúsculo e implica desarrollar nuevas capacidades. Es un desafío de autoecoaprendizaje, individual y colectivo.

La humanidad tiene necesidad de evolucionar: las interacciones crecientes entre culturas dan cuenta de la necesidad de perspectivas a la altura de las circunstancias. Un nuevo dogma es necesario y éste sería, paradojalmente, "el dogma del no dogma", como lo denomina Edgar Morin. Otorgaría una disposición que facilitaría dejar atrás lo que ya no sirve y conservar lo que es valioso para la vida del conjunto y la de los individuos. La capacidad de cuestionar las premisas subyacentes es una función autoreflexionante que, según Elisa T. Chisleanschi (2009) la especie humana está en condiciones de actualizar.

El desarrollo de la capacidad de cuestionar las premisas subyacentes en nuestras formas de interpretar y de interactuar, para estar en condiciones de cambiarlas, si fuera conveniente, es particularmente importante. Es una disposición hacia el autoecoaprendizaje consciente. Una capacidad que conviene promover activamente.

La diversidad cultural, en sí misma, puede visibilizar el sentipensar-hacer profundo y propiciar una descentración facilitadora: el extrañamiento del paradigma y el florecimiento del poder creativo.

Si lográramos practicar consistentemente una escucha y una mirada abierta, compasiva e interesada, estaríamos en condiciones de inspirarnos mutuamente y cultivar nuestra creatividad innata poniéndola al servicio de un convivir amable.

Mundos diferentes.

El tema de los paradigmas y los modelos mentales me había capturado, como cada vez que encuentro algo que me permite comprenderlos más o vislumbrar nuevos, más acordes a nuestros desafíos y posibilidades actuales.

Por aquellos días, yo dedicaba algún tiempo a responder los pocos mensajes electrónicos que recibía. Uno de Jorge estaba muy en la corriente de mis pensamientos y me hizo sonreír: "Ayer pude ver algún pasaje del programa en el que Eduardo Galeano recita, en vivo, algunos de sus relatos. El que más me conmovió decía algo más o menos así, y no pretendo repetirlo porque no puedo, pero intentaré al menos recrearlo:

Un equipo de cine llega a un lugar de la selva para hacer una filmación. Allí a todos les sorprende ver los aparatos y la forma en que esa gente extraña está vestida y les llama mucho la atención la manera en la que hablan. Entre la gente del lugar hay una niña que mira al director con insistencia. Lo mira fijamente a los ojos. Los visitantes van descargando y ordenando sus cosas y la niña sigue ahí mirando a los ojos al director. Lo sigue insistentemente con su mirada. El director lo advierte y le pregunta:

—*¿Qué es lo que te llama tanto la atención?*

—*El color de sus ojos, responde ella.*

Ciertamente el color de los ojos de él eran azules, pero también su piel era blanca y su cabello rubio, y por esos lugares esas características no se daban. Extrañado, él le vuelve a preguntar:

—*¿Ah sí? ¿y qué te llama la atención del color de mis ojos?*

—*Me preguntaba de qué color ve usted las cosas, responde ella.*

Sorprendido, el director le pregunta:

—*¿Cómo de qué color las veo?... de los mismos colores que vos.*

Entonces la niña lo mira seria y le dice:

—*¿Y cómo sabe usted de qué color veo yo las cosas?"*

Agradecí esa contribución a mis reflexiones de aquel momento.

Los mundos diferentes imponen el delicado desafío de discernir cuáles pueden ser los puntos de encuentro y sortear con esmero aquellos en los que no es posible.

Ofrecen la posibilidad de reconocer nuestros paradigmas personales y los de nuestra cultura, enriqueciendo nuestra perspectiva.

Pueden abrir posibilidades nuevas en la unidad multidiversa que somos con los otros, con los millones de seres con quienes vivimos nuestra vida.

Momento y lugar ideal.

Dejé a Jorge y a Galeano para leer el mensaje que me había hecho llegar mi amiga de las caminatas porteñas. June se ocupaba de dar un vistazo a mi casa y regar mis plantas, y me hacía llegar pequeños partes que yo esperaba especialmente. En aquella ocasión ella escribió: "Creo que estás en un lugar ideal para verificar el alineamiento de Plutón, Venus y Marte. Dicen que se ve en el firmamento sólo en el cono Sur y que es un momento único para el planeta. Está en sentido noroeste. Si los ves ¡mandales mis felicitaciones a los planetas!"

En mi diario anoté: "Es alentador. Si es un momento único para el planeta, también lo es para la humanidad, y es algo más que una simple alineación física. Los cuerpos celestes influyen mucho más de lo que parece: sus movimientos suceden en nosotros, con nosotros."

Preludio de un encuentro.

Cerraba mi diario cuando recibí una llamada de Juan Carlos Gambarotta y me alegré de sentir un cambio de tono para conmigo. Habíamos hablado antes, pero las veces anteriores me pareció que él quería poner distancia. Conversar y estar abierto a comprender al otro siempre ayuda. Al escucharlo ahora, noté que él había cambiado su perspectiva con respecto a mí desde la última vez que habíamos hablado. Recordé que en aquella oportunidad él mencionó, que suele suceder que alguien, que ha leído "De mochilero a Guardaparque", lo trata con demasiada familiaridad, pero reconoció que hizo buenos amigos así:

—*Hay un venezolano que también me contactó porque le gustó leerme. Vive en Miami, y ya nos dimos el gusto de andar en kayak por los pantanos y costas de por allá tres veces.*

Lo que fuere, su voz se había vuelto más amigable. Además, me produjo desorientación por el modo de iniciar nuestra conversación:

—*Hola Silvia, te habla Juca,* dijo y sin más preguntó:

—*¿Decime… tenés un supermercado ahí? La última vez que hablamos dijiste que venir a verme sería tu única salida.*

Me hizo reír. En la casa había una buena despensa con nueces, almendras, granos, aceite y unas cuantas cositas más, además estaba la huerta.

—*Imaginé lo de la huerta,* dijo e hizo saber que le gusta mi provincia, que había andado por allí con su familia cuando le dieron un premio por un cuento suyo, y que ahora había comenzado a pintar:

—*No sé cómo voy a hacer para pintar todos los cuadros que tengo en la cabeza. Cuando vengas te voy a mostrar uno que se está por ir a Australia a un remate.*

Me sorprendí otra vez, porque me informó que lo obsequiaría a una organización que apoya a viudas de guardaparques.

—*¡Sí! Hay países en los que pasa seguido que los asesinen. En Argentina también se dio un caso,* aclaró.

Terminamos aquella conversación con una fecha de encuentro, para lo cual sugirió:

—*Al Bosque de los Ombúes ahora se hace difícil llegar, es mejor que vengas a mi casa.*

Para primavera: reviro.

El 20 de septiembre asomé más tarde que lo habitual, porque durante la noche me había levantado varias veces a remozar el fuego y atisbar la negrura del exterior. Me tomé el domingo, no había ánimo para caminatas, las ráfagas de viento y una fina llovizna le daban un toque blanquecino y en movimiento al paisaje. Recién con el mate de la siesta logré sacudirme la modorra y arreglé la casa para recibir a Graciela. La llovizna había parado en las cercanías, fui a la huerta en donde verifiqué que no había registrado un sólo milímetro. Me alegré de ver que asomaban unos pequeños brotes en el almácigo en donde había sembrado tomates y pimientos, de modo que dediqué un rato al riego. Oteando en la lejanía, solamente podía imaginar las sierras y la línea del horizonte en la laguna, la fina llovizna continuaba cayendo en los alrededores.

—*Espero que el trillo siga bueno,* dije pensando en el autito de Graciela.

Esa noche husmeé por los estantes de la cocina y la heladera. Ya no había ni esto, ni aquello y entonces se me dio por preparar "reviro". En mi tierra natal es la comida habitual de los lugareños más pobres. Es una masa en base a harina de trigo que se pone a cocinar en grasa vacuna, en una olla de hierro con patas trípode, directamente sobre un fogón en el suelo apisonado.

Cuando en mi infancia acompañaba a mi madre a trabajar por la colonia, ella solía dejarme con una familia numerosa. En mi familia yo por aquel entonces era la única y allí había muchos chicos para jugar. A media tarde el olorcito que emanaba de la cocina del rancho nos hacía abandonar las correrías invitándonos al fogón en donde nos acuclillábamos en el suelo a esperar a que se hiciera el "reviro". Nos quedábamos mirando a la señora de la casa golpeando aquella masa con un palo de madera, trozándola en la grasa hirviente, humeante. Nuestra expectación crecía cuando la masa iba deshaciéndose en unas pelotitas de distintos tamaños, unas más doradas que otras, que finalmente los adolescentes de la familia nos servían en plato hondo rodeando un jarrito de mate cocido con leche.

Esas pelotitas blanduzcas y doradas, de sabor ahumado, eran un manjar para los chicos y el terror para las madres un poco más pudientes que hacían versiones más sofisticadas, pero menos atractivas.

—*Eso no nutre,* decían intentando disuadirnos sin el menor éxito.

Mi madre, invariablemente, me dejaba en casa de aquella familia junto con dos litros de leche, y yo esperaba no verla aparecer hasta haber terminado con mi plato y mi jarrito. De grande, pocas veces había probado "reviro".

Aquella noche de preludio de primavera reemplacé la grasa vacuna por manteca clarificada, la olla trípode por una sartén de hierro, y el mate cocido por un café con leche. Salió riquísimo y tuve que invitar a Diwali, que mantenía sus ojos negros clavados en mí y no paraba de reacomodarse en su canasto.

Equinoccio en el muelle.

El día de la primavera me desperté por la claridad que se colaba en la habitación, había amanecido despejado. La jornada estuvo movidita: primero llamó Juan para avisar que seguiría faltando, luego Daniel para hacer saber que vendría alguien a revisar la camioneta y el tractor. Apenas había terminado mi desayuno cuando los perros pararon las orejas y apareció un camión en el recodo del viejo casco. Me arropé con un poncho para recibir a los mecánicos y los acompañé en un despliegue de cables con el que establecieron puente entre baterías. En segundos confirmaron lo que yo ya sabía:

—*Hay que cambiar la batería, ni siquiera carga,* sentenciaron y luego, en unos segundos más, juntaron todo y se fueron.

De regreso en la casa preparé una limonada y me dispuse a averiguar precios de baterías, cuando de nuevo ladraron los perros. Era Graciela agitando las manos desde la ventanilla de su auto.

—*¡Cambio de planes! ¡Me adelanté!* gritó.

Todavía estaba calzándome para ir a recibirla cuando la vi pateando una garrafa de gas, haciéndola rodar hacia el depósito detrás de la casa, mientras me instruía acerca de las bolsas que había sacado del baúl:

—*¡Ahora charlamos! ¡Tú ve llevando las compras para la casa!*

A los minutos la pude abrazar. Luego, ella comentó:

—*Me crucé con los mecánicos en la entrada al trillo.*

En el campo es así. Se enteran. Siempre hay alguien que atestigua los aconteceres aunque parezca que no hay nadie.

—*Si te gusta, te preparo una limonada con jengibre y miel,* ofrecí y después me dediqué al contenido de aquellas bolsas.

Graciela festejaba la limonada y yo la aparición de dulce de leche, manteca, yogur, queso, frutas y hasta leche fresca de no sé qué estancia de por allí.

—*¡Está todo lo que tú pediste! Traje todo porque no me dan los tiempos, recibo el equinoccio contigo y me voy,* aclaró.

A la hora indicada fuimos hasta el extremo del muelle, sobre la laguna. Allí me dirigió en un pequeño ritual, abriendo los brazos en las cuatro direcciones, que selló con un abrazo aderezado con una exclamación en su más genuino modo expansivo:

—*¡Primavera de renovación!*

Graciela tiene una prestancia paisana envidiable. De sonrisa fácil y risa fuerte se mueve con soltura por donde ande. Acaricia proyectos que se excluyen los unos a los otros y a todos dedica el mismo entusiasmo, cuando comparte sueños y esperanzas respecto de cada cual. Viéndola así, no hubiera imaginado su recorrido de vida. Siempre vivió en Rocha y en la casa de su familia, en donde crió prácticamente sola a sus tres hijas. Porque, cuando ellas eran todavía muy niñas una noche a su esposo se lo llevaron de improviso, a unas cuadras solamente, y ahí estuvo por meses o quizá fueron años, no lo sé.

—*Había que pasar sabiendo que él estaba ahí, pero aquí me tienes,* concluyó, un hilo su voz.

Posó su mirada en la laguna y quedó en silencio. Permanecimos así, sentadas en el banco, al resguardo de la escasa sombra que el arbolito de allí podía ofrecer a esa hora, hasta que Graciela, todavía con la vista en la laguna, emergió del silencio diciendo:

—*Ya pronto se va a abrir la barra.*

Señalando hacia el mar referí:

—*Quizá esté abriéndose. En los últimos días suele escucharse la rompiente. Es un ruido tremendo.*

La laguna estaba llenísima y Graciela estaba extrañada:

—*Raro que no la tocaron. Cuando hay tanta agua suelen abrir la barra, pero entonces la tierra se queda con sed. Eso hay que dejárselo a la naturaleza. Si hubieras visto… cuando me quedé aquí el verano pasado, el lecho estaba seco, casi seco, me daba mucha pena.*

Entonces pregunté:

—*¿Fue entonces cuando traías bidones de agua desde Rocha?*

—*¡Sí! No había una gota por aquí ¿Recuerdas que había acacias de aquel lado, al borde de la laguna, en donde está el jardincito? Esas ya no van a volver a brotar,* compartió.

Ya habíamos acordado ir juntas a visitar a los Gambarotta. Miré el cielo y expresé mi temor a que lloviera el domingo y Graciela, que había recuperado su exuberancia habitual, sentenció:

—*¡Quédate tranquila! No va a llover.*

Queriendo creer, pregunté:

—*¿Qué? ¿Vas a hacer algún trato con San Pedro?*

Ella aseguró:

—*Ya vi el pronóstico y va a estar lindo ¡Tú quédate tranquila!* reiteró, y yo entonces deslicé que de paso quería hacer una pequeña visita a Dionisio.

—*Pero síii!...vamos por la costa y volvemos por la ruta de la sierra. Hay unos lugarcitos lindos para hacer picnic,* sugirió y organizamos el menú.

—*Tarta de puerros o de acelga,* ofrecí pero ella pidió:

—*Ahhh... lo que me gustaría es aquello con lentejas que preparaste cuando paré en tu casa.*

Me sorprendió que recordara el guiso que le ofrecí cuando ella había visitado Buenos Aires para asistir a un curso. Yo por mi parte, tenía muy presente su prestancia paisana aventurándose por la Avenida Santa Fe con poncho y sombrero, comprando libros y cantidad de medias para hijas y nietos.

Prometí el guiso y me quedé saboreando el encuentro largo rato después del abrazo de despedida. Mientras su auto se alejaba avanzando despaciosamente por el trillo Graciela iba saludándome con la mano. La seguí con la mirada hasta que desapareció en el recodo del viejo casco. Entonces fui a dejarme estar en la hamaca bajo la jazminera, a listar las pequeñas tareas extra que demandaría nuestra salida.

Inquietud.

La inquietud suele colarse subrepticiamente al menor descuido, tomándolo todo disipa alegrías, roba serenidad, destruye confianza. Me sucedió aquella tarde, luego de la visita de Graciela. Los perros se escaparon en mis narices y al notar que Diwali llevaba consigo la piola que yo había atado a su collar me desesperé pensando que podría quedar enredada por los pastizales, fuera de mi alcance.

El silencio que respondía a mis llamados se me ocurrió agresivo, hostil. Para sobreponerme di un paseo y luego me tiré largo rato de espaldas sobre los tablones del muelle, dejando que el cielo me inundara. Sin embargo, eso no evitó que pasara la noche sola y despertara atravesada en la cama con una sensación extraña.

Al levantarme por la mañana encontré a los perros esperándome frente a la puerta de la cocina. No les dirigí la palabra, pero después de desayunar salí a caminar con ellos. El aire me sentó bien, y la neblina se fue disipando con los rayos del Sol. Después del almuerzo me instalé a tomar mate en la galería, pero los peludos estaban resentidos y mantenían distancia, finalmente nos amigamos al atardecer jugando en el muelle. Todavía quedaba un poco de la luminosidad del día cuando descubrí a Venus brillando cerca del horizonte, sobre la laguna.

Me quedé en el muelle, atestiguando la entrada de la noche. El cielo fue tapizándose de estrellas y yo las miraba buscando solaz. Ya en la casa, me disponía a subir las escaleras para dirigirme al cuarto de meditación cuando decidí apagar todas las luces de la casa y quedarme en el sillón de la bow window apreciando la noche, pero apenas me había instalado allí cuando vi tres luces, a poca distancia una de la otra, moviéndose en los pastizales al noroeste hacia el lado del trillo.

—*Son pescadores o cazadores furtivos,* me dije pero entonces por el trillo descubrí otra luz, débil, de linterna común me pareció, avanzando hacia la casa, lejos todavía.

Volví a sentir el mismo silencio fantasmagórico del día anterior, la misma sensación extraña con la que había despertado por la mañana. A oscuras, casi inmóvil en el sillón de la bow window, continué observando el entorno, pero no volví a ver la luz de linterna por el trillo, solamente las de los pastizales seguían moviéndose. No sabía qué hacer. Subí a meditar pensando que me calmaría pero no resultó, sentía sombras deslizándose dentro y fuera.

Bajé a tomar el té. Anclada en el sillón de la bow window lo sorbía despacio atisbando las penumbras. Diwali estaba allí conmigo, pero aquel silencio también, pesaba, crecía, volviéndose una presencia tangible. Ya en la cama, a cada rato despertaba sobresaltada, sentía que alguien intentaba entrar a la casa. Sobrevenía la misma imagen cada vez, en la oscuridad una mano enguantada forcejeaba en la cerradura de la puerta principal. Los fantasmas me habían rodeado.

Atravesando sombras.

Desperté soñando con una casa enorme, atiborrada de cosas. No veía a nadie, pero había alguien más, con quien recorría los cuartos mientras le proponía despejar esto y aquello, reacomodarlo así y asá. Sucedía instantáneamente en el transcurso de aquel sueño. La casa fue mostrándose, ordenada y limpia. Dormitorios espaciosos en los que había camas cubiertas con colchas coloridas y cortinas de voile vistiendo las ventanas, sendos baños que lucían arreglos rústicos con madera, un living enorme bellamente despojado y en los fondos un cuarto de cachivaches muy ordenado. Todo con un aire muy acogedor.

—*No está mal considerando lo de anoche,* pensé.

Espié el reloj, los peludos esperaban. La estación meteorológica indicaba despejado, pero afuera había nubosidad con unas pintas de sol colándose. Las garzas seguían en la charca, pero estaban silenciosas, y una brisa aullaba con suavidad por los recovecos de la casa. A la hora de la siesta volví a tomar mate en la galería, esta vez en ropa interior porque la temperatura invitaba. Los perros jugaban y yo remoloneaba recuperándome, luego llamé a Graciela para agregar yogur y yerba a la lista de compras y coordinar detalles de nuestra salida.

—*Ya tengo la otra garrafa de gas,* informó ella sabiendo que eso me tranquilizaba.

Salí a dar una caminata. Ya estaba tan en sintonía con mis amigos peludos que nos entendíamos con la mirada. Mitra adelantándose, parecía ir en el aire cuando corría internándose en el bañado para saludar a los caballos. Hicimos el regreso por el bosque juntando piñas y bajamos hasta el muelle en donde los perros se disputaban el hueso de nutria, ya muy pelado. Yo los miraba de a ratos y volvía a tumbarme sobre los tablones hasta que, de pronto, ladraron hacia el lado del trillo y me incorporé de un salto. No estaba segura de estar viendo bien: una moto avanzaba hacia la casa. Era un agente de policía en ronda de inspección.

—¿*Todo tranquilo por aquí?* preguntó, y al notar mi asombro agregó:

—*No es la primera vez que vengo.*

Se hizo un breve silencio, luego él dijo cosas que me parecieron incoherentes:

—¿*Es la casa de Pereira? No sabía que había una casa así acá ¿El camino termina en la laguna? ¿Usted es la dueña?*

Dije que nadie visitaba el lugar sin previo aviso, salvo el guardaparque, y como si hubiera sido para aumentar mi inquietud, el agente se sorprendió:

—¿*Guardaparque?*

—¡*Sí! ¿No sabía usted? Anda recorriendo, por la laguna,* respondí, guardándome de mencionar que nunca lo había visto por allí. En cambio pedí una identificación y el agente me pasó un papelito, que en el anverso decía "Oficial Rodríguez", y en el reverso contenía los teléfonos de las comisarías de la zona.

Hecho eso, él siguió indagando:

—*Hay una camioneta celeste en la entrada a este campo.*

Yo no tenía la menor idea, pero dije que era la de los vecinos. Sabía que ellos habitualmente andaban por allí para inspeccionar el ganado, porque en mis paseos, al pasar por el antiguo casco, solía escuchar los ladridos de sus perros. Lo único que me tranquilizó un poco, fue que el agente traía consigo una lista llena de firmas, a la que tuve que agregar la mía al lado de la dirección del predio. Cuando se retiró busqué en la guía telefónica y llamé a la comisaría para confirmar. Estaba todo bien, pero no pude evitar que la inesperada visita reavivara las inquietudes que habían despertado con las luces por los pastizales y el trillo la noche anterior, y otra vez hubo que atravesar las sombras trabajosamente. El miedo es una compañía terrible.

Recuperando confianza.

La confianza es un valor esencial. Disipa la incertidumbre, otorga firmeza, aporta seguridad dando forma a nuestro mundo, en cada decisión, en cada interacción. Fui restaurando la mía, de modo que para el viernes ya sólo me inquietaban las condiciones climáticas. Llamé a casa de los Gambarotta y su esposa informó:

—*Juca todavía no vuelve del Bosque de los Ombúes.*

Pregunté si le vendrían bien unos aditos de acelga, la huerta estaba rebozando de ellos. No me gustaba verlos pasarse en las plantas y ya venía sacando las hojas viejas, apilándolas en el cajón del compost.

—*¡Ah síii...!* hacemos pascualina, dijo ella y anunció que el domingo saldría de bicicleteada con los "pequeños guardaparques", los chicos del liceo en donde ella enseña.

Al rato llamó Juca:

—*Llegá a la hora que quieras, también va a estar mi hermano. Vas a reconocer la avenida principal enseguida, está bordeada de eucaliptus. Avanzá hasta donde hay un cartel que dice "Cabaña Los Pinos" y doblá ¡Es muy fácil!* aseguró.

Ocupada en preparativos.

Una buena preparación propicia los mejores resultados, siempre. Considera los detalles con anticipación, dando buen lugar a lo que se pretende lograr y despejando lo que podría obstaculizar, y yo quería que la única salida que había previsto en aquella estadía me deparara lo mejor. Temprano, el día anterior a la excursión, la laguna se veía azul por efecto de los rayos del Sol en las nubes, pero la estación meteorológica indicaba nubecitas con lluvia. Durante el paseo matutino, como si sospecharan algo, mis amigos peludos desplegaron un tacto inusualmente suave que me sorprendió. Visitamos a los caballos y luego nos sentamos al borde del bosque, a verlos pastar, aderezando el momento bucólico con muchas caricias y nada de atropello. Después pasé horas cocinando: amasé el pan que llevaría, hice manteca clarificada, y el guiso de lentejas, arroz y pasas que había pedido Graciela. En alguna pausa llamé a Dionisio para anticiparle:

—*Pasamos por su casa camino a lo de Gambarotta. Es amigo de Daniel, de cuando vivían en Montevideo ¿lo tiene presente?*

Me alegró que él respondiera:

—*¡Si! ¡Sí! Persona muy recomendable. Es muy querido, sí.*

La estación insistía marcando nubecitas. Acompañó de esa manera el trajín que aquella jornada estuvo tan intenso que la puesta del Sol sucedió conmigo todavía en la huerta preparando paquetes con verduras para los Gambarotta, Graciela y Dionisio.

Vérselas con los obstáculos.

Transité la noche con nuevos sobresaltos. Sombras deslizándose por la casa, cuchillos amenazantes y ruidos inventados hasta que me levanté a tomar agua para disipar los acosos y luego dormí profundamente. Desperté más temprano que lo habitual y espié por la ventana, constatando que estaba entre nuboso y soleado.

Adormilada me puse en movimiento y ya había dispuesto lo necesario para desayunar con Graciela, pero nadie aparecía. Juan, a quien esperaba para que me relevara, había prometido:

—*El domingo estoy sin falta.*

Graciela había dicho:

—*Voy temprano y tú me cuentas para dónde arrancamos.*

Ella llegó retrasada con nuevas bolsas de provisiones y la garrafa, luego hicimos tiempo desayunando pausadamente, pero Juan no aparecía. Llamé a Dionisio, pero nadie respondía.

—*Andará por el gallinero,* especulé.

Cargamos las cosas en el auto, incluyendo linterna y botas por si llovía y el trillo fuera imposible para el autito de Graciela. Yo temía tener que hacer el trayecto de los 6 kilómetros desde la ruta a pie.

—*¡A veces no queda otra! A mí me pasó,* compartió ella con una carcajada.

Encendimos todas las luces de la casa para evitar que hirvieran las baterías si fuera a haber mucho sol o viento. Juan seguía sin aparecer, pero ya no se podía atrasar la partida. Graciela preguntó:

—*¿No lo vas a llamar?*

—*Él ya sabe y nunca viene nadie por aquí ¡Esperemos que hoy tampoco!* dije con la esperanza de que fuera a resultar así.

La aparición de pequeños obstáculos mantuvo cierta persistencia, ya que al llegar al empalme con la ruta tuvimos que detenernos porque en ese momento pasaban unas veinte bicicletas: era una carrera que nos impuso continuar a paso lento un buen trecho más, mientras Graciela se esforzó por amenizar el trayecto con su modo expansivo. Aquél día ella llevaba una blusa liviana que le sentaba muy bien y se lo hice notar. Entonces ella, como si estuviera mencionando una importante cadena de tiendas, explicó:

—*¡Ahhh! ¡¡¡Yo compro todo en Emaús!!!*

Emaús es una obra de caridad que vende ropa usada, supe entonces a través del entusiasmo de Graciela, que concluyó su explicación diciendo:

—*¡Puedes elegir lo que quieras de entre los percheros! La campera que llevo también es de ahí,* dijo señalando el asiento de atrás.

¡Magistral! Graciela había logrado disipar mi ansiedad, porque ya no me preocupé por el retraso y me dediqué a disfrutar del paisaje y de sus historias sobre la región.

En el quinchado de los Gambarotta.

No sé qué pasó que no vimos el cartel que había mencionado Juca, pero finalmente llegamos.

—*¡Ah…es un quinchado!* dijo Graciela cuando paramos frente a la cabaña, toda de paja.

Era mediodía, Juca estaba haciendo un asadito en una parrilla improvisada en la chimenea del living, y en la cocina Aquiles con su esposa preparaban ensaladas.

—*Hora de almuerzo…* dijo Juca con sonrisa pícara al recibirnos.

Viéndolo así se me ocurrió que la foto de tapa de "De mochilero a Guardaparque" no le hacía justicia. De hecho, cuando tomé ese libro por primera vez la tapa me había hecho dudar, pero me aventuré y quedé atrapada.

—*Y aquí estamos,* me dije devolviendo la sonrisa.

Con un dejito de vergüenza pregunté si podíamos sumar nuestro picnic y la familia respondió a coro:

—*¡Pero síiii!*

Nos instalamos en el living y al rato parecía como si todos nos conociéramos de toda la vida. Noté que en una de las paredes había un cuadro, naif me pareció, y adiviné la firma que vi al pie.

—*Ése es el que se va para Australia,* refirió Juca, que había seguido la dirección de mi mirada que terminó en asombro:

—*¿Un elefante?*

Aquiles aclaró:

—*Juca tiene pasión por África.*

Juca entonces explicó:

—*África es intensa. Dos meses ahí equivale a dos años en cualquier otra parte. Yo tengo para rumiar el resto de mi vida.*

Con ese comentario, que venía acompañado de lucecitas en sus ojos, mi alma terminó de llegar. Reconocí lo que me hacía reír cuando leía "De mochilero a Guardaparque". Eso estaba ahí, bailando en sus ojos.

Juca, ajeno a mis cavilaciones, amenizaba la conversación:

—*Aquiles es bibliotecario ¡Yo los escribo y él los ordena!*

Graciela también se sintió a gusto inmediatamente. Ella es maestra rural y lleva años recorriendo los caminos de las sierras, dando clases en escuelitas de las cercanías de Rocha. Creo que fue por eso que primero hablamos de las escuelas uruguayas. Hablaron, porque yo solamente escuché. Luego seguimos con la naturaleza y entonces Juca y Aquiles esgrimieron argumentos para hacerme ver que tengo una idea romántica sobre lo conservada que está por allí.

—*¡No tenés idea de lo precario que es esto por acá! Vos no ves lo que se perdió,* puntualizó Juca, frustrado.

Por mi parte, repasé lo mucho que había cambiado el paisaje de mi provincia en las décadas que llevo de vida.

—*Ustedes, en Argentina, tienen Parques Nacionales ¡Desde hace cien años!* replicaron los hermanos.

Cierto, Argentina tuvo visionarios como el Perito Moreno y hay gente que se interesa por el asunto, pero se pierden miles de hectáreas nativas por año, en los últimos sobre todo.

Horacio Quiroga no pudo faltar. Uruguayos y argentinos lo sentimos un patrimonio compartido, por lo menos en mis pagos misioneros es así. Juca y yo nos encontramos exclamando:

—*¡Qué vida!*

Es un referente en la narrativa de la región, pero también un pionero en llamar la atención sobre la necesidad de conservar la naturaleza. "Anaconda" lo muestra bien. En aquél cuento la reina de la selva termina muriendo al lado de un mensú, al igual que él por mano humana, pero después de haber puesto sus huevos. Sin dudas, la naturaleza nos excede.

Hubo idas y venidas de interpretaciones. Luego, yo reflexioné:

—*No sé si quedan de esos bichos. Cuando mis abuelos llegaron a Misiones había, pero ya no se escucha que alguien los vea por allí.*

Juca, no sé si con preocupación o tristeza, agregó:

—*Son de lo que queda poco.*

Cuando íbamos por la sobremesa, él se deslizó hasta la cocina a prepararse un café. Allí nos pusimos a hablar de su libro. Yo ya había comentado varias observaciones acerca de su travesía por la Bahía de Marajó cuando, revolviendo su café, me lanzó una mirada juguetona y compartió su experiencia:

—*Interesante. De mis libros es del que más comentarios recibí, pero en general no me hablan de eso. La mayoría se acuerda del episodio del barco.*

Se refería a un episodio amoroso en un viaje por el Amazonas.

—*¿Cuando subiste al techo prohibido con la congoleña? Simpático, pero Marajó es la razón de ser de ese libro,* defendí y al notar que él se había quedado sorprendido, agazapándome a espiar su respuesta, agregué:

—*¿Sabés? Cuando lo terminé, la primera vez, seguí con uno de Rejduch de La Mancha. Él también es uruguayo…*

—*¡Síiii! Nos conocemos. Leí su libro,* dijo Juca y yo le compartí que "Hasta donde el viento me lleve" me había parecido el título justo, pero que me había dejado una extraña sensación.

Aventuré una explicación:

—*¿Será porque es ficción?*

Él objetó:

—*¿Cómo ficción? Está lleno de aventuras de veinte años de andar con el Charrúa.*

—*Lo dice él. Cierto, hay un pequeño epílogo en donde aclara que el libro surgió de sus notas de viaje, que las guardaba en una bolsa de plástico…*dije y Juca siguió:

—*Cuenta cosas en unos parrafitos y resulta que estuvo años anclado en ese lugar ¡Y vivió un gran amor! ...pero no lo pudo retener.*

—*Es cierto, él sigue navegando…* dije entonces.

Él reflexionó un instante y agregó:

—*Yo también sigo viajando mucho, pero tengo esto —*dijo, señalando el quinchado— *mi familia, la perra, la gata…*

Su comentario me ayudó a comprender la sensación que me había dejado la lectura de las aventuras de De la Mancha hacía ya meses. Me dio ternura una pequeña frase del epílogo, que entonces me pareció más significativa. Con una poesía muy linda Rejduch dice:

"El alma también tiene sus faltas de ortografía." Esas palabras hicieron que yo mirara por la ventana buscando el cielo y despertara abruptamente. Estaba tan encapotado que me asusté:

—*¡Uuuy…! ¿Cómo estará en la laguna?*

Con Juca arreglamos los detalles prácticos de un encuentro en Montevideo, luego Graciela y yo nos despedimos de los Gambarotta en pleno.

Vendaval y despliegue de flores.

No daba para volver por el camino de la costa. El viento soplaba de frente frenando el avance, los árboles y los pastizales se arqueaban ante su furia. Graciela y yo íbamos contentas y preocupadas. Ella intentaba llamar a su hija:

—*¡Estos celulares! Cuando los necesitás… ¡Ella tiene una salida!* dijo y decidió:

—*Vamos primero a Rocha y luego lo que tú digas.*

—*Lo que diga San Pedro ¿arreglaste algo con él?* respondí.

Las carcajadas de Graciela distendieron y entonces hasta consideré que caminar seis kilómetros en el barro, bajo la lluvia, podría ser una experiencia más.

—*Como dice Sakshi Lee ¡Una gaucha de pura cepa uruguaya!* exclamé, abrazándola.

Cuando llegamos a Rocha, pasamos primero por la casa de Graciela, en donde ella se detuvo en la cocina para recoger unos huevos que puso en una bolsita y luego, de salida, cortó unas flores de su jardín, y cuando ya subíamos al auto alcanzándome la bolsita y el ramo, sonriendo con los ojos, comentó:

—*¡Siempre viene bien!*

Anduvimos unas cuadras y paramos frente a una casa antigua rodeada de un gran jardín.

—*Aquí vive mi hija,* me informó Graciela con mirada pícara.

—*¡Y ésta es mi nieta!* dijo orgullosa, cuando pudo soltarse del abrazo de la niña.

Graciela les hizo saber que sólo pasábamos de camino a "La casa de Laguna". Su hija, esgrimiendo una gran sonrisa, nos hizo saber que no nos dejaría partir sin que antes visitáramos su predio. El jardín lucía de lo más primaveral. Ellas iban presentándolo, recogiendo ramitas floridas aquí y allá, poniéndolas en mis manos en donde fue creciendo un ramo, que se completó con unas camelias rojas que custodiaban la entrada a la casa. Después de tanta soledad y silencio, yo a esa altura desbordaba.

El día había sido demasiado intenso y ya sólo pude dejar que mis ojos hablaran por mí. En el trayecto hasta la tranquera nos mantuvimos calladas. Cuando salimos de la ruta todavía quedaba algún tinte de luz del ocaso que fue devorado por la oscuridad en la media hora que llevó recorrer el trillo hasta llegar al recodo del viejo casco. Allí me estiré para ver si había alguna luz en la casa, tenía la esperanza de que Juan hubiera llegado y apagado las de afuera.

—*No creas que se ve mucho desde aquí,* comentó Graciela, y acto seguido sentenció:

—*¡Hay luz!*

Lo primero que hicimos fue revisar el tablero que mostraba carga suficiente para pasar la noche, y luego Graciela me aleccionó con la seguridad del portón. Con respecto al celular, como quien comparte un secreto, instruyó:

—*Te paras sobre el muelle, bien sobre la laguna ¡es el único lugar donde capta señal!*

Le di un último abrazo, sabiendo que difícilmente volvería a verla. Aquella noche, antes de caer rendida en la cama, me di el gusto de un despliegue de flores, llenando la casa con los colores y aromas que había traído conmigo.

Las primeras lechuguitas.

Una mezcla de alegría y tensión se había instalado en mi cuerpo, y todavía estaba adormilada cuando a la mañana siguiente apareció Juan. Él explicó que había tenido que hospitalizar a su esposa de urgencia y que tendría que retirarse a Rocha por la tarde:

—*No tenía crédito, no pude avisar,* concluyó y luego acordamos que aprovecharíamos su viaje para traer una batería nueva para el tractor y que él pasaría la jornada atendiendo la huerta. Lo acompañé para mostrarle las novedades y una vez allí, Juan anunció:

—*Voy a sacar los brócoli para dejar preparado el almácigo,* y yo me limité a pedir lo que deseaba:

—*Deje que haga una cosecha más ¿y las lechugas no las va a trasplantar? Están muy juntitas.*

—Sakshi *Lee las ralea,* respondió él y entonces me entusiasmé con la idea de acompañar el almuerzo con unas ensaladita de lechuga tierna. Me apuré a buscar un recipiente, Cuando entré a la cocina, estaba sonando el teléfono: era Dionisio, para avisar que el técnico estaba en camino.

Agradecida y como para festejarlo, ofrecí:

—*Le preparo un paquetito… van las primeras lechuguitas.*

Estaba en la tarea de cortar acelgas y sacar puerros cuando apareció el auto del técnico en el recodo del antiguo casco y unos minutos más tarde el tablero estaría en situación crucero. Mientras el técnico instalaba la pieza, mantuvimos una animada conversación en la que él me dio un panorama acerca de los equipos solares ya instalados por la zona, haciéndome saber su visión sobre la cuestión:

—*Este es el camino para la energía en Uruguay. Hay muchas horas de luz, complementando con los molinos funciona. Lástima que tengamos que importar la tecnología. Tengo cada vez más clientes, lo están usando los que están plantando olivares por las sierras.*

Las nuevas energías en las zonas rurales uruguayas, por entonces, aparentemente, ya estaban en condiciones de competir con la de red, con un menor costo de generación.

Lavandas destrozadas.

Diwali se había tomado la costumbre de salir por las noches. En el momento en que ella me veía sirviendo mi plato se levantaba en su canasto para pararse frente a la puerta pidiendo salir. No me preocupaba, porque acostumbraba a estar de regreso antes de que yo terminara de cenar, pero aquella noche no regresó:

—*Justo hoy… que no doy,* dije.

La llamé por última vez a eso de las once, cuando ya vencida por el cansancio me fui a la cama. Dormí profundamente y a la mañana siguiente la encontré esperando frente a la puerta. Al rato vino Juan con el tractor y Mitra fue a hacerle compañía, de modo que me consideré relevada de pasear a los perros. Entonces até a Diwali a una planta de romero y volví a lo mío.

Era cierre de mes. Sobre la mesa del comedor, bien a mano, había un libro de contemplaciones diarias que yo venía leyendo prolijamente. La cita correspondiente a aquel día se refería a la paz, a vivir de una manera que permita una muerte en paz. Leí con detenimiento y me dije:

—*...algo de eso anduve haciendo.*

A modo de repaso, recorrí aconteceres y vivencias para evaluarlas, recién entonces di cuenta que del extraño dolor nómade que había padecido por más de un mes sólo quedaban resabios, prácticamente lo había olvidado.

—*y el cansancio es nuevo...* concluí anotando en mi diario.

Entonces noté que las lavandas que enmarcan la bow window estaban raras. Me acerqué a mirar. Diwali, seguramente intentado entrar o llamarme, las había pisoteado durante la noche. Desflecadas y medio achatadas se parecían lejanamente a los arbustos floridos que habían alegrado el área hasta el día anterior. Imaginé a Sakshi Lee viéndolas a su regreso y me di a la tarea de aprolijar los arbustos que terminaron raleados.

En un pequeño acto de redención corté, una a una, las espigas floridas de la enorme pila destinada al compost, disponiéndolas en floreros por la casa. Los ramitos de lavanda se entremezclaron con los geranios blancos, calas, jazmines, iris amarillo, camelias rojas y varias flores más, cuyos nombres desconocía. El aire fue impregnándose de perfume y a mí, de pronto, me sobrevino un sentimiento de ternura. Dirigiéndome a Diwali, le hablé por primera vez en aquel día:

—*¡Mirá como vamos a recibir octubre!*

Al parecer esa ternura también la había alcanzado a ella, ya que aquella noche no se movió de su canasto. Yo sentía sus ojos negros vigilando mis movimientos y cada vez que la miraba, Diwali apoyaba su cabeza en el borde de mimbre, con un dejo de culpa. En algún momento le dije:

—*¿Quién le va a explicar a Sakshi Lee lo que le pasó a sus lavandas...eh?*

Después la dejé tranquila. A esa altura las dos sabíamos que las picardías caninas son inevitables.

Ternura y misterio.

La ternura es la fuente de las sonrisas más genuinas. El misterio siempre está y es el origen de todos los dones que nos son concedidos, incluyendo los *tenues hilos* que iluminan nuestras vidas. Aquella noche, terminada la cena, me retiré a meditar y entonces irrumpieron prodigiosamente a través de mis recuerdos. Como preludio yo había elegido cantar un himno que reconoce los innumerables rostros de Dios: los que son benévolos y los que no lo son, aquellos otros que son todo lo contrario. Descubrir la multiplicidad de facetas, tan bien expresadas en ese himno, fue la respuesta a algunas preguntas que se mantuvieron abiertas desde mi infancia.

Era muy chica cuando me internaron en un colegio católico, en donde mi primera maestra fue una monja que tenía un don especial. Por ser yo la más pequeña, gozaba del privilegio de andar colgada de su atuendo y atestiguar sus interacciones con las madres que al final de la jornada escolar iban a buscar a sus hijos. A cada una, refería algún episodio que tenía a sus niños como protagonistas.

—*Son diabluras de chicos,* comentaba acompañando la afirmación con alguna risita que parecía elegir de las muchas variantes que tenía.

Las madres, agradecidas, decían:

—*Usted tiene una paciencia infinita…*

Esas alusiones a la paciencia infinita de aquella monja sabia quedaban resonando en mí, valiéndome de ese amparo me animaba a presentarle ocurrencias y preguntas. Ella, invariablemente tenía alguna respuesta, siempre impregnada con su dulzura generosa, y aunque no todas las respuestas me dejaban conforme, callaba para no importunar. Por años no la vi, y creo que yo ya había terminado la universidad cuando un día, saliendo de un almacén en compañía de mi madre la volví a encontrar. Entonces mi madre, a manera de presentación, le dijo:

—*Es Silvia ¿la recuerda?*

—*¡¡¡Ahh síii!!! Esa mirada… El alma nunca cambia,* respondió la monja con toda convicción acompañando la frase con una de sus risitas, despertando así una resonancia que sentí familiar. Ella, a esa altura, lucía muchas arrugas y su voz se había apagado un poco, pero sus ojos brillaban como cuando me recibió por primera vez en la puerta del colegio, a mis tres años.

Vaya uno a saber cuántos chicos de mi pueblo tuvieron su primera experiencia escolar bajo la tutela de aquella monja. Mi hermano, seis años menor que yo, también pasó por sus manos y él, en algún momento, también tuvo sus propios intríngulis con las enseñanzas del colegio. Tenía por costumbre reportar a mi madre lo que iba aprendiendo allí, y en una oportunidad, mientras ella lavaba los platos del mediodía y yo los secaba, él nos refirió lo que en aquél momento lo tenía atribulado:

—*Dios creó todas las cosas. Todo, todo, todo… menos la bandera ¡La bandera la creó Belgrano!* aclaró, mirando a mi madre como quien enseña lo que no ha comprendido, haciéndonos reír hasta las lágrimas.

Me hizo bien acompañar la meditación con ese himno. Los recuerdos que despertó le dieron nueva profundidad a su significado. En ese texto, primero se reconocen los innumerables rostros de Dios y luego, humildemente, se le pide que manifieste aquellos más benévolos, compasivos y amorosos en la propia vida y la de los seres queridos. Verso a verso, la invitación es a reconocer el inmensurable espectro de facetas latentes y manifiestas, la omnipresencia e inmanencia del misterio infinito, para así estar en condiciones de elegir lo que propicia la salud, la belleza y la bondad en la propia vida, en el propio mundo.

Tenues hilos unen lo que es con lo que no es, lo que será con lo que no será, y lo separan también. Bien vale ser cuidadosos y amables con lo que se quiere propiciar a cada momento.

Silvia Zweifel

Capítulo 10

GENERAR VALOR GENUINO
Lapacho rosado, luego jacarandá

Octubre encontró la tierra sedienta en el área de la laguna, sin embargo, trajo consigo indicios de que pronto llegaría el alivio de la lluvia. El primer día del mes me despertó el ladrido de Mitra.

—*Es Juan,* me dije dándome la vuelta en la cama, preguntándome por qué tendría tanto sueño.

La atmósfera se sentía pesada. Mitra, con todo gusto, se fue con Juan haciendo equilibrio sobre una montaña de piedras en el acoplado del tractor. Las féminas anduvimos remolonas, Diwali no quiso moverse de su lugar.

—*¡Vamos! Vamos a caminar un ratito,* la invité a media mañana, entonces se levantó dejándome sorprendida por la caca que había en su canasto.

—*Tan preocupada estás,* dije limpiando.

Dimos un paseo corto hasta el muelle, donde nos acribillaron unos insectos chiquitos que en mi tierra misionera llaman barigüies y habitualmente aparecen antes de las lluvias, en primavera y en verano.

Por la tarde levanté los mensajes del contestador. El único que había era de la compañía telefónica informando que quedarían bloqueadas las llamadas salientes. Constaté que no era más que un preaviso y aliviada fui a referir el episodio a Juan. En eso, él deslizó:

—*Hay que andar por los senderos ¿sabe? Esta mañana, cortando avena por donde están los frutales, encontré una crucera.*

—*En Misiones también hay ¡de chica anduve por cada yuyal pero rara vez vi una!* dije sin amilanarme.

Juan reconoció:

—*Cierto, cierto yo también me meto por los pastizales.*

Bien sabía yo que la primavera es la peor estación para encontrarse con alguna y tuve más cuidado, evitando meterme por entre las piedras. Un desafortunado encuentro era lo último que necesitaba por aquellas soledades.

Lagarto colorado.

Tendría yo unos tres años cuando se me ocurrió jugar con unos ladrillos apilados contra el cerco de ligustro del jardín de nuestra casa, anunciando a mi madre:

—*¡Una casita voy a hacer!*

Me instalé allí a dar forma a mi sueño y ya iba por la segunda hilera de ladrillos envejecidos por la humedad, pegados unos a otros y cubiertos de musgo, cuando levanté uno y allí estaba un animal de colores brillantes. La súbita irrupción nos puso frente a un dilema similar: el animal parecía dudar entre moverse o quedarse quieto y yo no sabía si tocarlo o no. Finalmente, empezó a escurrirse entre los ladrillos húmedos dejándome fascinada porque su cuerpo, que parecía pintado en anillos de rojo, amarillo y negro, centelleaba, limpísimo y entonces grité:

—*¡Mamaaaa… acá hay un lagarto colorado!*

—*¡Salí de ahí! ¡No lo toques! ¡No lo toques!* gritó ella, rescatándome en instantes y aleccionándome acerca del peligro que no terminé de comprender.

Pasados unos días, una tía vino de visita y refirió su propia experiencia:

—*¡Los chicos tienen un Dios aparte! Cuando Luisito tenía la edad de ella lo encontramos en el patio jugando con sus autitos y una de ésas cortada en pedacitos ¿te acordás?*

Con ese comentario consideré restaurada la libertad de husmear por donde yo quisiera y al poco tiempo el episodio quedó olvidado.

Los escarpines blancos.

La mejor fiesta de bodas a la que asistí fue la de Antonio y María, cuando yo tendría unos siete años. Se había hecho en una carpa en la colonia, y llovía tan a cántaros que tuvieron que improvisar paredes con lonas. Estábamos todos apretados allí, pero a nadie le importaba. Mi madre, complacida, repetía:

—*¡Lluvia en casamiento es bendición!*

Antonio trabajaba en el monte. Por aquella época era el mejor amigo de mi padre y María, por su parte era nuestra vecina. Todos queríamos mucho a la pareja y mi padre había seguido el noviazgo paso a paso, aunque no era el padrino de la boda. Para consolarse, él repetía:

—*¡Es que los dos tienen taaaantos parientes!*

Cuando llegamos al lugar de la fiesta mi madre ponderó la casita, recién construida por Antonio, y mi padre señaló:

—*¡Ya están los músicos!*

Eran los parientes que habían venido del Paraguay. Todos lucían pañuelos azules al cuello y la gente se acercaba a saludarlos. Las mesas eran unos tablones forrados con papel madera, embellecidas con canastitas de flores, servilletas de tela y cubiertos plateados.

Mi madre, indicándome la cabecera, explicó:

—*Allá es para los novios.*

María parecía una princesa. Las florcitas en su cabellera negra enmarcando su tez blanca le daban ese aire y Antonio no le sacaba los ojos de encima.

Mi padre repetía:

—*¡Se la merece, se la merece!*

Después del asado y las fuentes con mandioca, los hombres corrieron las mesas y apareció una pista de baile. Entonces María se descubrió el muslo para sacarse una liga tras otra, lanzándolas hacia sus primas, mientras los hombres coreaban:

—*¡Para la próxima! ¡Para la próxima!*

Los novios bailaron su vals y después todo fue chamamé y rancheras. Cada tanto alguien gritaba:

—*¡Viva los nooovios!* y todo el mundo coreaba:

—*¡Viiiiva!*

Resonaban los sapucais y corría el vino tinto en jarra. A un costado había damajuanas en cajones con hielo y aserrín. Había tanta gente moviéndose, pero mis padres sólo miraban.

—*Papá ¿y ustedes cuando bailan?* pregunté.

Mi padre, acariciándome la cabeza, respondió:

—*Cuando haya un lugarcito en la pista.*

Mi madre me agarró de la mano y apretándola fuerte me acercó a ella, soplándome al oído me dijo:

—*¡Mirá un poco por donde andás! ¿Ves aquél? Está borracho ¡Acá todos llevan machete y puñal!*

De pronto los músicos pararon, entonces el que oficiaba de presentador anunció:

—*¡Don Eusebio como padrino de bodas quiere hacer una ofrenda musical a los novios!*

Un viejo se ubicó entre los músicos con un arpa paraguaya, pantalón negro y pañuelo azul. Era la primera vez que yo veía un arpa. Todos callaron expectantes. Don Eusebio, sin decir palabra tocó "Pájaro campana": una guarania que imita el canto de ese pájaro que vive, o mejor dicho vivía, en la selva de por allí. Cuando los acordes de la guarania acallaron, hubo un pequeño silencio, y luego fueron muchos los que acompañaron a Don Eusebio cantando:

> *"Junto al lago azul de Ypacarayyy, tu cantabas triste*
> *por el camino viejas melodías en guuuaaaaaraniií…*

Yo conocía la melodía por haberla escuchado en la radio, pero aquella vez la sentí cargada de una melancolía que me mordió el corazón, dejándome un dolorcito que se disipó al atestiguar los abrazos y palmadas aderezados con sapucais que siguieron al canto. Todavía estaba preguntándome que significarían, cuando reanudó el baile con la misma fuerza con la que había venido, y otra vez fue levantándose una polvareda en movimiento que duró hasta que los músicos tocaron:

> *"A las doce de la noooche se hizo humo la pareeeja…"*

Entonces Antonio levantó a María en brazos llevándosela. Los sapucais llenaron el aire. Los chicos quisimos seguir a la pareja, pero no nos dejaron, y aunque la fiesta siguió hasta la madrugada algo cambió en el ambiente.

Para el viaje de regreso hubo que poner cadenas en las pantaneras de los autos. La lluvia había parado y en el aire se respiraba la frescura de un día que prometía. Salimos en caravana, pero en el primer bajo la camioneta en la que íbamos hizo un trompo y se quedó. Los hombres bajaron a empujar, pero sin suerte, de modo que tuvieron que ir a buscar un tractor que nos acompañó los quince kilómetros hasta la ruta. Llegamos a casa cuando ya despuntaba el Sol, cansados y contentos. Mi padre con su mejor pantalón duro de barro.

María se mudó a la casita en la colonia y no la volví a ver por mucho tiempo, pero a través de mi padre nos enterábamos de las novedades. Entre mate y mate, él nos contaba:

—¡Ya se le ve jardín a la casa!

—Antonio puso estantes en la cocina…

—¡María está esperando!

Cuando nació el niño fuimos a visitarlos, allá colonia adentro. Antonio con su bebé en brazos refería detalles del nacimiento y salía corriendo para atender a María cada vez que le parecía que ella necesitaba algo. Mi padre tampoco fue el padrino esa vez.

Para consolarse, él repetía:

—Es una formalidad para los parientes.

Después de un tiempo, en septiembre y con los primeros calores, una tarde mi padre llegó enloquecido a casa. Bajó del auto llamando a mi madre a gritos:

—¡Pasame las botas y el machete!

Con esos elementos volvió a irse, tan alterado como había venido. Luego supe que Antonio había venido por una picada en el monte y que al pasar por encima de un tronco caído, encontró que al otro lado había una pareja de serpientes tomando sol, y que accidentalmente las había pisado y ellas lo habían mordido en las dos piernas. Cuando lo encontraron, él ya casi no podía hablar, pero alcanzó a decir que las había matado y que eran cascabeles. Mi padre, para cerciorarse, fue a buscarlas y las encontró junto con unos escarpines blancos que Antonio llevaba siempre en el bolsillo de su camisa.

Después de aquel episodio María volvió a ser nuestra vecina y la vida tomó un nuevo cauce. Ya habían pasado años, cuando un día, estando en casa de mis padres abrí un cajón de la mesita de luz, en su dormitorio, donde encontré un par de escarpines blancos envuelto en un pañuelo de seda. El hallazgo despertó recuerdos, mucha ternura y una alegría nueva, porque su dueño ya se había vuelto un hombre, reciente padre de un hermoso niño.

Último paréntesis de soledad.

Se aproximaba el fin de mi estadía en "La casa de la Laguna" y me dispuse a transitar un cierre paulatino. En la caminata, esa tarde, junté ramos de carqueja para secar y llevar a Buenos Aires, aunque no era el mejor día para hacerlo, por la humedad que había. A la mañana siguiente la atmósfera se había puesto más pesada y los barigüies asediaban, tanto que cerca del mediodía fui hasta la huerta, donde Juan se defendía a manotazos sin mayor éxito. Le alcancé un aceite de hierbas que sabía muy efectivo para disuadir a esos pequeños inclementes y él aprovechó para recordarme que terminaba su semana laboral:

—¿Precisa algo? Ya no vuelvo para este lado.

Una hora después se levantó una ventisca. La laguna se llenó de patos y la charca de garzas. Por la tarde llamé a Montevideo para arreglar detalles prácticos de la charla que daríamos con Juca, de modo que me aseguré de aclarar los términos con mi interlocutor:

—Hasta que termine el evento estoy disponible, pero después lo que soy yo voy a cenar con Gambarotta.

—*¡Ahhh no me dejes afuera! ¡Invito yo!* ofreció él y yo prometí pasar su invitación.

Cumplidas las tareas con el mundo "tranquera afuera" salí a caminar. Al pasar por "El ranchito" me dio nostalgia.

—*Las coronitas están terminando,* observé.

Llevó más tiempo que lo habitual hacerme de un ramo. De paso por la casona del antiguo casco, en donde se guardan las máquinas, encontré la batería nueva en el suelo, delante de la camioneta.

—*¡Qué raro!* pensé.

Lo mejor que se me ocurrió fue taparla con un canasto de mimbre ya roído que le quedó justo y seguí camino al potrero intentando comprender su significado: no podía decidir si era un descuido o si era deliberado. Mitra paraba a cada rato a olisquear el aire. Ya desde la mañana lo había visto olisquear atentamente en todas direcciones, repetidamente. Nunca se había portado de esa manera.

—*¿Qué habrá?* me preguntaba.

Al anochecer Mitra no se instaló en su cucha, en cambio seguía husmeando el aire. Le gustaba tanto que lo tapara completamente y le diera palmaditas y abrazos, pero no quiso. Diwali me acompañó a despedir el Sol, pero ya en la casa se abstuvo de pedir salir. Dos veces se levantó en su canasto para volver a acostarse sin dar un paso.

No podía comprender el cambio en el comportamiento de los perros y eso me produjo una cierta inquietud. Cavilé un rato y decidí subir a meditar para renovar mi sintonía. Cuando salí de la salita de meditación me había tranquilizado, había quietud en el ambiente. Me sentí atraída por la noche, recorrí los ventanales de la casa en la planta alta y al acercarme a un balcón vi la Luna nueva, alta en el cielo frente a mí.

Apenas un hilo, su reflejo dibujaba una estela cobriza desde la línea del horizonte en dirección al muelle. Más temprano la había visto junto a Venus con los colores naranja rojizos del atardecer, en el oeste, contrastando con el azul profundo que avanzaba desde el este. Al bajar, avivé el fuego con piñas abiertas y me detuve mirando el chisporroteo que hacían al encenderse y noté que había blandura en mi corazón.

Ser y estar.

La presencia plena, que nos mantiene maravillosamente despiertos, a la escucha, con todas las fibras de nuestro ser, realza nuestra vivencia anclándonos en un espacio profundo a la vez que nos mantiene atentos al entorno. Sucede cuando de alguna manera abrimos las puertas a esa posibilidad, y yo había estado propiciándolo cotidianamente en las últimas semanas.

Me retiré a dormir sintiéndome agradecida por la blandura que había reconocido en mi corazón y dormí profundamente. El ruido de las brasas, reacomodándose en la estufa, me despertó a la mañana siguiente e hizo que me levantara a espiar el día, estaba soleado y la laguna espejaba con destellos azulinos.

Igualmente, volví a la cama a rumiar vivencias por un rato y más tarde, en mi diario anoté: "El silencio de nuevo. Siento la pluma de la lapicera rasgando la hoja mientras escribo. Mi alma se ha lavado aquí, aquel dolor que tenía gritando a mi cuerpo ya no está, pero hay inquietudes nuevas."

Los paseos de la jornada tuvieron un ritmo pausado. El muelle invitó a jugar y a la hora de la siesta, aunque estaba ventoso, intercalé el mate con correrías por el césped con los perros. Por la noche preparé yogur, pero al poner el bol sobre la heladera descubrí que el calorcito habitual había desaparecido.

—¿*Tiene que ser de noche?* me pregunté pero me repuse enseguida, fui a buscar la linterna y salí a cambiar la garrafa.

Al día siguiente la tranquilidad se hizo más palpable. En la laguna, el azul se había mudado a un color más profundo, como si desde su lecho sorbiera el cielo nuboso y grisón. En mi diario escribí: "El vecindario duerme. Hay mucho silencio hoy, no se ven pájaros, escucho el sonido de la heladera funcionando, es un rumor apagado, y el de mi pluma rasgando el papel, es un apenitas. Puedo reconocer: esto es ser y estar."

Sentí necesidad de llamar a mi familia, hacía semanas que ni siquiera lo había intentado. Atendió mi hermano, quien dijo:

—*Papá se accidentó, se le vino encima el portón…* Se refería al enorme portón de entrada al predio en el que están las dos casas.

—*¿Cuánto puede pesar?* Especulé, mientras mi hermano me pasaba con mi padre, entonces escuché su voz quejosa refiriendo:

—*Me duele la columna, duele mucho…* eso me desesperó.

Mi hermano luego abundó en detalles:

—*17 puntos en la cabeza y muchos machucones en la espalda, pero su columna está bien,* aseguró y yo me aferré a sus palabras.

La noche entró con la presencia de la Luna y de Venus bañando la laguna en luz plateada, que el viento transformaba en millones de destellos en movimiento por las pequeñas olas que levantaba. Un paisaje mágico.

De regreso en la casa decidí el menú para la cena, preparé panqueques con miel y al terminar el banquete llamé a Juca:

—*Ando husmeando en tu libro. Creo que lo tienen que leer los chicos. Los de la escuela media,* dije y él comentó que unas maestras lo usaban para enseñar geografía.

—*Eso no se me hubiera ocurrido, pero sí… claro,* reflexioné y le hice saber de la invitación a cenar con nuestro anfitrión en Montevideo.

Esa noche, antes de subir a meditar, estacioné largamente frente al fuego de la estufa, dejándome hipnotizar por las llamas que explotaban en las piñas secas y se apaciguaban lamiendo los troncos que daban más calor y tardaban más en sucumbir.

Dolor de despedida.

Una buena despedida implica auscultar lo vivido, antes de alejarnos, cuando todavía estamos en interacción. Nos permite reconocer las experiencias más relevantes y atesorarlas, para así asegurarnos oportunidades de desarrollarnos como persona, a partir de sus huellas vivas, en algún momento propicio en el futuro.

Esa noche, el fuego en la estufa me habló largamente, recordándome que despedirse de lo querido suele ser doloroso. El frío volvió a recrudecer, el aire gélido rozando mi rostro me despertó en la madrugada haciendo que me acurrucara totalmente debajo del plumón. Costó levantarse para recibir a Juan, quien para entrar en conversación, me preguntó:

—*¿No vio a los pescadores anoche?*

No los había visto. Hacía tiempo que yo había caído en la cuenta de que los pescadores y cazadores furtivos aparecían los fines de semana. Me mantuve concentrada en pasar la lista de tareas: revisar a Luna, la yegua, que tenía una herida en la paleta; sacar los brócoli; cortar el pasto para que yo pudiera limpiar los ventanales de la casa.

Mitra se había emocionado de ver a Juan. Él se lo llevó junto con Diwali, relevándome del paseo matutino con los perros y yo entonces me sentí libre para continuar despidiéndome de "La casa de la Laguna".

El jardín me pareció buen lugar para disfrutar del mate, allí unos pajaritos amarillos y otros pardos saltaban por el césped buscando semillitas. Doraditos y chingolos serían. Me instalé en la reposera, descalzándome para dejarme estar en la frescura de los tréboles altos y mullidos, sintiéndolos deliciosamente bajo las plantas de mis pies. Estaban suaves y altos en algunos sectores, en unas horas ya no lo estarían.

En tres días la casa debería recibir a Sakshi Lee y a Daniel. Había mucha tarea por delante con ese fin, y Juan, que tenía que cortar el césped, no regresaba. El Sol ya estaba alto cuando decidí ir hasta la vieja casona y allí encontré a Diwali atada al pie de la escalera que lleva al mirador, el dormitorio de Juan. Lo llamé a viva voz hasta que él asomó acompañado por Mitra, y muy tranquilo explicó:

—*Es que temprano el pasto está mojado y no se puede.*

Dándome por enterada volví sobre mis pasos y no pasó mucho que el silencio quedó totalmente diluido en el rugido del motorcito que iba y venía por el jardín de la casa. Aquella tarde, Juan al retirarse avisó:

—*Hoy cambiaron la hora en el Uruguay.*

Tomé nota de la novedad y seguí limpiando vidrios, repasando pisos y aspirando alfombras hasta la puesta del Sol, mientras los perros, impacientes, vieron esfumarse la posibilidad de un paseo.

Una capacidad social valiosa.

Emerger de una pausa, como la que me había tomado, involucra comenzar a reconocer lo se ha ido gestando a su calor. Revisé el correo para responder mensajes y luego escribí a quien me había facilitado "Las Conexiones Ocultas", necesitaba expresar mi agradecimiento. La manera en que, en ese libro, Fritjof Capra integra dimensiones de la biología y la sociedad, echando luz a conexiones importantes que suelen pasar desapercibidas, había nutrido mis reflexiones acerca de algunas dimensiones relevantes que se reúnen en la moneda, que también pasan desapercibidos por la mayoría aunque incida significativamente en su vida cotidiana.

En la urdimbre que nos entreteje desde hace milenios hemos dado lugar a una creación que une el corto con el largo plazo, y lo que puede ser objeto de intercambio con lo que no lo es, tornando tangible una capacidad social tan compleja como crucial: la de generar valor. La moneda expresa, en un momento dado, el valor que ha generado una sociedad a través de sus dinámicas de interacción, especialmente aquellas por las que se producen y distribuyen bienes útiles para la vida cotidiana.

La moneda es el bien de cambio por excelencia, reserva de valor, y parámetro de referencia para medir el valor de otros bienes: reúne funciones que implican pasado, presente y futuro. Cada unidad monetaria tiene una capacidad de adquisición para con los bienes y servicios disponibles, los cuales se consumen o combinan en procesos de producción para disponer de nuevos bienes y servicios en el futuro. Es decir, cada unidad, además de su capacidad de adquisición en el presente, conlleva la promesa de ser igual, o incluso mejor, en el futuro cercano o lejano.

La gente confía en que tal promesa será cumplida, no importa si ella se deposita en un trozo de oro, en una hoja de papel o en un número que titila. La moneda expresa una suerte de punta de iceberg: su valor presente está íntimamente relacionado con una enorme extensión subyacente, constituida por la trama en la cual ocurre el proceso de generación de valor. La confianza es un ingrediente indispensable, pero el valor de la moneda es una expresión tanto de los valores éticos que encarna una sociedad, como de su capacidad de generar valor genuino por medio de la puesta en juego de conocimientos y recursos en un horizonte que trasciende generaciones y fronteras.

En general, conocemos el valor de una moneda a través de su valor de cambio con respecto a los bienes y servicios que es capaz de adquirir, incluyendo otras monedas. Es el valor que se usa en la cotidianeidad de la actividad económico-financiera. Es el parámetro de referencia para el intercambio comercial: un patrón de medida que se mueve todo el tiempo. Lo sabemos todos, porque lo vivimos a diario.

Esta dimensión es la más evidente del dinero y es la que tiende a anclar en el presente, en el corto plazo, en donde los precios hablan de valor, porque es allí donde se ponen en juego tanto los bienes y servicios disponibles con su valor intrínseco —su calidad per se— y también los valores éticos de referencia que influyen en las elecciones personales y colectivas. Pero lo que sucede en el día a día va más allá: los bienes y servicios son resultado de procesos de transformación. Implica tanto creación como destrucción; comporta resultados esperados y buscados, como resultados no buscados, sean deseables o no: una conjunción de la que resulta el valor genuino.

Por ejemplo, para que un kilo de manzanas llegue a mi mesa en la ciudad hay un largo recorrido en el cual suceden impactos positivos y negativos para las personas y para el ambiente. Entre ellos, se incluye: una porción de los salarios de varias personas, el terreno en el que está el manzano, los abonos y pesticidas que se destinan al árbol, la contaminación por uso de energía en el transporte y el manipuleo, y probablemente la bolsita plástica que tardará más tiempo en ser metabolizada por el ecosistema que las manzanas en mi organismo.

Las manzanas, como bien per se, tienen un alto valor intrínseco con respecto a su precio, por los nutrientes que aportan, es decir no se trata de un bien superfluo, sino de un bien capaz de aportar beneficios al organismo. La cuestión es que no todo se incluye ni en los costos, ni en los precios, aun cuando influya en la capacidad de generar valor y en los precios de la diversidad de bienes en el futuro.

Cabe preguntarse: ¿A qué se aplica el trabajo? ¿Pone en valor talentos y creatividad? ¿Es socialmente útil? ¿Cuáles son las energías que insume y cuáles son los valores que genera? ¿Hay impactos nocivos? ¿Cuáles son y qué se hace para que dejen de serlo? ¿Es una actividad evitable? ¿Se está buscando reducirla? ¿Podría ser reemplazada por otra de mayor valor social? Al intentar responder estas preguntas se hace obvio que hay muchas actividades, que aun siendo lícitas y generadoras de empleo entregan bajo valor social e incluso lo detraen.

La calidad que se genera en la urdimbre biosocial influye de muchas maneras en la vida cotidiana a través del tiempo y en diferentes lugares, y también se expresa en la calidad de la moneda, antes o después. Es inútil y nocivo proyectar en ella nuestras falencias. La moneda da cuenta de qué tan buena o mala es la sociedad en la que se vive: buena o mala, en términos de contexto propicio a la vida, de convivencia amable.

Cada actividad genera tanto valor como disvalor: valor, por lo menos para la persona que decide que tenga lugar, y disvalor por los efectos colaterales negativos que genera. Cada acción tiene efectos que se extienden en el tiempo y en el espacio, de maneras obvias y sutiles. Tales efectos se degradan o se retroalimentan de múltiples formas, incorporándose a los pensamientos, sentires y acciones en una red de interacciones.

Si la capacidad social de producir valor genuino es débil, entonces el valor intrínseco de la moneda se diluye y las personas tienden a competir más, buscando satisfacer sus necesidades a expensas de otros y del entorno, en consecuencia la colaboración tiende a debilitarse y la calidad del ambiente biosocial decae, retroalimentando una espiral de deterioro.

El tipo de actividad y cómo se lleva a cabo importa. Conviene promover aquellas que generan valor social genuino, tendiente a sustentar —multidimensionalmente— la vida cotidiana en un horizonte de corto y largo plazo.

Un verbo desusado.

Repasar notas es una valiosa práctica de autoconocimiento. En esas huellas se nos revelan intereses genuinos, aspiraciones profundas y patrones relevantes de nuestro ser-estar en el mundo. Recorrí las que había capturado durante mi estadía y continué rumiando buena parte de la noche, por lo que a la mañana siguiente me levanté más tarde que nunca y sólo porque el ruido que hacía Juan con la cortadora de césped impidió que siguiera durmiendo.

Los bordes de los senderos se veían ya prolijos cuando fui a verlo para coordinar con él las siguientes tareas. Él respondió a mi saludo y acto seguido anunció:

—*El jueves lavo las pasivas* (las galerías).

Con esa afirmación Juan, una vez más, confirmó su desconocimiento acerca del verbo coordinar. Insistí en que los alrededores de la casa tendrían que estar concluidos al día siguiente y, para que él comprendiera que no se trataba de un capricho, confesé:

—*Es que el miércoles es mi cumpleaños.*

Mi confesión, inesperadamente, lo ubicó en un nuevo lugar. En sus ojos brilló el asombro y de inmediato se dispuso a cumplir mi deseo, aleccionándome acerca de cómo por allí se acostumbra a festejarlo con una torta especial. Me alegré, porque con mi pedido había logrado coordinar las actividades de modo conveniente, en vistas a una acogedora bienvenida para mis amigos.

La buena comunicación tiene efectos maravillosos en las actitudes de las personas. Al rato cada quien se abocó a sus tareas y para mi asombro Juan exhibía una dedicación que no le había visto hasta entonces. Entendí que, para él, celebrar un cumpleaños es importante, era obvio que quería que yo lo pasara bien. Transcurrí la jornada sintiéndome agradecida por los cambios inesperados que se habían dado, a partir de mi casi desesperada confesión.

Lo sucedido era prueba fehaciente de la ecología de la acción. Sabemos que cada acción se metaboliza en la trama a la que ingresa, interactuando en ella en múltiples transformaciones, trastocando su propósito original de maneras impredecibles, potenciándola, neutralizándola o incluso tornándola en sentido opuesto. Por algún motivo tendemos a olvidarlo, aunque la sabiduría colectiva lo expresa en dichos populares que vienen de antaño. Tantas veces escuché anécdotas en las que alguien, habiéndose propuesto algo arribó a un resultado bien diferente porque "el tiro salió por la culata".

La realidad es muy compleja. Cada pensamiento, sentimiento y acción importa. Somos millones de seres conviviendo en el planeta, en una trama con densidad creciente, en la que interactuamos tomando decisiones a cada momento, en interdependencia creciente. Es así que el desafío crucial es lograr sustentabilidad biológica y social.

La clave es propiciar un cambio de actitud, cultivar la escucha activa, la mirada fresca, la disposición a nutrir lo compartido, dando lugar a nuevos valores, creencias y modos de ser-hacer en este mundo en el que ya nada es lejano ¿De qué otra forma se podría establecer un contexto —un oikos— amable en donde vivir una buena vida generando valor genuino, disfrutándolo?

Aplausos inesperados.

Lo inesperado es una clave de vida. Sin duda, mantiene nuestra capacidad de adaptación activa. Desbaratando planes, imponiendo desafíos, sorprendiendo con lo impensado u olvidado, realza vivencias y aporta aprendizajes. En instantes puede hasta cambiar el curso de nuestra vida, dejándonos dolidos, mareados y heridos, o puede regalarnos el cielo a través de circunstancias y personas.

Lo inesperado hace parte de cada día, manteniéndonos en movimiento. A veces, lo que sobreviene es una respuesta a lo que propiciamos en nuestro sentipensar-hacer. Algo de eso estaba sucediendo. En el trajín yo rumiaba aconteceres, lecturas y reflexiones, tomando breves pausas en las que disfrutaba con más intensidad la naturaleza del lugar. Por momentos me apenaba por mi padre, pero no me animé a llamar otra vez a mi familia. Temía no estar a la altura de algo inesperado que pudiera estar sucediendo allí.

Aquella tarde el Sol se despidió pintando el cielo con tonos de fuego y un viento suave dibujó millones de espejitos de un color cobrizo en la superficie del agua. Me acerqué al muelle para apreciarlo mejor, entonces algo inusitado sucedió. Laguna adentro, escuché:

—¡Gooooooooooooooooooooooolllll!

A ese grito tan familiar siguieron aplausos de multitud, como si por allí hubiera un estadio. Sorprendida, me pregunté:

—¿Y ésos quiénes son?

A su regreso, Daniel lo aclaró:

—¡Gallinetas de agua!

Sakshi Lee, agregó.

—Los aplausos que escuchaste son sus alas al rozar el agua. Es lindo ¡sí!

Pasión de multitudes, que probablemente al igual que yo, en su mayoría, ignoran que el fútbol tiene presencia en el mundo animal bajo esa forma.

Preludio.

Un buen preludio despierta nuestras expectativas para lo que viene. Para mi cumpleaños, yo lo había planeado con lo mejor que ofrecía el lugar: silencio contemplativo para saborear vivencias y nuevas comprensiones, pero las circunstancias se encargaron de trastocar mis planes con lo impensado. La experiencia confirmó que la sintonía con los propios anhelos nos mantiene en rumbo, lo inesperado me impulsó en la dirección de mis anhelos, a pesar de los altibajos y desvíos.

Resultó que el día previo a mi cumpleaños desperté temprano por el ir y venir de las sillas golpeando el piso en el balcón de arriba y los aullidos del viento en la cañería del baño contiguo a mi dormitorio. La escasa luz que se colaba desde el exterior indicaba que había amanecido gris y yo lo había planeado con tiempo soleado, como si de mí dependiera.

Entre frustración y asombro me dije:

—*¡Soy una chica de ciudad!*

El viento fue calmando y el clima terminó por acompañar mi trajín durante el resto de la jornada, en compasiva amabilidad para con mis propósitos. Todo fue desarrollándose con liviandad y logré cumplir con lo programado. Para cuando el Sol atravesaba la línea del horizonte fui a despachar las cajas de leche y de jugo que había usado en los últimos días, dejándolas en un barrilito dispuesto detrás de la casa para ese tipo de desechos.

—*¡Mirá que hice basura!* me dije al ver que estaba a medio llenar.

Me alegré de saber que la mayor parte de lo que habitualmente llamamos "basura" había ido a parar al cajón de compost en la huerta. Era hora de dar de comer a mis amigos peludos, pero en la gran bolsa con alimento para perros, que había provisto bien todos los días, quedaba un resto en el fondo. En la despensa recorrí frascos y paquetes en busca de alguna opción para reforzar hasta el reaprovisionamiento.

—*Hoy el menú es polenta con leche y un toque de dogui,* informé a Mitra que me lanzó una mirada de frustración cuando le serví el plato.

Me agaché y lo acaricié, diciendo:

—*Es hora de que vuelvan tus papás. Sí, si si... ya casi, ya casi.*

Me duché con gusto, apurada por el frío y porque la noche se había instalado hacía ya rato. Luego me dispuse a preparar "postre de cumpleaños" en un intento de honrar la costumbre que me había referido Juan. Aunque la improvisada versión no guardara gran parecido a una torta como corresponde a la ocasión, la preparé con aderezo de música y canto, sabiendo que las vibraciones sonoras aportan un diferencial apreciable. Cocinaba cantando a todo pulmón en mezcla de esperanza, alegría y contento.

Diwali, en su cucha, me miraba azorada.

—*Es preludio de celebración ¿entendés?* intenté explicar.

Era la primera vez que ella me veía en un despliegue de esa naturaleza y me gustó la convicción que noté en mi voz al hablarle. Sinceramente, quería un comienzo liviano, amable, libre, y estaba haciendo todo lo que estaba a mi alcance.

Celebrar la vida.

Celebrar es expresar los mejores sentimientos que albergamos en nuestro corazón, tiñendo con ellos cada pensamiento y acción, reforzando su presencia y nuestra capacidad de apreciar las pequeñas y grandes cosas que la vida nos presenta. Se me ocurre que recordar, evocar, conmemorar, festejar, ofrendar, reverenciar y agradecer son los verbos que aportan más sustancia nutricia a esa capacidad esencial para bienvivir la vida.

El día de mi cumpleaños lo comencé bien dispuesta a celebrar. Estaba luminoso y eso hizo que evocara momentos significativos de mi infancia. Los domingos yo solía remolonear en la cama, pero cuando estaba así de soleado no pasaba de las nueve de la mañana. Mis padres, que siempre se levantaban temprano, a esa hora empezaban con el segundo mate del día. Entonces mi padre ponía valses vieneses y se acercaba a dar unos golpecitos a mi puerta, llamándome con cantito:

—*Siiilviaaaa ¡El Sol ya está alto! ¡Está esperándote! Siiilviaaaa… El*

Sol te está esperando y nosotros también, decía entornando la puerta. Medio dormida, lo veía con el mate en la mano, su voz entremezclada con la risa de mi madre y la música que invitaban desde el living de la casa.

Ese recuerdo fue el primer regalo que recibí ese cumpleaños. Todavía medio dormida, al descorrer las cortinas y ver al Sol tan presente en el paisaje sentí que era una mañana para valses vieneses. Complacida puse a cocinar el desayuno a fuego lento. La melodía sonaba en mi alma y en el ambiente limpio de la casa se respiraba aire de celebración.

Juan, que había estado despejando el sendero hacia el muelle, se acercó a saludar y yo le anuncié:

—*¡Postre hecho! ¿Al mediodía, le parece? Todavía no sé el menú.*

—*¡Ahhhh postre!* se sorprendió él.

—*De chocolate y dulce de leche ¿Le gusta?* pregunté.

Él asintió tímidamente, pero con el almuerzo no se animó.

—*Yo tengo mi comida. Ellos a veces también me invitan,* dijo muy serio, refiriéndose a Sakshi Lee y Daniel, quedándose pensativo.

Para respetar su sentir anclé mi mirada en la laguna, que en aquél momento se veía muy quieta. Retomando, él entonces comentó:

—*Me gusta más del otro lado, a veces voy a pescar. Enfrente está el puerto de botes.*

—*Pero se ven pocos peces. La primera vez que vine, hace unos diez años, había muchos...* compartí.

Él explicó:

—*Es porque pescaban con red. Ahora está más controlado. Allá, apenas alguien intenta algo aparece el guardaparque ¡al instante!* dijo mostrando hacia el otro lado de la laguna.

Cuando Juan fue a retomar sus tareas me detuve un instante especulando qué tecnología estaría usando el guardaparque, cosa que se esfumó cuando al entrar a la cocina descubrí que se había quemado la avena. El desayuno de mi cumpleaños resultó el peor de la estadía y el almuerzo fue el más frugal, pero me di el gusto de un paseo muy pausado en sintonía con los anhelos de mi corazón.

Me encargué de dar buen lugar al postre, que serví en enormes copas adornándolas con nueces, pasas y dátiles. Salí en busca de Juan que estaba arreglando un jardincito a la vera de la laguna. Nos instalamos en unos bancos, a la sombra de los árboles a saborear nuestras copas. Era evidente que él se sentía intrigado por mi modo de celebrar el cumpleaños, tan diferente a sus ideales y costumbres, pero guardó recato para con su extrañeza y se dedicó a hablarme de sus años allí:

—*Esto, de a poco va cambiando*, concluyó cuando las copas estaban ya vacías.

De regreso en la casa me instalé en una reposera de cara a la laguna, a sentir la brisa en mi rostro con los pies descalzos sobre el césped recién cortado, mateando con Mitra en mi regazo. La aspereza del pasto en las plantas de mis pies me producía una cierta nostalgia por los tréboles altos y mullidos, que intentaba compensar acariciando el pelaje suave del muy entregado Mitra.

Al revisar los mensajes telefónicos encontré uno de Sakshi Lee y Daniel. Desde algún aeropuerto ellos cantaban juntos:

> *Happy biiiirthdaaaay tooo youuu…¡Te queremos mucho amiga! ¡Nos veeemosss!*

Las risas que siguieron terminaron por hacerme sentir muy acompañada y me invitaron a revisar el correo, donde encontré más mensajes de salutación, uno de Jorge:

> *¡¿Cómo anda ese colibrí de Rocha?! ¡que los*

cumplasssssssss....!!!, y no seré un "peludo" (en todo caso un pelado) pero puedo compartir contigo y con desafinación incluida: ¡¡¡Que los cumplas feliz, que los cumplas feliz, que querida Silviaaaaa!!!

Supongo que alguna vez le hablé de los colibríes que rondan por el jardín de la casa de mis padres. Mi madre siempre les ofrecía agua azucarada y cuando enfermó esa pequeña tarea era de las pocas que siguió cumpliendo.

Con ese recuerdo mi nostalgia se hizo más grande. En mi niñez, mi madre reservaba un almácigo de su huerta para una pequeña plantación de frutillas que daba sus primeros frutos a comienzos de octubre. Nos estaban vedados:

—*Son para tu torta* decía, atesorándolos hasta mi cumpleaños, cuando reaparecían contrastando su rojo con el blanco de la crema chantilly.

Dolió pensar que en aquella huerta ya sólo crecían los yuyos y no pude evitar que el sentimiento tomara mi alma. Para disipar el dolor fui a dar un paseo con mis amigos peludos. Lo concluí en el muelle, en donde me tiré largo rato a dejar que mi mirada se perdiera en el cielo azul, casi hiriente.

Cuando el Sol se despedía Mitra recibió su cena gruñendo de enojo y Diwali se las arregló para escaparse. Ni siquiera la llamé: ya no lidiaba más de lo que podía. Solamente antes de retirarme a dormir abrí la puerta por si aparecía y ella entró como una ráfaga metiéndose en su canasto. Desde allí me miraba de un modo con el que parecía decir:

—*Si creíste que estuve ausente ¡fue tu imaginación!*

La jornada había sido intensa, todo estaba en un nuevo lugar. Después de cenar y meditar asenté vivencias en mi diario, que concluí escribiendo: "La Luna está alta, el paisaje iluminado."

Una buena bienvenida.

La bienvenida nos hace sentir respetados, valorados y queridos. Sentirnos bienvenidos lo pone todo en el mejor lugar para lo que sea que vayamos a hacer allí en donde se nos recibe, y yo quería que mis amigos se sintieran bienvenidos al regresar a su casa, recibiéndolos de la mejor manera al alcance para mí. De modo que al levantarme a la mañana siguiente lavé los platos de la noche y en ese hacer imaginé la bienvenida.

Cenaríamos juntos y para tenerlo todo dispuesto me puse a la tarea. Amasé pan y pan dulce, preparé el guisado de lentejas y arroz que les gusta a los dos, tan concentrada que no dio para paseo. Apenas salí a saludar a Juan cuando él se retiró al mediodía, apurado por algún trámite hospitalario. Iba por la segunda amasada cuando llamó Daniel pidiendo que llevara la camioneta hasta la tranquera de la ruta adonde los acercaría en coche un vecino:

—*No quiero hacerlo andar por el trillo,* concluyó.

Cuando saqué los panes del horno quedaba el tiempo justo. Me puse sombrero y una campera liviana para ir por la camioneta, pero encontré que otra vez estaba con la batería baja. No tenía modo de dar aviso, mi celular hacía tiempo que dormía en el fondo de la valija.

Aseguré el pañuelo que llevaba por encima de mi sombrero para protegerme del sol y me encaminé hacia la ruta. Iba por la segunda lomada cuando divisé un auto que venía a mi encuentro. Veinte minutos después pude abrazar a mis amigos. Fuimos poniéndonos al día con los sucesos de aquí y de allá, bajando del auto en las hondonadas, aprovechando para tomar nota de la primavera que bullía por los pastizales. Cuando llegamos al viejo casco hubo puente de baterías y traslado de valijas. Al rato todo cobró nueva vida en la casa y hubo tanto ajetreo que falté a la puesta del Sol.

A la hora de la cena, en donde hasta el día anterior había estado mi computadora y mi diario descubrí unos paquetitos coloridos, de modo que la bienvenida se transformó en celebración. Era más tarde de lo habitual cuando me metí a la cama, pero apenas lo hice sentí un pinchazo: era una hormiga. Al encender la luz descubrí hileras de hormigas subiendo por la pared y por la pata de la cama. Daniel fumigó el lugar, pero luego di mil vueltas hasta poder dormirme. No sé si por el pequeño incidente o por los cambios que se estaban instalando.

El "fogón" de Dionisio.

Sentarse en ronda frente al fuego invita a la conversación. Al calor del fogón nuestros más lejanos antepasados compartían aconteceres e historias, aprendiendo y recordando juntos, entretejiendo sus vidas y saberes. El último domingo de aquella estadía, en casa de Dionisio, honramos esa costumbre ancestral.

Fuimos con la camioneta cargada con leña y varios bolsos. Sakshi Lee preparó pasta mientras Daniel y yo descargábamos la leña para alimentar la salamandra de la casa, luego almorzamos atizando la conversación. Dionisio se prendió a la oportunidad cuando comentamos que al avanzar por el trillo habíamos visto una bandada de avestruces correteando por los campos vecinos.

Bastó que Sakshi Lee preguntara:

—*¿Acostumbrabas a tirarles con las boleadoras verdad?*

—*Llevábamos boleadoras de piedra, con trenza. Al avestruz se le tira al pescuezo, siempre. No se tira a las patas. La boleadora no lo mata, queda enredado...* explicó Dionisio, entusiasmado.

—*¡Claro! De ahí viene la expresión que usan acá: boleado,* exclamó Sakshi Lee.

Él, complacido asintió, completando:

—*¡Seguro! El que anda boleado, anda a los tumbos ¡Sí! Viene de ahí. Pero una vez que andaba yo solo... para agarrarlo ¿cómo hacía? Tiene que ser entre dos hombres. Yo estaba recorriendo* el campo y los perros lo descubrieron, le tiré al pescuezo… no me acuerdo. Lo que sé es que tenía miedo porque el avestruz te abre la barriga o el pecho con las garras que tiene.

Sakshi Lee entonces preguntó:

—¿Por qué cazaban ñandúes? ¿Los comían?

Dionisio respondió con gusto:

—No los comía nadie. Los patrones nos mandaban a matar avestruz porque donde come una bandada comen una o dos vacas. Metíamos los caballos en los nidos para que les pisaran los huevos, rompíamos todos. Para hacer su nidada, los avestruces abren un pozo y ahí ponen quince, dieciocho y hasta veinte huevos. Hay cosas que la gente habla, sin saber: en una bandada de quince, veinte avestruces hay dos machos, o tres y hasta cuatro puede haber, pero hay dos que son los principales y ésos dos se pelean. Hay una pelea: el que la gana se va con la bandada y el que pierde va para el nido a sacar los pichones.

Poniéndose muy serio, anunció:

¡Pero hay otra cosa más! el que va al nido y culeca la nidada, unos diez días antes de que nazcan los pichones, aparta uno de los huevos y lo deja afuera. Cuando nacen los avestrucitos picotea aquel huevo que dejó de lado y lo rompe. Eso tiene olor a osamenta, bien a podrido. Se llena de moscas, y con el mosquero se crían los pichones: comiendo moscas Es así ¡Y mejor que yo no lo sabe contar nadie!

Se detuvo un instante. Una sonrisa pícara se dibujó en su rostro, saboreando por anticipado lo que dijo a continuación:

—¡Hay otra cosa más todavía! Cada ocho a diez días viene una hembra de la bandada y se echa en el nido para mantener calentitos los huevos mientras el macho cuidador sale a comer algo.

—¿Cada ocho-diez días? ¡Pobre muchacho! se condolió Sakshi

Lee y preguntó cuánto tarda una postura.

—*No lo sé seguro, unos cuarenta días. No me acuerdo,* dijo y especuló:

—*Las gallinas demoran veinte días, los patos treinta, los pavos creo que cuarenta, así que los avestruces deben de andar por los treinta y cinco o cuarenta.*

Sakshi Lee pidió detalles:

—*¿Después se va con la bandada?*

—*Los pichones lo siguen a él. Él los va criando y se junta con los otros cuando los chiquitos ya tienen un par de meses. Cuando nacen son amarillos, bien amarillos, altos y con patas muy largas,* dijo con ternura Dionisio.

—*Como los teros ¡Sí! Los vi, son pura pata con plumas y pelos por todos lados. La cabeza llena de pelos,* compartió Daniel y después se levantó.

Tenía que pasar a buscar el pan para los chicos del merendero. Con otros vecinos asistía a los chicos de una escuela rural cuyas familias habían quedado tan golpeadas por los coletazos de la crisis del 2001 que casi no tenían para comer. Los domingos se turnaban para dar continuidad a la merienda escolar de la semana.

Paraje "Barriga Negra".

Ayudamos a Daniel despejando nuestras cosas de la camioneta y volvimos al lado de Dionisio. Entonces Sakshi Lee le preguntó:

—*¿Le contó Silvia la historia de una mujer uruguaya... de Lavalleja?*

—*No, nada ¿cómo es?* se interesó él y yo me excusé diciendo:

—*Es larga Dionisio. No quiero que pierda su siestita.*

—*No hay peligro, ésa no se escapa ¿me la cuenta?* respondió él.

—*Leer puedo, pero contar como cuenta usted es mucho pedir,* dije y me puse a leer la historia de Francisca, deteniéndome a espiar si Dionisio se había dormido, pero a cada pausa demasiado prolongada él levantaba la cabeza diciendo:

—*¿Y...?*

Así me fue animando. Sakshi Lee y yo queríamos saber si él había andado por aquel lugar en las sierras uruguayas en donde había vivido Francisca, de modo que cuando concluí, en unísono preguntamos:

—*¿Conoce ese paraje Barriga Negra?*

Él retomó las riendas de la conversación:

—*Sí, sí, claro que sí. Cerca de Barriga Negra había una casa de comercio de un Don no sé... que tenía de todo, desde un vestido de novia hasta las lámparas que se le ocurrieran a uno ¡Tengo el disco de Santiago Chalar! ¡Él paraba ahí! Le gustaba mucho ese boliche. Él era doctor huesero, del hospital de Minas. Carlos Paravís se llamaba él, el otro es el nombre artístico. Por ahí cerca también estaba la casa del aljibe. Un día cuando iba a visitar a mis padres, iba por terreno limpio, por el campo y había un apartado de ganado. A los gordos los apartaban para embarcarlos. Me paré a mirar y cuando me vio el capataz me preguntó para donde iba. Le dije que iba para Nico Pérez y él dijo: ¡No va a llegar! Nosotros nos vamos a quedar en aquel puesto ¿Se anima a adelantarse a calentar agua y se queda con nosotros? En la casa, en medio de un patio interior, había un aljibe con tapa. Puse la caldera, tomamos mate y al rato que nos habíamos acostado a dormir escuchamos un ruido muy fuerte, un chirrido. Los troperos con los que andaba eran gente con cuchillo y revólver. Revisamos todo, pero no vimos nada y nos acostamos otra vez, pero al rato de nuevo lo mismo. Era el balde que caía en el aljibe. No había nadie más y nosotros estábamos todos juntos durmiendo en el suelo, pero alguien levantaba la tapa y tiraba el balde ¡Sí, sí!, el que anda por ahí ve muchas cosas. Dice la gente que habían enterrado muertos en ese patio. He oído que la persona muere, pero el espíritu queda vivo, algo de eso sería. No sé, no soy científico, soy el viejo Pereira nomás. Si estás en un rancho vas a ver siempre el mismo rancho, pero si andás por ahí vas a ver muchas cosas. En el mundo hay mucho para aprender, no termina nunca... bueno, hasta que te morís de viejo,* concluyó quedando pensativo.

Sakshi Lee sugirió:

—*La siesta está esperando Dionisio. Podemos seguir después.*

Lo acomodamos con sus almohadones en el sillón hamaca y fuimos a sacar mi pasaje para Montevideo, haciendo la mayor parte del trayecto paseando por la playa, poniéndonos al día con las andanzas y los sentires.

Viaje a Montevideo.

Cuando me di cuenta estaba embarcada. Habíamos salido con retraso de "La casa de la Laguna", de modo que esperamos el bus a la salida de Rocha. Al subir encontré lugar en la primera fila, al lado de una señora muy coqueta y prolija. Mi atuendo informal contrastaba mucho con el suyo, pero como ella devolvió mi mirada expresando curiosidad, le sugerí que se ajustara el cinturón de seguridad:

—*Conviene usarlo,* dije ayudándola.

Al rato conversábamos animadamente. Supe que era de Rocha, directora de escuela ya retirada, le hablé de Graciela y quedé complacida porque la ponderó mucho. Después mencioné a Juca y ella dijo:

—*¡Ahhh síiii! ¡Fui al Bosque de los Ombúes con unos parientes franceses cuando vinieron!*

Aferrándome a su entusiasmo pregunté si sabía de sus libros.

—*No, no,* respondió ella.

—*Sí, sí libros para chicos, casi todos,* repliqué usando el modito de la zona, alcanzándole el ejemplar de "De mochilero a Guardaparque" que llevaba en mi mochila.

Ella se puso a husmear aquí y allá, entonces hice notar el parrafito que Juca había incluido al comienzo, a modo de prólogo:

—*Muy cierto, muy cierto ¿lo puedo conseguir? ¿lo puedo copiar?* dijo sacando anteojos y lapicera de su cartera.

Tomó nota y luego en voz alta leyó: "La vida es un viaje. El rumbo existe, sólo hay que encontrarlo. Buscarlo es una opción, esperarlo puede ser nefasto."

—*Sí, sí ,*concluyó satisfecha.

Para mí fue como recibir un diplomita escolar otorgado por la directora en persona. En mi colegio, en los boletines de la escuela primaria, cuando lográbamos buenas notas, las maestras solían escribir: "¡Sigue así! ¡Alcanzarás tus metas."

Sonreí y seguimos en alegre conversación, enterándome de historias de por allí. Cuando ya ingresábamos a la ciudad la señora descendió y yo aproveché para hacerme a la idea de que había comenzado otra etapa. Por primera vez andaría por las calles de Montevideo.

—*Tantas visitas a Uruguay…* reflexioné mirándolo todo con ojos nuevos.

A los minutos estaba tocando el timbre de la casa de Julia, con un poquito de timidez porque la había visto una sola vez y hacía ya más de diez años. Yo había reservado habitación en un hotel, pero a último momento a Daniel se le había ocurrido sugerir que parara allí.

—*¡Peeero muchacha! Te quedás con ella. Le va a hacer bien. A las dos ¡Estoy seguro!*

Sakshi Lee luego se había ocupado de llamarla y ahí estaba yo con mi valija y mi mochila.

Encuentros Montevideanos.

Los encuentros con personas que apreciamos son nutricios siempre. Julia y su perra me hicieron sentir en casa enseguida y al día siguiente las acompañé en charlas con vecinos sin prisas. Por la tarde, de camino al lugar de la charla fui a encontrarme con el anfitrión del evento, quien se explayó en detalles del lugar elegido para la cena:

—*Con Carolina solemos ir a un lugar donde se come muy bien, pero no sé si es para ir con ustedes.*

—*Juca es guardaparque ¡Imaginate! Si cocinan rico, vamos,* dije.

—*Sí sí. Él sí, pero vos…* deslizó él provocándome una carcajada.

Cuando terminó el evento Juca y yo tuvimos ocasión de conversar recorriendo el predio mientras nuestro anfitrión terminaba unas diligencias. A cada rato alguien se acercaba a saludarlo y él, haciéndose el humilde, me aclaró:

—*Si fuera mi hermano sería peor. A él sí que lo quieren. Le gustan tanto los chicos que algunos padres los dejan unas horas en la Biblioteca, y él los ayuda con tareas escolares, cosas así…*

—*¡Tenés mucho vocabulario vos!* dijo a continuación y al notar mi desorientación, muy serio, explicó:

—*Yo con treinta a cincuenta palabras me arreglo. Paso la mayor parte del tiempo solo, y cuando aparece alguien la conversación casi siempre termina después de dos o tres frases: que no se puede pescar, ni cazar y cosas por el estilo… ¡Fuera de temporada es así!*

—*¿Qué decís? El vocabulario viene con la lectura y vos lees mucho,* protesté y de paso compartí sentipensares sobre Artigas, que yo por entonces estaba transitando:

—*…cuando lo mencioné a alguien de por aquí, refiriéndose a mi tierra, me sorprendió que dijera: ¡Misiones! Ese territorio que perdimos…*

—*Estupideces,* dijo Juca y yo seguí:

—*Mi abuela decía que la tierra misionera es roja por toda la sangre que la tiñó. De hecho, hace un siglo casi no tenía población…* y como noté que él se mantenía atento, compartí inquietudes:

—*Necesito entender más. Estoy leyendo "El caudillo y el dictador" de una tal Ribeiro, lo sugirieron en el stand del Uruguay, en la Feria del Libro en Buenos Aires.*

Le compartí, que me había llamado la atención que me dijeran que en Argentina, Artigas despierta más interés que en el Uruguay.

—*No, no es tan así y es muy completo ese libro,* observó Juca y seguimos charlando de libro.

Cuando nos encontramos con Boris y Carolina aparecieron nombres de autores latinoamericanos que yo no conocía. El bolichón resultó ser mejor de lo anticipado, de modo que la pasamos mezclando buena conversación, con comida bien regada, y ya era madrugada cuando volví a tocar el timbre de la casa de Julia, que estaba esperándome para conocer detalles de la salida.

El Delta del Paraná.

A la mañana siguiente me despertó la claridad del día y me dispuse para el regreso a Buenos Aires. Sin mayor apuro desayuné en compañía de Julia compartiéndole mi expectación por el itinerario que me había recomendado Daniel:

—*Es la primera vez que viajo por Carmelo.*

Ya bajábamos, cuando de paso frente a la biblioteca deslicé un comentario acerca de un libro sobre Artigas que había husmeado.

Sacándolo del estante me lo dio:

—*Pero llévatelo, síiiii.*

—*Es una manera para tener que volver,* justifiqué aceptando el ofrecimiento.

Ella me acompañó con su perra a tomar el taxi y se quedó agitando la mano hasta que ya no las podía ver. Había bastante tráfico. Yo le daba charla al taxista, contándole que me había gustado el aire de la ciudad, sus edificios antiguos y él, como si fuera un guía de oficio, iba refiriendo detalles del camino. En un momento un embotellamiento impuso demora, pero llegué a tiempo a Tres Cruces, allí él señaló el costo del viaje en una planilla que traía e hizo un pequeño descuento.

—*Por el atraso en la avenida,* dijo.

Agradecí sin animarme a preguntar si aquello era una costumbre o si era por pura simpatía suya nomás. Embarqué en Carmelo a primera hora de la tarde, en un catamarán, como los de mis lecturas juveniles de las clásicas de aventuras Tom Sawyer y Huck Finn en el Misisipí. Había poca gente a bordo y pude sentarme en un buen lugar. No pasó mucho que el aire templado, junto con la vista de unos sauces llorones sobre un islote en las cercanías, me produjo un efecto hipnótico que me duró buena parte del viaje. Al alejarnos del pequeño embarcadero la bucólica costanera de Carmelo, de pueblo quedado en el tiempo, pareció continuarse en un camino señalado con boyas, río adentro, donde al poco rato aparecieron unas primeras islas cubiertas de vegetación, hábitat de muchos pájaros entre los que reconocí garzas y teros. El Río estaba crecido, coloreado con el sedimento rojizo de mi tierra natal.

—*Habrá llovido por allá,* pensé al verlo tan impregnado.

Nos adentramos más, atravesamos el cauce del río y cuando divisé las primeras islas pobladas un leve escalofrío me recorrió el cuerpo. Mis abuelos paternos habían vivido allí, en algún lugar del extenso delta.

La historia de mi abuela.

Mi abuela María nació en un lugar que unas veces era Francia y otras Alemania, la Alsacia Lorena. Entre guerra y guerra perdió a la mayor parte de su familia. No había pasado mucho desde que su bisabuelo había ido a habitar definitivamente el mundo de los recuerdos, donde ella lo veía inmerso en lecturas acompañado de su pipa bajo el tilo del jardín en las tardes de verano. Cuando hombres desconocidos vinieron a compartir la mesa familiar, su madre enferma, entre desvaríos de fiebre y tos, le dijo:

—*Es mejor que te vayas lejos.*

A la noche siguiente mi abuela tomó el tren que la llevó a Suiza. Unos domingos más tarde, estando en misa siguió el impulso de un presentimiento y sus ojos se encontraron con los de Edwin, mi abuelo. Recordando aquél instante en un desliz de confesión, la escuché diciendo:

—*Fue asomarme al mar.*

Deseó volver a verlo y no pudo evitar ruborizarse cuando ese mismo mediodía lo vio cruzar el umbral de la casa en la que ella trabajaba como institutriz.

El destino parecía tener premura, porque se casaron ese mismo año afincándose en un lugar en las montañas, en una casa blanca que tenía un huerto en el que había un manzano frente a la ventana de la cocina, tan cerca que se podía alcanzar sus frutos sin salir de la casa. Tenían un buen pasar y la vida se les tornó estable, pero cuando las fábricas textiles del valle se contagiaron de un mal que las alcanzaba desde lejos decidieron emigrar.

Llegaron a la Argentina a finales de 1930 y se instalaron en el Delta del Paraná, mi padre nació al tiempito. No era gente de campo, pero compraron tierra y algunas vacas y mi abuela María armó una granja de gansos, pero tres años después vino la gran inundación y lo perdieron todo.

—*La peor del siglo,* decía mi padre, impregnada su memoria con el recuerdo de mi abuela chapoteando en el agua, persiguiendo inútilmente sus gansos que escapaban graznando vivamente.

Después de eso mi abuelo enfermó de paludismo y ella tuvo que golpear las puertas de su embajada porque no tenía recursos para atenderlo. Lo repatriaron y mi abuela fue a despedirlo al puerto. Él tenía la piel tan pegada a los huesos que no le alcanzó para un abrazo y ella, cuando el barco ya se perdía en el horizonte, apretó fuerte la mano de sus hijos prometiéndoles:

—*Es por poco tiempo.*

Mi abuela María consiguió ubicarse como doméstica en la casa de una familia rica en Buenos Aires. Limpiaba cacharros de cocina de lunes a sábados y los domingos iba a misa, y no pasó mucho hasta que, a través de la iglesia, le llegó el ofrecimiento de un puesto como encargada de un almacén de ramos generales en un pueblito del Alto Paraná. Ella no quiso. No quería saber nada con algo que se llamara "Paraná".

—*Ese río es traicionero,* dijo pero el sacerdote insistió:

—*Allá una mujer como usted va a ser bien recibida aunque tenga hijos pequeños.*

Viajaron en el "Guayra", el mejor vapor que hacía el trayecto a Iguazú- Durante el mes que duró el viaje a mi abuela se la vio poco en cubierta: no quería ver el río. Los chicos hicieron amigos enseguida, grandes porque chicos no había. La tercera noche que el mozo vio a mi tía dando vueltas a la comida en su plato, dirigió una mirada cómplice a mi abuela y al rato volvió con unas manzanas verdes. A la semana mi padre, que acababa de cumplir tres años, había tomado la costumbre de andar luciendo manchas de grasa en su ropa y mi abuela ya sabía que tenía que buscarlo en la sala de máquinas cada vez que él desaparecía.

El vapor hizo paradas en varios puertos. Al de Esquina lo divisaron desde lejos, porque había un hotel de dos pisos sobre un barranco muy elevado que se adentraba al río. Allí bajaron los pasajeros más pudientes, los señores con sombrero y las señoras con sombrilla. Por la noche, desde la cubierta, vieron las arañas de cristal de Bohemia iluminando el salón del hotel y sus reflejos en la corredera. Dos semanas después llegaron a su puerto de destino. Lo supieron cuando apareció una isla en el medio río y el mozo simpático les avisó:

—¡*Después de la isla bajan ustedes!*

Cuando el barco la dejó atrás nada había cambiado en el paisaje, la selva lo cubría todo hasta las orillas. El embarcadero era un banco de arena en una entrada del río y el muelle consistía en unos planchones de madera. Ellos fueron los únicos que bajaron y el único que los estaba esperando era Alberto, el que había contratado a mi abuela. Subieron a los chicos y las cosas a un carro a mula y lo siguieron a pie hasta salir del barranco empinado en donde, a un costado, había una casucha desvencijada.

—*El hotel de los inmigrantes. Nadie lo usa,* les explicó Alberto.

Anduvieron kilómetros por una picada siguiendo huellas rojizas en un túnel de selva enmarañada. Gruesas raíces de árboles gigantes les salían al paso, lianas entrelazando el tupido ramaje rozaban sus cabezas despertando inquietud en mi abuela y curiosidad en los chicos.

—*La mula conoce el camino,* la tranquilizó Alberto.

Atardecía cuando llegaron al almacén "decente" que él le había adelantado por carta, de madera rústica y techo de paja. A mi abuela le gustó ver que estaba emplazado en una lomada, pero entonces los chicos empezaron a chillar:

—*¡Pinchan, pinchan!*

—*Son polvorines. Aparecen a esta hora,* explicó Alberto mostrándoles unos bichitos muy pequeños, como motas de polvo que se hacían sentir como agujas implacables.

Señalando la casa-almacén, agregó:

—*En la selva, de tardecita, lo mejor es estar a resguardo con fueguito.*

En la cocina había mate cocido, pan fresco y una fuente con fruta que no conocían: mamones. Frente a la ventana, la selva como un mar verde se extendía hasta la lejanía. Después de comer mi padre se quedó dormido acodado a la mesa y mi tía parecía estar embelesada con las semillas negras de mamón, que ella corría de un lado a otro en su plato. Las habitaciones eran grandes y había más ropero que ropa. Allí rezaron antes de sumergirse en sus camas, a resguardo bajo los mosquiteros.

Mi abuela siempre decía:

—*¡No hay excusas para olvidarse de Dios!*

Al día siguiente ella se hizo cargo del almacén, que a partir de entonces empezó a cerrar cada vez más tarde. Sin embargo, Alberto veía con cierta inquietud que los parroquianos vinieran más seguido y se quedaran más tiempo. Había uno que aparecía todas las tardes por un vasito de tinto. Era el carpintero, el vecino más cercano, que tenía su taller a un kilómetro.

—*¡No hay como un vinito servido por las manos de una mujer!* decía sin atreverse a mirar a mi abuela cuando ella le servía una copa. Luego hablaban de sus terruños, de las montañas, de los huertos y de las manzanas que en la Colonia sólo se conseguían a cada tanto. Cuando llegaba algún cajón del Alto Valle mi abuela le reservaba algunas bien jugosas y no pasó mucho que él le deslizó una promesa:

—*Le voy a hacer una mesa de incienso bien maciza ¿sí?*

—*Que sea redonda,* pidió ella y mientras esperaba a que estuviera lista, para cuidarla, preparó una pasta de grasa de cerdo, flores de jazmín y hojitas de romero. El domingo que el carpintero la trajo le pidió que la instalara en su cuarto y esa noche se sentó a escribirle una carta a mi abuelo. No pasó mucho que recibió la primera escrita por él, muy corta. Con una letra temblorosa que no le conocía, él le hablaba de un pronto reencuentro.

La mesa les trajo suerte. Alberto se puso celoso y decidió que sería él quien atendería el almacén después de las siete. Así fue como mi abuela pudo improvisar una escuela casera por las noches. A mi padre, alentándolo con sus lunitas, soles y casitas, decía:

—*¡Muy bien esos palotes!*

A mi tía, por ser la mayor, encomendaba ejercicios y versos.

—*Enseñar es algo muy delicado ¡Se está moldeando un alma!* me gustaba oírla decir, por la ternura que ponía en esas frases.

Cada vez que mi abuela conseguía buenas manzanas verdes hacía strudel. Era un programa de día completo: bien temprano sobre su mesa aparecía harina, manteca, leche y alguna otra cosita; antes del mediodía cortaba pilas de manzanas en fetas transparentes que mezclaba con azúcar, pasas y canela; y a primera hora de la tarde iniciaba el tramo más difícil: con el palote y con las manos se dedicaba enteramente a estirar la masa hasta dejarla muy finita, y en ese hacer con toda seriedad me explicaba:

—*Hay que poder leer una carta de amor a través de la masa. Y para que el amor dure: ¡Sin agujeritos!*

Con mi abuelo nunca se volvieron a ver, porque cuando Alberto se sentó a la mesa ya no hubo retorno posible.

Mi abuela María cuidaba sus manos con la misma pasta con la que cuidaba esa mesa. Con el tiempo sus manos volvieron a ser suaves y la mesa fue tomando un tono rojizo. Esa mesa fue la única herencia que ella le dejó a mi padre.

Primavera en Buenos Aires.

El catamarán que me había llevado a mi infancia, mil kilómetros río arriba, llegó puntual al puerto de Tigre y allí vi los primeros jacarandaes despuntando sus flores color etéreo. Los trámites fueron rápidos y cuando me di cuenta estaba en un bus camino al centro. La ciudad me pareció mucho más tranquila que cuando la había dejado, o sería que la tarde se había teñido con luz amable: lapachos rosados en flor, y más y más jacarandaes insinuando color.

—¡Sí! En noviembre hay que estar en Buenos Aires, si no sería como faltar a una cita con un amor, pensé.

Fue por ellos que, de a poco, me fui enamorando de la ciudad. Me di cuenta una mañana de noviembre, después de una lluvia nocturna, cuando al salir apurada para el Microcentro, tomé un taxi en la esquina de casa indicado el itinerario de siempre:

—Talcahuano derecho hasta Corrientes, Diagonal Norte hasta…

Fácil de cumplir, pero a la primera cuadra el taxista dobló tomando por Paraguay poniéndome furiosa, excesivamente me pareció:

—¡El itinerario no tiene porqué decidirlo usted! ¡Fui muy precisa!

—Fue para llegar más rápido, se excusó el conductor, pero ya avanzábamos por la Avenida 9 de Julio.

Entonces los vi. De lejos me dolieron los jacarandaes de Plaza Lavalle, sus flores alfombrando el suelo. Cambiando de tono, dije:

—*¿Qué tienen los taxistas que no quieren pasar por Tribunales?*

Sin duda, aquel taxista, sin querer, me había robado una cita, pero cambio me dejó el darme cuenta y aquella misma tarde volví caminando, despacito anticipando el encuentro secreto, lo acaricié con las plantas de mis pies, con mi mirada, y estallando alegría nueva volví a casa llena de esa luz que sólo existe en las flores color jacarandá ¿Cómo no voy a querer dejarme estar ahí en cada primavera?

Es preciso que la poesía tiña la cotidianeidad, que podamos reconocer su presencia aunque más no sea por momentos... ella encontrará sutiles modos de persistir en las chispas de unos ojos maravillados, en los asombros secretos que se ofrecen en millones de pequeños aconteceres que celebran la vida cada día en el bailotear de luces y sombras que renuevan el mundo al que pertenecemos.

Capítulo 11

VALOR VIDA
Tapizado de amarillo

Buenos Aires tenía un aire más amable, la había extrañado. Al abrir la puerta de mi casa, rastros de tristeza y un dejo de ausencia vinieron al encuentro del calorcito que traía en el alma. Me ocupé de remover el polvo y de renovar la alegría esparciendo por allí la que traía. De a poco fui conectando con la vida que había seguido su curso sin mí. Al concurrir a una reunión del grupo de sistémica a la salida me quedé charlando con Charles François. Acerca de sus años en el Congo Belga, él compartió:

—*Escapando de la guerra me reuní con mi padre allí. Me puse de comerciante. Tenía una cadena de almacenes de ramos generales en distintas partes del país, que recorría para abastecerlos de mercadería. A diferencia de la mayoría de los belgas yo tenía amigos negros, conocía personalmente a Lumumba. Por eso cuando vino la descolonización supe que nos teníamos que ir, cedí mis negocios a la gente local que trabajaba conmigo y saqué a mi familia del país. Ellos se quedaron en Europa y yo vine a la Argentina para ver dónde podríamos instalarnos. Estuve unos días en Buenos Aires y luego fui de recorrida a las provincias. Estando en Mendoza encontré un compatriota que tenía una juguetería y me asocié con él.*

Yo lo sabía. En su época, esa juguetería, con sus trencitos eléctricos y otros juguetes sofisticados era la mejor de la ciudad. Lo supe a través de un mendocino del grupo, quien en su infancia había conocido a Charles "virtualmente" a través de la vidriera de aquella juguetería por la que pasaba el trolebús que tomaba para ir a la escuela. Yo también sabía que a Charles no le gustaba hablar de aquella etapa de su vida, pero en aquella conversación él desplegó detalles:

—*Había un cónsul belga en Mendoza, pero vivía en el interior de la provincia. Entonces, informalmente, arreglé una pequeña estafeta en la juguetería para recibir trámites de mis conciudadanos. Funcionó por unos años, pero resultó que mi socio era muy mal comerciante y quedé totalmente arruinado, y en eso también falleció aquel cónsul. Entonces vine a Buenos Aires, me presenté a la embajada y expliqué esa cuestión de la estafeta. Ellos escucharon, nada más, pero a los pocos días recibí una llamada del embajador ofreciéndome el cargo de agregado comercial, que ocupé hasta jubilarme. No soy un diplomático de carrera y dejé en claro que había venido a la Argentina a quedarme, pero tuve que explicarlo una y otra vez cada vez que cambiaba el embajador, igual que esta actividad de la sistémica. Lo aclaraba para evitar inconvenientes…*

No pude evitar el asombro. Charles estaba regalándome una lección de vida. A través de su relato me dejó ver los *tenues hilos* que entretejen nuestras vidas, entramando la mía con lugares que nunca pisé y difícilmente llegue a pisar alguna vez.

Lo esperado y lo inesperado.

En la reunión del grupo de sistémica también tuve oportunidad de pedir prórroga del préstamo del libro de Capra a Ernesto Grün.

—*Tenélo, no lo estoy usando. Lo conozco personalmente ¿sabés? Es un tipo sencillo,* deslizó Ernesto.

Como si yo supiera, contesté:

—¡Seguro! ¿Cómo no va a ser sencillo alguien así?

Cuando se avecinaba la siguiente reunión el profesor Martino, quien también integra el grupo, hizo llegar un correo que decía:

—Carissimi, el jueves próximo participo en un congreso ambiental organizado por el Tribunal Superior de la Ciudad, estaré en la Facultad de Jurídicas de la Universidad de Buenos Aires. Por lo tanto, pido disculpas pero no voy a poder estar con ustedes...

No sé cómo se me ocurrió responder:

—Estimado Profesor, a través de los senderos sistémicos me enteré de su actividad del jueves próximo. Vi que el tema del congreso articula con los de mi interés, por lo que quiero hacerle presente que el escrito que le hice llegar hace unos días incluye una consideración sobre los beneficiarios e impactos de la conservación desde una aproximación sistémica. Espero que le resulte de utilidad...

Él entonces sugirió:

—... ¿Por qué no se viene usted? Soy uno de los coordinadores y pienso hablar lo menos posible. Usted podría intervenir tranquilamente con una exposición de treinta minutos.

Fui a husmear en la Internet, le di un vistazo al programa completo y me dije:

—¿Y ahora en qué me metí?

Unas horas más tarde había terminado de armar un esquema y me comuniqué con el Profesor:

—¿Puedo incluir un ejercicio nada intelectual? Soy de las que abrevan en los resquicios del sistema, aclaré con la difusa esperanza de que desistiera de su invitación, pero él respondió:

—Hay una poesía de Montale que dice que una planta creció en el hueco de una roca y que toda su fuerza por vivir la hacían enhiesta armoniosa.

¿Qué hago? ¿Qué soy?

A la apertura del evento el Profesor me presentó como investigadora, ofreciendo una breve referencia a mis estudios, reflexiones y desarrollos conceptuales con respecto a la economía.

—Investigadora. No está mal, pensé al escucharlo.

Definirme por lo que hago me había desafiado varias veces en los últimos años, porque yo había pasado de la gestión a investigar y a escribir. Aún no me sentía lo suficientemente consolidada en mi nuevo quehacer, al que había llegado a través de inquietudes del alma y pausas creativas. Para escritora no daba, aunque ese oficio me resultara el más atractivo como carta de presentación, pero lo asimilo al de narradora, de la manera en que lo define Ana María Bovo: "Los narradores espontáneos devienen profesionales de tanto ser confirmados como los más hábiles para guardar la memoria de sí y de los otros. La legitimación llega cuando se la otorgan, poco a poco, sus pares y el público."[3]

Las pausas creativas habían sido fundamentales para todo lo que había venido haciendo en los últimos años. Las aproveché para capitalizar mis experiencias personales y profesionales, abordándolas desde diferentes ángulos, enriqueciéndolas, dándoles nuevo valor. Pero en nuestra sociedad hiperactiva las pausas no son bienvenidas en la mirada social y rara vez se reconoce el valor que pueden aportar.

Hasta los tiempos de descanso se llenan de quehacer, aunque nuestra especie pudo evolucionar por su capacidad de reflexionar

---

[3] "Narrar, oficio trémulo" (2002)

para elaborar experiencias y conocimientos, recrearlos y compartirlos. El hacer ha tomado la escena: ¿Qué hiciste? ¿Qué hacés? ¿Qué vas a hacer? son preguntas demasiado frecuentes y cuando se cambian por: ¿Cómo estás? sólo se espera alguna variante de: ¡Todo bien!, para pasar otra vez al quehacer.

Hacemos en demasía. Las agendas se llenan más rápido de lo que conviene y los espacios de ocio creativo escasean, tanto que algunos ni siquiera saben lo que son. Pero para conocer lo que de verdad se quiere, siente y piensa hay que poder encontrarse en una pausa: un respiro del hacer, un dejarse estar y ser, simplemente.

Para sintonizar el anhelo del propio corazón hay que dedicar tiempo a dejarlo hablar, haciéndole saber que su sentir es importante y que será escuchado, y se acostumbre a decir su parecer recordándonos lo que más importa.

Sin duda, las pausas, pequeñas o extensas, para recapitular lo andado, descansar del hacer, regenerar vitalidad y recrear proyectos aportan el más genuino valor vida ¿Qué puede ser más valioso que mantener viva la sintonía con el propio corazón?

Problema cultural.

Durante un tiempo yo había vuelto a presentarme como estudiante. Ese mote se me había ocurrido a raíz de la interacción con un oficial de policía cuando tuve que ir a la comisaría del barrio a denunciar un extravío. Para cumplir los formulismos él había ido pidiendo mis datos y todo había ido bien hasta que preguntó:

—*¿Ocupación?*

Yo pasaba los días estudiando, formulando cuestionamientos, investigando y quería volver a la tarea lo antes posible. Aquella pregunta era un exceso burocrático, ya que no tenía relevancia para asentar una declaración de extravío, de modo que mencioné algo que estaba fuera de las opciones previstas en el formulario. Entonces el oficial listó las opciones entre las que yo debía elegir:

—*Empleada, profesional autónoma, empresaria. Jubilada no es ¿Trabaja? ¿O es desocupada?*

—*¡Estudiante ponga!* dije, y para "desasnar" al burócrata agregué:

—*Esa categoría también existe ¿verdad? Desocupada no. Le voy a decir lo que es un desocupado: es alguien que busca empleo y no encuentra. No es mi caso.*

A partir de aquel episodio, cuando se me preguntaba por mi quehacer yo apelaba a esa transitada carátula de mi juventud, pero al notar que hacía levantar las cejas a más de uno adopté el de investigadora. Un rótulo socialmente más apropiado para alguien de mi edad, representativo de la actividad que desarrollaba, aunque fuera en pausa creativa. Ése era el problema: en nuestra sociedad no hay lugar para los que se toman una pausa para revisar lo andado y reinventarse en sintonía con el propio rumbo. En cambio se esperan trayectorias lineales, supuestamente coherentes. Lo enseñan constantemente y siempre en vistas al quehacer productivo.

A los niños, insistentemente, preguntan:

—*¿Qué vas a hacer cuando seas grande?*

A los grandes, ya antes de los veinte, preguntan:

—*¿En qué tenés experiencia?*

La sociedad se ha quedado atrapada en la idea de una economía restringida al circuito producir-consumir. Tanto, que en los ámbitos de enseñanza escolar tienden a abordarla solamente en función al trabajo: trabajar para ganar dinero, ganar dinero para consumir (y pagar). Se educa en función del mundo laboral, al que se ingresa para trabajar hasta alcanzar el umbral jubilatorio, momento a partir del cual se pasa a engrosar el mundo de los pasivos. En la corriente principal, al igual que a otros bienes a las personas se nos impone un proceso de amortización por efecto del paso del tiempo. Es una idea que prevalece. Sin embargo, ha ido emergiendo un horizonte que se extiende más allá de la vida útil que impone el sistema: son muchos los que se resisten y renuevan sus proyectos de vida dando prioridad a su sentido de ser.

Problemas importados.

En aquella jornada del congreso éramos cinco expositores. Me había gustado ser la última, prácticamente sobre el cierre, pero a alguien se le ocurrió proponer que las exposiciones fueran todas por la mañana y que hubiera debate por la tarde.

Era media mañana cuando expuso Liliana Marta Murga, una naturalista que representaba a la Reserva Natural del Pilar, ubicada al noroeste de la Ciudad de Buenos Aires, reserva que es a la vez área de amortiguación de la Reserva Natural Otamendi. En su exposición Liliana se refirió a una especie introducida por el paisajista Carlos Thays: el acacio negro. Es una verdadera plaga en la Provincia de Buenos Aires, que se extiende a otras áreas del país, principalmente San Luis y La Pampa. Al parecer los bosques de esa especie pertenecen al universo de "Los Bosques del silencio", una variante de los que menciona Eduardo Galeano en su relato "Mudos".

Hay bosques que son desiertos verdes, andar por ellos puede resultar engañoso, son frescos y sombreados, pero no hay pájaros, no hay enredaderas, no hay pasto. En ellos la vida se ha tornado monótona y sombría. Los habita un silencio espectral. Los conocí de la mano de mi abuela María, cuando el verde de mi terruño empezó a mudar. A ella le gustaba ir a buscar el agua a una naciente que corría en el monte, no muy lejos de su casa. Íbamos caminando y ella, con paso muy liviano iba invitándome a alivianar el mío:

—*¡Una caricia para la tierra! ...y la piel abierta para sentir,* repetía en tono bajito, instruyendo:

—*Como duendes… porque donde brota el agua hay muchos ojos y muchos oídos.*

Cuando nos internábamos en el monte mi abuela iba adelante y yo la seguía. Al regreso era al revés. Ella, de a trechitos silbaba sumando sus silbidos a los que sonaban en el monte y luego callaba. A mí me iba entrando la sensación de que su presencia se volvía más intensa. La sentía en todo lo que por allí había, entonces me daba vuelta y la encontraba sonriéndome con una mirada cómplice.

Había magia en el aire, mi abuela se veía más vital y también el lugar. No sé si sería así, o solamente lo percibía así porque aquellas caminatas monte adentro despertaban mis sentidos. En cada ocasión yo entraba en callado asombro que atesoraba en secreto. De mi madre había aprendido que no convenía preguntar algunas cosas. Lo cierto es que cuando el monte se hizo bosque la naciente se fue con él, y lo que era apenas un sendero en la maraña de sonidos y enredos verdes se volvió un callado y sombrío tapiz de agujas.

Liliana explicó con solvencia lo que había pasado en el caso que ella presentó:

—*Como el pino, el acacio negro despide enzimas que no dejan crecer nada alrededor. No tiene enemigos naturales en esta zona. Es una leguminosa, tiene unas chauchas que le gusta al ganado, pero al comerlas colabora en su difusión. En una bosta de vaca pueden nacer fácilmente unas quince o veinte plantas,* dijo pasando a desplegar detalles de una lucha, que como tantas otras, bien se podría haber evitado:

—*Arrancamos manualmente las plantas cuando todavía son pequeñas. Con los árboles ya grandes costó mucho encontrar una forma efectiva. Llamábamos a los leñadores para que los cortaran y se llevaran la leña, pero de cada rebrote salían unas quince a veinte plantas: era peor. Debería ser considerado plaga nacional como el paraíso desde los años cuarenta…*

aunque se sigue plantando, dijo pensativa y siguió:

—*Después aprendimos un método que resulta: hacemos cortar el árbol a un metro de altura, para una motosierra es más fácil cortar leña verde que seca, al tronco que queda le hacemos un anillo a unos centímetros de profundidad. Es una estrangulación: los nutrientes no llegan a las raíces y el árbol termina secándose unos dos años más tarde. De a poco se va perfeccionando la técnica. Por un guardaparque de Iguazú supimos que el proceso se acelera cuando el anillado se hace en Luna creciente o llena, en primavera o verano.*

El acacio negro, o espina corona es una especie oriunda del área del Misisipí, que vino a estas tierras de la mano del paisajista Carlos Thays. Sin duda, tenía muy buen gusto, ya que las mejores plazas de Buenos Aires fueron diseñadas por él, pero bien convendría ligar el paisajismo a la conservación de la naturaleza, para crear belleza y cuidar lo esencial en simultáneo. Tremendo lío se puede sembrar con una linda exótica, ejemplos sobran. En estas cosas, lo mejor es dejar que cada uno crezca en su propia querencia.

Liliana Murga lo sintetizó con precisión:

—*Plantar un árbol… no, no es así, hay que plantar los que corresponden al ecosistema de origen. Lo autóctono, y no sólo las plantas. Están apareciendo ardillas en Villa Flandria, son de las que se escaparon del Parque temático. No sé si es que no tienen idea, o creyeron que las iban a poder controlar.*

En los programas educativos que se ofrecen en las Reservas Naturales Urbanas generalmente se incluye ese aspecto. En una visita que hace años hice a Ribera Norte, al norte de la Ciudad de Buenos Aires, una maestra y naturalista, guiándome por el sendero hasta el Río de La Plata, me lo explicó de una manera muy sencilla:

—*En un ecosistema cada plantita tiene su bichito,* y mostrándome una sanísima hoja de lirio amarillo, señaló:

—*¡Éstos no tienen!*

El lirio amarillo también es una hermosa plaga. Al respecto, la maestra naturalista puntualizó:

—*Hay que cortarlas varias veces con guadaña para eliminarlas. Aparecen de nuevo y se extienden, y se extienden… porque en este ecosistema no hay quien le ponga coto.*

La maestra aprovechó la ocasión para invitarme a participar en una tarea de las que cada tanto emprenden por allí. Mostrando una solitaria bolsa de plástico enredada en la copa de un árbol refirió:

—*Cuando el río crece inunda la reserva y cuando el agua se retira todo esto que ves tan lindo, es otro paisaje ¡Toneladas de basura, plásticos, botellas y cosas así! Organizamos juntadas…*

Yo por entonces estaba hambreada de verde y me las arreglé para disfrutarlo siguiendo los pasos de mi guía por el sendero fresco, saltando los charquitos de agua que había dejado una lluvia de primavera la noche anterior, dejando que mi piel se distendiera celebrando el canto de los pájaros que lo hacían todo más ameno. Aquel agradable conjunto nutrió mis reflexiones:

Exótico es casi sinónimo de valioso. Es una palabrita que produce cierta fascinación, remite a alguna rareza traída de algún país lejano, una belleza extranjera, pero cuando de animales y plantas se trata, muchas veces lo exótico trae consigo males insospechados que la ignorancia no permite ver. En esta cuestión, lo bello y lo bueno generalmente es lo que ha sembrado la naturaleza por las suyas. Autóctono, dice ella, es el árbol que embellecerá la vida de cada lugar, aquí y en el otro lado del mundo. Siguiendo esa sugerencia podemos plantarlos en beneficio de todos, sin necesidad de investigar previamente.

Meditando acerca de la economía.

Las exposiciones en aquella jornada del congreso habían sido intensas. Ya había pasado hora y media desde el intermedio cuando me tocó después de una abogada italiana que desplegó una exposición muy dinámica y había mantenido atentos a los asistentes, pero los veía cansados. Consideré unos segundos el efecto de mi estilo pausado y apelé al recurso vivencial que ya había pasado varias pruebas.

—*Voy a comenzar con una pausa, va a venir bien ¡Aquí y ahora! Un minuto o dos,* dije y sin más los invité a cerrar los ojos guiándolos en una respiración consciente. Al terminar pedí que se frotaran las manos para luego darse masajitos en el rostro y golpecitos en los brazos mientras les explicaba:

—*Esto es para refrescarnos y también para que tomemos conciencia de que somos seres biosociales. Somos parte de algo más grande, la Tierra es un inmenso organismo vivo del que dependemos, literalmente. Hay una interdependencia de destinos con muchos otros seres, con millones de seres.*

Verlos renovados me dio confianza. Estaban allí, presentes y dispuestos a transitar conmigo lo que había preparado sobre la necesidad de un "giro copernicano" en el sentipensar-hacer, en especial, la necesaria transformación en la economía, que ha demostrado ser incapaz para asegurar bienestar para todos en el presente y para nadie de manera duradera. La economía vigente, por estar pensada con la naturaleza como un proveedor incondicional de servicios esenciales sustentada en una organización sociopolítica enfocada en el corto plazo, nos ha puesto en delicada situación. Haciendo referencia a la etimología de la palabra capital, que proviene de la locución latina "capita", cuyo significado es "cabeza", representativa de lo principal y también de un sencillo y antiguo modo para contabilizar seres vivientes, sean personas o ganado, arriesgué:

—*Enfrentamos el desafío de pasar de un capitalismo monetario a un capitalismo biosocial. Hemos puesto el énfasis en la moneda. Es buen invento, pero la hemos puesto como principal referente para construir valor y eso está trayendo muchos dolores de cabeza. Enfrentamos el desafío de pasar del valor monetario al valor experiencia, al valor vida,* concluí cuando ya era tiempo de almorzar.

La mayoría salió en tropel, algunos se acercaron. Entre ellos, una chica pidiendo bibliografía me puso en aprietos.

—*¿Acerca de qué de todo?* pregunté.

Yo había pasado el día anterior entretejiendo inquietudes y entendimientos, cuidando de hilvanarlos de una manera coherente, pero de la bibliografía ni me acordé. Nada de lo que me vino a la memoria era apropiado para responder. Calladamente reconocí que estaba muy impregnada de las enseñanzas de Ana María Bovo, el valor que ella le otorga a la experiencia:

—*¡Confíen en su experiencia!* la oí repetir una y otra vez.

Cuerpo más que texto, sangre más que tinta: hay que pasarlo todo por el corazón. Sentimiento y emoción van al encuentro del otro, pero de la economía al arte era demasiado lejos para responder al pedido que se me hacía en el contexto de un congreso ambiental. Mentalmente recorrí la trayectoria de la exposición, buscando algo que ofrecer.

—*Eso de las externalidades es un concepto viejo. Apareció en Londres con la Revolución Industrial,* dije remitiendo a aquella jovencita inquieta a los economistas clásicos.

Una abogada que tendría mi edad se acercó para decirme que le sorprendía que yo fuera economista. Ya nos íbamos, cuando un veinteañero me detuvo y luego de referirme una breve síntesis de lo que yo había expuesto, me preguntó el significado de una imagen incluida en la diapositiva de cierre:

—*¿Y la mariposa? ¡Estoy seguro de que está por algo!*

—*Ésa es la Morotí Panambí. Significa mariposa bandera argentina en guaraní. La mariposa es un símbolo muy rico, representativo de procesos de transformación,* dije cerrando.

La Morotí Panambí es una metáfora que habla de la complejidad del movimiento evolutivo que nos envuelve y atraviesa. Me retiré de allí con una sonrisa iluminando mi alma, celebrando calladamente esa posibilidad maravillosa que tenemos de dejar huellas amables, espontáneamente, sin mayor pretensión.

Consciencia de unicidad.

Las imágenes pueden ser metáforas poderosas, un recurso poético para crecer con las resonancias de una comunicación bien lograda. Algo de eso había sucedido, porque las resonancias de aquella jornada hicieron que dedicara varios días a leer y reflexionar, se lo debía a ese chico que me hizo saber que me había escuchado con toda atención.

—*¿De dónde saqué eso del valor experiencia y del valor vida?* quería saber.

La economía que practicamos cotidianamente deja mucho que desear, es evidente.

—*Andar por andariveles poco transitados puede aportar, pero… ¿me estaré yendo de pistas?* me preguntaba.

Tenía que apurar mi lectura del libro de Frijof Capra en préstamo, pero por algún motivo elegí leer "Sabiduría Insólita", del mismo autor. Libro del que ya tenía un mapa de lectura, un pequeño índice con una palabra clave para ubicar rápido los subrayados. Había varias entradas con la palabra experiencia. Explorándolas fui a dar con un episodio en casa de Stan Grof, reconocido investigador de la consciencia, cuando él y Capra contemplaban juntos el movimiento de las olas al atardecer frente al Océano Pacífico y Grof había mencionado que una de las metáforas más frecuentes de la conciencia, que aparece en las experiencias psicodélicas, es la circulación del agua en la naturaleza.

La ola como una entidad individual inseparable del océano es una metáfora que usan distintas corrientes espirituales desde la antigüedad en ese sentido. Los físicos cuánticos utilizan la misma imagen para ilustrar la ilusión de entidades independientes. En aquel escenario de puesta de Sol frente al océano, Capra habría quedado reflexionando acerca de los interminables ciclos del agua, de las que emergió con una intuición que lo guió en sus investigaciones y escritos posteriores.

Al respecto, en "Sabiduría Insólita", escribió: "El concienciamiento ecológico, en su nivel más profundo, es el concienciamiento de la unicidad de toda la vida, la interdependencia de sus múltiples manifestaciones y de sus ciclos de cambio y transformación. ...la espiritualidad, o el espíritu humano, podría definirse como el modo de la conciencia en el que nos sentimos conectados al conjunto del cosmos. Eso demuestra claramente que el concienciamiento ecológico, en su esencia más profunda, es espiritual. Y por tanto, no es sorprendente que la nueva visión de la realidad que emerge de la física moderna, que es una visión holística y ecológica, armonice con las visiones de las tradiciones espirituales."

Revalorizar lo esencial.

El trabajo intelectual y creativo tendiente a ampliar las fronteras del conocimiento se facilita si se apoya activamente en el intercambio personal con otros y en prácticas que propician la intuición. La trayectoria de Capra resulta inspiradora en ese sentido. Sus vivencias en sintonía profunda con los ciclos de la vida en una solitaria estadía, en una casa frente al océano, constituyeron un ingrediente fundamental para su segundo libro. Acerca de esa experiencia, escribió:

"Aquellas semanas constituyeron la mezcla más perfecta de trabajo y meditación que jamás he experimentado. Dormía en el sofá de la sala, inmerso en el lento y relajante ritmo del océano... construí un reloj de sol para controlar el paso del tiempo y me sumergí por completo en los ritmos cíclicos que moldeaban mis actividades: la sucesión de días y noches, las idas y venidas de las frescas brisas y del sol abrasador y, en el fondo, el ritmo incesante de las olas que se estrellaban contra las rocas me despertaba por la mañana y me ayudaba a dormir por la noche."

Con sus preguntas o aún sin ellas, quienes una y otra vez se sumergen en el océano al que se accede desde el interior vislumbran perlas cuando menos lo esperan, siguiendo sus rastros pueden atraerlas a sus playas y capturar su esencia para ellos mismos y para muchos más. Pero la ciencia que surgió con Descartes y Galileo no tiene lugar para lo subjetivo: lo recorta y desprecia. Requiere del científico una objetividad que lleva a que la subjetividad se ampare en las metodologías, tan al abrigo que son ellas las que son cuestionadas y responsables por las expresiones que surgen a su amparo.

"El lenguaje científico convencional es descriptivo y no tiene espacio para la experiencia. La experiencia teje los hechos y el significado en una tela sin costuras"[4], requiere de un lenguaje capaz de transmitir el carácter cualitativo de las vivencias subjetivas. Los mundos personales y los sociales se entretejen en una tela cuyos hilos, casi imperceptibles, unen el adentro con el afuera, lo que está aquí con lo que está allá, lo que existió con lo que ahora es y lo que mañana será. En ella burbujea una miríada de vivencias ricas en sentimientos, emociones, sensaciones y pensamientos que se tiñen mutuamente, inseparables. Pero la ciencia que ha surgido en esa misma trama hace unos quinientos años "nos ofrece un mundo muerto…la experiencia como tal, ha sido desechada del discurso científico. Casi nada ha cambiado tanto el mundo en los últimos cuatrocientos años como el audaz programa de Galileo. Hubo que destruir el mundo en teoría antes de poder destruirlo en la práctica." Por ello, parte del desafío es que la objetividad ahora tiene que evolucionar hacia una objetividad intersubjetiva capaz de dar cuenta de la multidimensionalidad del humano ser y estar en el mundo.

---

4 Capra, Fritjof (1994), frase de R.D. Laing pág 172

La visión emergente, que desde hace aproximadamente un siglo está abriéndonos a un mundo nuevo, busca reincorporar la experiencia subjetiva, recreando valores, promoviendo consciencia de ser, reinstalando sentido al quehacer y pertenencia a una comunidad de destino.

En el paradigma emergente ya no es posible separar al sujeto del objeto del conocimiento. Una barrera se diluye, una unidad se restablece. La vida pide ser tenida en cuenta, incluso con la amenaza de un terrible holocausto. La biósfera es frágil, pertenecemos a ella y por ende también lo somos.

Lo sabemos desde siempre y lo olvidamos demasiadas veces. Para evitar ahogarnos en contaminación y en un in-crescendo de catástrofes ecológicas y sociales es preciso sanar una profunda escisión, reuniendo lo que ha sido separado en el nivel del pensamiento profundo. Bien lo vale: la vida es un valor esencial.

La nueva Economía.

Las disertaciones de economistas eran parte de mi cotidianeidad durante los años en los que mi mundo laboral transcurría en el Microcentro porteño. Los análisis de coyuntura y pronósticos macroeconómicos habitualmente me dejaban una sensación de "aquí falta algo". No era para menos: la idea misma de pronosticar es absurda cuando la complejidad creciente del sistema imprime una incertidumbre palpable y contundente. Reconocerla facilitaría comprenderlo y gestionarlo más eficientemente.

Sabía que era mejor callar, era consciente de que cualquier intento por innovar socialmente tiene que ser transitado desde los resquicios, aún en medio de la corriente principal. En las charlas con colegas y clientes también opinaba lo menos posible. Resultaba fácil, porque la mayoría gusta de diagnosticar sobre la marcha de la economía y de la política.

En un escenario con crisis recurrentes siempre había un "Tequila", un "Vodka", un "Caipiriña", un "Tango" o algún otro mareo en ciernes sobre el cual explayarse, y aunque yo guardaba silencio, los "efectos" latinos, asiáticos, norteamericanos o de algún otro origen me inquietaban sobremanera.

La que llaman nueva economía —la del capitalismo monetario global en red— usa los mismos principios de la "vieja" economía con nueva tecnología. La tecnología habilitó un nuevo nivel de realidad, sin el acompañamiento cultural acorde.

Una nueva economía a la altura de los tiempos es una economía capaz de respetar y sustentar la vida de todos y cada uno, así como a la red de vida a la que pertenecemos, bien aprovechando conocimientos y tecnologías disponibles.

Es de notar que un nivel de realidad es distinto a otro cuando hay discontinuidad de leyes. Por ejemplo, las que corresponden al ciberespacio-tiempo son diferentes a las de los procesos de la vida.

Atardecer teñido de jacarandá.

Oxigenar horas de estudiar y teclear con caminatas es un hábito que ayuda a mantener buena sintonía con los ciclos de la naturaleza, pero de regreso en Buenos Aires mis caminatas se habían vuelto acotadas. Los compromisos se multiplicaban y también los mensajes que llegaban a mi bandeja. Uno de Jorge decía:

—*¡¡Silvia volvisteeeeee!!!! ¡Qué bueno che! Ya se te extrañaba por acá. Al final estabas ahí nomás pero no es lo mismo. ¿Así que viste a la ciudad más calmada? Me parece que la más calmada sos vos. Por lo demás, creo que acá estamos un poco más locos que antes. Entre las noticias internacionales y las nacionales el día no da para más espantos, será cuestión de aguantar y sanseacabó. Mañana trabajo cerca de tu casa, si tenés un ratito nos encontramos.*

Nos instalamos en un bar a la vuelta. No nos alcanzó para ponernos al día, pero llegué a contar lo que me había pasado con la historia de Francisca. Él recalcó que es habitual que se escriban cosas que se guardan por años, porque las historias, como las personas, maduran. Es cierto, pero la historia de Francisca había irrumpido con fuerza desde un lugar misterioso. No había nada que agregar allí. Esa historia me había buscado para tener su lugar en el mundo, lo cual era una certeza imposible de transmitir.

Para prolongar la charla lo acompañé un trecho camino a su casa y me di el gusto de hacer el regreso a la mía andando por entre los jacarandaes tupidos de flores cuando el Sol bajaba hacia la línea del horizonte en el cielo de Buenos Aires.

Embarcarse con el propio rumbo.

Sintonizar los anhelos profundos es el principio para establecer nuestro rumbo esbozando una visión que los encarna. Entonces no importa dónde estemos, qué estemos haciendo y con quiénes, porque siempre encontraremos un modo de avanzar hacia lo que de verdad anhelamos.

Un encuentro con Jorgelina me puso en camino. Almorzamos juntas en un piso alto frente a Puerto Viamonte. Habíamos elegido una mesa frente al ventanal desde donde se veía un buque navegando por el río cubierto de espejitos, entrando al puerto. Me quedé mirando el horizonte, al rato ella preguntó:

—*¿Y cómo fue ese capítulo Gambarotta?*

Los siguientes quince minutos no paré de contar:

—*¡Vive de lo mismo que le gusta! No como la mayoría que trabaja en una cosa y disfruta con otra. Cuando hablamos de eso, él me dijo: "Pude lograr el estilo de vida que quería... pero como guardaparque fallé".*

—*Bueno, hay cosas que nos exceden...* dijo Jorgelina.

—*¡Sí! de a poquito. Lo que él quiere va más allá de su trabajo en solitario en el Bosque de los Ombúes y ya es bastante lo que hace escribiendo,* respondí completando la idea.

Referir mi sentipensar acerca de Juca terminó por barrer un prejuicio que tenía para con los autobiográficos. Hasta entonces yo creía que eran para cuando se tiene una perspectiva amplia de la propia trayectoria, para cuando se es muy mayor.

—*Juca lo hizo tan simple,* me dije y cuando me di cuenta me había puesto a repasar mi bitácora, compilando relatos, repasando inquietudes y vivencias, renovando perspectivas, escribiendo como si mi vida dependiera de ello.

Hacer bitácora es de gran ayuda para capturar las huellas de los tenues hilos que entretejen la propia vida con la de los demás. Permite destilar experiencias, reconocer intereses y propósitos, cuestionar y madurar conceptos, manteniendo sintonía con el propio rumbo.

Júbilo en comunión.

El júbilo es una alegría intensa, genuina, desbordante, que sobreviene a partir del recogimiento, la comunión, el asombro. Es la expresión del gozo profundo y refrescante de una experiencia religiosa. Las circunstancias me dispensaron ese regalo de infinita gratitud un domingo después de una lluvia torrencial sobre Buenos Aires.

Había llovido toda la noche, amaneció muy gris, al mediodía levantó viento y empezó a clarear poniéndose fresco. A media tarde, la ciudad parecía dormida cuando, con una amiga, fui a la Iglesia de Nuestra Señora de Las Victorias para escuchar la "Misa de la Coronación" de Mozart. El concierto se desplegó en un ambiente que se mantuvo concentrado durante todo su recorrido.

El silencio en comunión continuaba en nosotras cuando salimos a la calle. La naturaleza había celebrado la misa a su manera, el aire olía a limpio y el cielo se había vuelto muy azul, como si hubiera ofrecido un marco a las voces del coro. La Plaza Libertad estaba cubierta de flores de tipa, el viento había dibujado un tapiz dorado sobre la tierra húmeda.

Anduvimos varias cuadras a ritmo pausado por la avenida despejada y libre de tránsito, sumergidas en ese silencio lleno de vida, cuando comenté:

—*Me recordó mucho a Robert Johnson. Esa llamada a la humildad con el Ten Piedad, la intención, el reconocimiento y todo lo que hay que atravesar para llegar al júbilo.*

Mi amiga refirió:

—*Él me hizo resignificar la misa. Ahora puedo sentir el paso hasta la comunión. Hubo un momento en mi vida que se había vuelto algo mecánico, había perdido sentido para mí.*

En ese momento me pareció que el cielo se volvía más azul todavía acentuando la vivencia. La estela de liviandad que dejó en mi alma seguía vibrando cuando unas semanas después viajé a Misiones para pasar la Navidad con mi familia.

Buena estrella.

Los últimos años habían sido difíciles. Cuando mi madre enfermó mi padre se volvió rezongón, pero en mi última visita, la Navidad anterior, las cosas habían mejorado.

Al llegar él me había sorprendido con rosales en flor a lo largo del frente del predio en donde vive mi familia.

—*Los planté hace unos meses ¡A tu madre le gustan!* dijo mostrándomelas, y recibió de buena gana mi propuesta de renovar la pintura de la casa.

Enseguida se puso a enduir preparando las paredes y cuando fuimos a comprar pintura, hasta se entusiasmó con la idea de cambiar los colores.

—*¿Amarillo pálido te parece? dicen que hace bien,* sugerí.

Aceptó, pero cuando abrí el primer tarro encontré que la pintura era un color patito fuerte y me pareció demasiado.

—*Me equivoqué ¿Se podrá cambiar el tarro que no abrí?*

Mi padre se ocupó de ir a la pinturería para cambiarlo y al día siguiente me di a la tarea aprovechando que él, en compañía de mi madre, había salido a visitar parientes.

El tono patito demostró ser muy difícil de palidecer y sin querer me puse creativa, de modo que al atardecer el Sol parecía haberse instalado en las paredes recién pintadas. La galería recibió el regreso de mis padres con un amarillo alegre que había reemplazado un verde pálido, que a lo largo de los años sólo había tenido leves variaciones de tonalidad. Mi padre quedó impactado al ver el nuevo color, pero no imaginó lo que vería en la cocina.

Conduje a mi madre hasta allí y con toda convicción le pregunté:

—*¿Te gusta?*

Ella, lo recorría todo con la mirada, repitiendo:

—*¡Me gusta! ¡Me gusta! ¡Me gusta!*

La cocina lucía cinco colores que iban de un amarillo limón a uno casi naranja, y como yo no había podido seguir una línea recta que separaba dos porciones de pared había dibujado unas enormes ondas amarillo naranja.

—*¿Las nubecitas también?* pregunté a mi madre, que reía asintiendo:

—*¡Sí, sí, sí!*

Mi padre miraba azorado aquellas nubes intensamente soleadas, que desde la parte más baja iluminaban el tono limón de la superior.

—*Salió así ¡Si lo hubiera querido no hubiera podido!* justifiqué.

El alegre conjunto se completaba con las sillas de la cocina que lucían un amarillo naranja, en prolija combinación con las patas de la mesa. Se me había ocurrido pintarlas así aprovechando un resto de pintura, a la que en un arranque de ansia de calor, había agregado tonificador naranja.

Mi padre por fin, en un hilo su voz, comentó:

—*Por suerte es pintura y es la cocina…*

Yo desbordaba, complacida con aquella luminosidad inusitada y la aprobación cómplice de mi madre.

—*¡A mamá le gusta!... Si alguien la llegara a ver esta cocina ¡va a creer que acá viven un par de pendejos!* dije entusiasmada.

Habíamos pasado una Navidad de renovación. Con ese recuerdo, emprendí el viaje esperanzada y en el trayecto me pregunté si la cocina seguiría con ese colorido, allí es donde mis padres pasan la mayor parte del tiempo.

Me recibió una casa reluciente con pisos renovados y mi dormitorio sorprendió con sábanas olor a sol recién puestas. Hasta la huerta había reverdecido con las manos de mi padre, aromáticas en una esquina, un bosquecito de perejil tierno en otra, el resto rebozaba de zapallitos, calabazas y pepinos ¡Un cambio asombroso!

A diferencia de las estadías anteriores, me abstuve de proyectos de mejora. El calor inusual que azotó el área disuadía toda iniciativa. A primera hora de la mañana ayudaba a mi padre a regar la huerta y el jardín, a lo largo del día nos manteníamos atentos a los pronósticos y oteábamos el cielo buscando indicios de lluvia, que finalmente llegó el 24 en torrentes de alivio.

Nos tomamos una siesta como Dios manda y bien descansados nos prepararnos para la Nochebuena. Al atardecer ya habíamos encaminado el menú, mi madre se retiró a descansar, y mi padre y yo nos instalamos en la galería. Las plantas habían reverdecido y corría una brisa fresca. Mate de por medio nos dimos a la conversación y en algún momento él comentó su disconformidad para conmigo, porque estoy lejos de ser la hija soñada.

No sé cómo, pero no defendí mis elecciones y algo me inspiró para que pudiera decir que hay cosas que las elige el corazón.

Para mi asombro, mi padre replicó:

—*Contra los designios del alma no se puede. Eso hay que respetar.*

Se quedó pensativo un momento y agregó:

—*Es difícil eso que querés… Bueno ¡Naciste con buena estrella!*

Muchas veces, en mi infancia, de mi padre había escuchado esa expresión, pero nunca supe a qué se refería, y una vez más, para no romper el hechizo, me abstuve de preguntar.

¿Dónde estás ahora Kuñatai?

El día de Navidad, ya era casi mediodía cuando me animé a decir a mis padres que mi iría esa misma tarde.

—*Armé viaje a las apuradas. El portero de casa sale de vacaciones y no va a haber quién riegue las plantitas.*

Por cierto, el portero me recibió con cierto alivio:

—*¡Qué suerte! porque me voy, conseguí pasaje para esta noche.*

Me instalé a leer sin avisar a mis amigos que estaba de regreso en la Ciudad. Ya me disponía a recibir el Año Nuevo sola cuando el 31 al mediodía, de pronto se me ocurrió escribir a una amiga:

—*No sé si estás, ni qué planes tenés para hoy. Pregunto: ¿Te va una caminata al atardecer?*

Ella llamó al instante, aceptó la caminata y luego sugirió:

—*¡Mis planes también cambiaron! ¿Te parece pasarlo juntas?*

Al atardecer bajamos hacia Puerto Madero en dirección a Costanera Sur, refiriéndonos las pequeñas transformaciones en nuestras vidas.

—*Viene raro este fin de año… pero las mariposetas estuvieron laboriosas,* concluyó mi amiga:

Encontramos el área desierta. Dándonos permiso, trepamos al muro que hace de límite con la Reserva y anduvimos por allí en dirección a la Fuente de Lola Mora. El ambiente inusualmente fresco invitaba. Los pajonales y las arboledas de la Reserva se veían bañadas en luminosidad dorada. Nubarrones hacia el oeste, cielo despejado hacia el este ofrecían tonos que iban del violeta al dorado. Un solitario pajarito nos daba conversación, posándose unos metros delante de nuestro recorrido, una y otra vez. Piando insistía en llamar la atención.

—*Ése es machito ¡Mirá como nos quiere seducir! …o unas miguitas querrá,* especuló mi amiga.

Saltamos del muro cerca de la glorieta, donde sorprendimos a un chico llevándose pan a la boca. Su mirada se escurrió de la nuestra al instante, como si él quisiera borrar su presencia. Apuramos el paso manteniendo silencio en un intento por disipar nuestra irrupción. Al regreso el chico ya no estaba, pero en el cielo había más nubes, más azules y más violetas reflejándose en las torres vidriadas de por allí. Arte efímero, la naturaleza pintaba en ellas un cuadro surrealista a su manera.

Pasamos por mi casa a llevarnos una botellita y un pastel. Ya en casa de mi amiga, con la última luz del día, nos dimos a una copiosa y pausada cena. Recibimos el Nuevo Año con una seguidilla de doce uvas en las que depositamos deseos y anhelos, luego brindamos con champagne y bailamos al compás de una música fusión en honor a Albert Schweitzer que nos gusta a las dos.

Nos mecíamos suavemente en los acordes que expresan a Bach y a rienda suelta en los pasajes en los que la percusión africana vibraba en el aire y en nuestros cuerpos. Languidecía la noche cuando dimos por concluido aquel ágape, bien regado de copas y aderezado con canciones de Chavela Vargas, Violeta Parra y Liliana Felipe.

El Sol andaba por su cenit en el primer día del año cuando yo mateaba hilvanando recuerdos, amasando experiencias, plasmándolas un poco con el teclado y otro poco en el papel. Las guaranias me acompañaban en la tarea, sus melodías refrescaban mi alma con brisas de mi infancia, devolviéndome a un tiempo cuando todo era posible.

> *"Junto al lago azul de Ypacaraiií yo cantaba triste por el camino... ¿Dónde estás ahora Kuñataiiii?...mi piel te añooora con frenesiiii"*

Kuñatai significa muchacha en idioma guaraní, yo lo sabía bien. Será por eso que aquél canto, como una llamada, resonaba en mi alma mientras yo reflexionaba. Cambié mucho desde mis tiempos de kuñatai, cambió mucho el lago de Ypacaraí, si cambiara un chiquitito el mundo, y otro, y otro, y otro más, puede que otra vez podamos espejarnos en sus aguas azules ¿quién sabe?

Anclar las vivencias significativas, de alguna manera que permita volver a ellas para profundizarlas es hacer saber al misterio que se está receptivo, atesorando lo valioso. Es golpear a sus puertas para hacer saber que se está al acecho de lo que nos pertenece. Es reconocer indicios de los tenues hilos que dan más vida a nuestra vida: valor vida para celebrar la vida.

Silvia Zweifel

Capítulo 12

TENUES HILOS INSINÚAN POSIBILIDADES
y otra vez palo borracho en flor

El mes de enero imprime tiempo de pausa a la ciudad. El ritmo febril se muda lejos, andar por las calles se torna placentero. Los fines de semana se nota más, los domingos por la mañana el canto de los pájaros en la plaza y las llamadas a misa desde el campanario de la Iglesia San Nicolás me traen aires lejanos, de pueblo. Escucharlas evocan en mí aquel lugar en las montañas en donde vivían mis abuelos antes de venir a la Argentina. Los domingos tranquilos del verano mucho más.

Transité el mes puertas adentro. Salía para dar caminatas compartidas y no mucho más. Descubrí que Venus pasaba frente a mi ventana por las nochecitas y ya me había acostumbrado a buscar en el cielo esos encuentros furtivos y fugaces, pero en el transcurso de febrero se esfumaron irremediablemente. Entonces descubrí que los palos borrachos del barrio comenzaban a florecer y en sus flores leí una esperanza secreta. Ya concluía el mes cuando supe de Jorge, que propuso:

—¿Te parece que podemos encontrarnos el sábado al mediodía?

Pasamos por su auto aparcado en el estacionamiento de la Basílica del Santísimo Sacramento que asoma a la Plaza San Martín, por detrás del Kavanagh. Es la iglesia más rica de Buenos Aires, aproveché la ocasión para detenerme a mirar los vitrales desde la perspectiva que ofrecía el estacionamiento. Acompañando mi mirada, Jorge comentó:

—*Buenos Aires tiene cada rincón...*

Encontramos uno donde almorzar en animada charla y después le pedí que leyera fragmentos de este ensayo, para que fuera enterándose. Él leía y yo miraba a través de la ventana. Noté indicios de cambio de estación, el Sol había comenzado a retirarse hacia el norte y el cielo ya tenía luminosidad otoñal. En la mesa contigua, del lado de Jorge, había una mujer que se mantenía tan atenta a su conversación que despertó mi curiosidad. Al mirar, descubrí que su interlocutor había sido mi compañero de trabajo por años en el trajín del Microcentro bancario. Lo sorprendí rozándole el hombro y él nos presentó: a ella como a su esposa y a mí como a su profesora de yoga. Yo había olvidado por completo que él asistía a mis clases, pero me alegró que me recordara mucho más por aquella faceta distendida que por la aguerrida que yo exhibía en el banco. Secretamente celebré haber dejado de vivir en mundos escindidos, los *tenues hilos* habían hecho buen trabajo.

Duendes por la ciudad.

Jorge terminó la lectura de mis borradores y a cambio compartió canciones de las que él compone, sorprendiéndome con una timidez que no le conocía. Escuché con entusiasmo y quedé atrapada por la poesía de una de ellas, de modo que luego anduve canturrenando el estribillo:

> *"En las moradas abiertas de abril siembro canciones en ti, vuelvo a las calles de nuestra ciudad. Duendes te quieren nombraaar."*

Los duendes habían sido compañeros de mis andanzas infantiles por los alrededores de la casa de mis padres y también en mis primeros años de trajinar por el Microcentro porteño. En mi lugar de trabajo me acompañaba un amigo invisible, conocido y aceptado por pares y jefes como si fuera uno más, al punto que sus opiniones hasta eran bien recibidas.

Acostumbraba a reunirme con alguien de mi equipo, para ayudarnos mutuamente a evaluar los clientes de nuestras respectivas carteras. Solíamos desparramar carpetas y papeles sobre una mesa para que cada quien planteara sus cuestiones e ideas y el otro oficiara de abogado del diablo. Ése era un rol en el que destacaba aportando observaciones de lo más atinadas, especialmente cuando se trataba de empresas con cotización en la Bolsa, que eran sus blancos predilectos. Mi amigo invisible incluso me acompañaba a las reuniones de gerencia de los jueves, en donde cuando alguien objetaba mis presentaciones, yo dándole voz a sus argumentos defendía:

—*Lo que mi Cocodrilo dice…*

Fue así hasta que desapareció sin despedirse, sin que me diera cuenta. Noté su ausencia recién años después, cuando una noche al atravesar la Plaza Vicente López irrumpió a través del recuerdo en el juego de luces que la Luna y los faroles dibujaban en los troncos oscuros y en las copas frondosas de los enormes árboles de tipa que hay por allí. Es más, a raíz de la irrupción del recuerdo, compartí mi experiencia con una amiga, quien entonces me aleccionó:

—*¡Tenías un duende vos!*

Agradecí la aclaración y también que en mi oficina a nadie se le ocurriera mandarme a un psiquiátrico. Por años, Cocodrilo había trabajado sin que le pagaran y viajado sin pagar pasaje.

Los duendes del estribillo, que me había puesto a canturrear, reavivaron la nostalgia una vez más y me trajeron la sospecha, de que aquél que conocí y se fue tan imperceptiblemente como había venido, no es el único que transita desapercibido por la ciudad. Estoy segura, porque en algún momento, de los difíciles, al compartir cuitas con un amigo, que sabía moverse como un gato en aquel ambiente de bancos y empresas, él ofreció:

—¡Yo también tengo uno! Te lo puedo mandar, es muy gaucho y sabedor.

Vaya a saber en cuántos resquicios habitados por misterios esos seres se cuelan en la cotidianidad para teñirla a su aire. No todo es lo que parece y siempre pasa más de lo que se ve.

Economía y complejidad.

En marzo se reiniciaron las sesiones del grupo de sistémica y el programa incluyó la crisis financiera global. En la primera sesión Ernesto Grün expuso sobre ese tema inquietante, apuntando al corazón del asunto:

—La economía que hoy los economistas intentan comprender es enormemente más compleja que aquella a la que se enfrentaron los grandes economistas del pasado… por la enorme densidad de relaciones confusas, interacciones y vínculos de retroalimentación implicados en la creación y distribución de la riqueza.

Sin embargo, economistas del pasado cercano sabían que las cosas se pondrían más complicadas y complejas. Al respecto, Ernesto puntualizó:

—…como señalara el sistemista John Warfield, las fallas de las escuelas de pensamiento económico en proveer una adecuada base para políticas gubernamentales está directamente relacionada con la complejidad del objeto, y la ausencia, en la Economía, de una estrategia para tratar esa complejidad.

También refirió lo que había sucedido con una serie de charlas que había ofrecido el Instituto Santa Fe, en California, a representantes de los más importantes operadores financieros de la corriente principal. La última de aquella serie tuvo lugar en 1991 bajo el título: "Wall Street y la teoría económica: predicción y reconocimiento de patrones", y por lo visto, al regresar a sus oficinas los concurrentes olvidaron el asunto, lo cual no es raro: la inmediatez y el corto plazo reinan en esos ámbitos.

Las amenazas cruciales anidan en los procesos lentos y graduales. Para reconocerlas y propiciar las más amables es menester aminorar el ritmo que imponen las urgencias cotidianas, ya que es improbable que emerjan por generación espontánea. Muchos creen estar fuera del alcance de las crisis, porque no ven el entretejido subyacente que lo entrama todo. Son los que, a sabiendas o no, actúan como fieles devotos de la expresión keynesiana: "en el largo plazo estamos todos muertos". Al parecer, sin sospechar que corto y largo plazo son momentos de un mismo proceso y que la creciente interconexión diluye distancias.

Pocos consideran en serio la posibilidad de un colapso del mulitnivélico sistema económico y financiero global, como son pocos los que consideran seriamente la probabilidad de un ecosistema planetario inhabitable para la especie humana. En consecuencia, la tensión y el deterioro del sistema económico global y de la biósfera siguen creciendo. Apenas los tableros muestran alguna recuperación aquí y allá, millones lo festejan y renuevan su confianza, algunos llegan a la euforia con sus expectativas acerca de lo que les puede deparar el nuevo impulso al crecimiento. Sin embargo, de continuar la dinámica imperante, el ambiente se pondrá difícil para todos.

La tensión que se vive indica que estamos atravesando un punto de bifurcación. En los sistemas actúan fuerzas estabilizadoras orientadas a mantenerlos funcionando de manera similar en el tiempo, al tiempo que operan otras impulsoras de reconfiguraciones y contradicciones, que al llegar a cierto punto reconfiguran completamente al sistema en busca de un nuevo equilibrio.

Es imposible determinar el momento umbral, pero al atravesarlo ya no es posible volver atrás. Si el sistema no logra salir airoso, se destruye. Esta es la explicación sistémica de la oportunidad evolutiva que transita la humanidad.

Para atravesar con éxito el delicado momento, el crecimiento tiene que ser diferencial, cualitativo y orientado a la inclusión y la sustentabilidad, en vez de ser indiscriminado, ineficiente y a expensas de las personas y de la biósfera.

Emular a la naturaleza.

Lamentablemente está muy arraigada la creencia de que la humanidad siempre se las arregló y la prueba es que ha poblado el planeta desplazando a muchas otras especies. Sin embargo, nunca antes enfrentó condiciones tan amenazantes para su continuidad. Es preciso innovar en las creencias profundas y rediseñar el sistema socioeconómico. Somos partícipes protagónicos, tomamos decisiones a diario, de modo que podemos impulsar cambios favorables desde cualquier lugar y rol que tengamos, en especial en espacios de poder.

Inspirarnos en la naturaleza misma es un camino al alcance para establecer una comunidad planetaria sustentable. Emular los principios con los que la naturaleza sustenta la vida y su evolución impone un gran despliegue creativo, puesto que requeriría un sinfín de rediseños en las más variadas actividades.

Una amplia variedad de seres comparten recursos, intercambian información y energía continuamente, manteniendo un equilibrio dinámico: relaciones simbióticas y complementarias interjuegan en los distintos niveles del entramado vital, de manera que lo que depone uno es alimento de otro en un continuo proceso de renovación impulsado por la energía, fundamentalmente de origen solar.

Innovación sistémica clave.

El Sol alumbra para todos, dando vida a la vida. Participamos en una misma red vital, respiramos el mismo aire que respiran y respiraron incontables seres, algunos de manera muy diferente a la nuestra, y por eso mismo podemos respirar, vivir. La biósfera entera, el agua, el aire, la tierra, se revitaliza por la interacción de millones de seres en ciclos largos y cortos, palpitando juntos y separados en el gran concierto de la vida.

Minimizar el requerimiento de energía y reciclar, por separado, la materia biológica de la que no lo es, propende a una mayor sustentabilidad. Emulando de esa manera a la naturaleza implica reemplazar el concepto de basura por el de nutriente:

Reciclando los desechos orgánicos como abono natural y reutilizando una y otra vez los materiales inorgánicos, que integran la numerosa variedad de artefactos domésticos e industriales preservando lo más posible su calidad original.

Requiere rediseñar la economía en la concepción de los productos y servicios, y en las relaciones industria-distribución-consumo disolviendo límites autoimpuestos y sus problemas derivados, recuperando y ampliando recursos.

Migrar hacia una economía cuya actividad se rija por una concepción así demandaría múltiples innovaciones tendientes a traducirla a la realidad cotidiana. Si se lograra ampliamente, poco a poco, se recuperarán los paisajes y disminuiría la brecha que nos aleja de la vida.

Sistemas locales ecointegrados.

Se pueden desarrollar, por lo menos dos, formas complementarias que emulan los principios de la naturaleza en el sistema de producción-consumo de la economía y coadyuvan en pos de basura-emisión cero a nivel del sistema, junto con una mayor productividad de los recursos, propendiendo a una estabilización general. Uno es el ya mencionado, cuya adopción puede verse facilitada y complementada con la conformación de sistemas locales ecointegrados: una suerte de desagregación sistémica en unidades autónomas integradas localmente, articuladas regional y planetariamente. El concepto de sistemas locales ecointegrados implica un desplazamiento de la productividad hacia los recursos.

Es de notar que un sistema integrado se compone de elementos y subsistemas muy fuertemente interconectados, con procesos y funciones interdependientes de manera permanente y estrecha. No puede superar la destrucción de algunos de sus subsistemas críticos, ni tampoco la ruptura de las interdependencias entre los subsistemas. Ninguno de sus subsistemas puede sobrevivir normalmente fuera del sistema, lo cual significa que existe una fuerte interdependencia entre niveles. Más integrado es el sistema, menor es la proporción de sus elementos que interactúan directamente con el entorno. El sistema integrado se caracteriza por la aparición de un intorno global del cual dependen todos sus subsistemas, así como por la estabilidad y constancia a la que colaboran. El ejemplo más acabado de sistema integrado es el ser viviente. Es así como describe Charles François en su obra.

Un caso inspirador es el modelo desarrollado por ZERI (Zero Emissions Research and Initiatives), ejemplo tanto del pensar global y actuar local, como del apalancamiento del conocimiento inspirado en la naturaleza en pos de una sociedad inclusiva y sustentable. El modelo se conforma en la articulación de tres tipos de redes: un sistema local ecointegrado; la comunidad local donde se asientan las actividades; y una red de científicos y educadores que aportan saberes para diseñar y desarrollar el sistema.

Uno de los proyectos que ZERI ha puesto en marcha integra diversas actividades en torno al cultivo de café en una granja colombiana. Allí los desechos de la actividad cafetalera son utilizados para cultivar hongos; los desechos de los hongos alimentan vacunos, porcinos y lombrices; las deposiciones del ganado se utiliza para generar biogás y las lombrices para alimentar pollos; a su vez, lo que deponen las aves se utiliza como fertilizante para los cafetales, mientras que el biogás se utiliza en el cultivo de los hongos.

En los sistemas ecointegrados la productividad es multidimensional. Requiere la coordinación-integración de los subsistemas en vistas a la "maximización" de la productividad en términos de sustentabilidad a nivel del sistema, de manera que tiende a constituirse en el operador local más competitivo de los bienes producidos (en el sentido usual de la palabra: la capacidad de competir con los mejores operadores a nivel global).

Puesto que tiende a basura cero a nivel del conjunto, tiende a aprovechar todo minimizando además los requerimientos de transporte, con lo cual se generan mejoras en la productividad, pero no en función del capital o el trabajo, como es la regla del sistema económico en crisis, sino en función a los recursos.

Es de destacar que los beneficios económicos, ecológicos y sociales de ese tipo de diseño revierten mayormente en la comunidad local en donde se asientan. Por eso, puede recrear la escala humana allí donde suceden las actividades, lo que a su vez favorece la interacción personal, y con ello la coordinación y cohesión en pos de propósitos compartidos.

Metas socioeconómicas.

En este mundo hiperinstitucionalizado, a las personas se nos adjudican más derechos que responsabilidades y se intenta proteger tales derechos con garantías que demasiadas veces resultan en promesas vanas. En la práctica, los derechos son traicionados de millones de maneras todos los días, en todo el planeta. Las instituciones de cualquier tipo y nivel, públicas o privadas, tienen hoy preeminencia frente a las personas. Sin embargo, es común que adolezcan de brechas entre sus fines y valores declarados y el ejercicio concreto de su actividad, aun cuando han sido constituidas con fines lícitos y nobles.

Es de notar que al interior de las organizaciones las personas ven limitados sus grados de libertad, aun así muchas veces les imprimen sus propios fines personales. Bajo el amparo institucional hay quienes eluden responsabilidades, o incluso peor: bajo el paraguas institucional y en nombre del bien común persiguen oscuras metas personales. La sociedad, así como está organizada, lo promueve. Está lleno de ejemplos. Los casos Shocklender y Madoff impactan por la ingenuidad social asociada a sus actos y el posterior asombro por los ilícitos que perpetraron. Pero aquí se quiere llamar la atención hacia otras variantes que no llevan la carátula de ilícitos, aun cuando sus consecuencias nocivas impactan ampliamente en el tejido social.

En todos los ámbitos hay casos sintomáticos: el paciente se muere, pero la operación se caratula como un éxito, y si hay reclamo lo cubre el seguro de mala praxis; Lehman Brothers quiebra, pero sus altos ejecutivos se mudan a otras compañías manteniendo sus elevadísimas remuneraciones; países enteros son alcanzados por los estallidos de las burbujas financieras, su población tiene que pagar el festín de las elites político-burocráticas, al tiempo que los especialistas de los multimedios aconsejan: "la mejor solución es sufrir intensamente en el corto plazo para estar bien en el largo", lo dicen como si fuera lo más natural del mundo, sin tapujos, y a sabiendas de que no serán ellos quienes probarán el plato.

El empleo y el crecimiento económico en términos de PBI tradicionales, asociados a la díada capital y trabajo, deberían dejar de ser vistos como metas económicas primordiales.

Las metas económicas deberían ubicarse en un nivel superior en el cual contextualizar las fuentes de ingresos, ligándolas a la responsabilidad de las personas, de modo que se tienda al sustento de la vida de todos y de cada uno. Esto sólo aparentemente exige más a las personas.

En cambio les ofrece un mejor horizonte, a través del ejercicio de una ética de la interdependencia, una autoecoética, a cuyo amparo nuevos modos de sentipensar-hacer son explorados en la cotidianeidad individual y social:

Rediseñando la cultura hacia formas sustentadoras y amables, poniendo en juego conocimientos disponibles, desarrollando nuevos, evolucionando, se propicia una sociedad creativa en donde el aprendizaje es el recurso por excelencia de una economía pensada desde y para la abundancia.

Algunas claves de una Economía Amable:

Es notorio cómo al cambiar uno sólo de los conceptos nodales del sistema de paradigmas hay muchos otros que evidencian necesidad de ser renovados también. Sin embargo, tejer una nueva trama en la trama en crisis es laborioso, y saber que es posible es esperanzador, promisorio.

El diseño de la arquitectura social tiene que facilitar el ejercicio de valores éticos inclusivos, sustentadores. Las personas tienen que recuperar su entidad, capacidades y responsabilidad frente a las instituciones y dentro de ellas, dando lugar a nuevos modos de ser-hacer favorables a la emergencia de una economía amable. Implica, por lo menos, lo siguiente:

Valorizar el espectro de conocimientos capaz de atender a la multidimensionalidad impulsando una espiral de aprendizaje persona-sociedad-planeta-cosmos, en autoecoaprendizaje.

Procurar una organización social capaz de favorecer las actividades generadoras de valor genuino, favorable a la autoecosatisfacción de las personas.

Propiciar la responsabilidad social de las personas en todos los roles y ámbitos, como punto de partida para el desarrollo de su autoecoética.

Restablecer la escala humana en las arquitecturas sociales, tendiente a facilitar auténticas relaciones de confianza y apoyo mutuo entre las personas.

Reconocer que los conocimientos ya disponibles nos habilitan a vivir mucho mejor sería un buen paso para un tal avance.

Hacer menos, vivir mejor.

Es de vital importancia articular la multiplicidad de comunidades en la comunidad planetaria, sustentando la unidad-diversidad en valores éticos compartidos, procurando las condiciones para que las personas puedan desarrollarse integralmente reconociendo en su ser-hacer la interdependencia persona-sociedad-planeta-cosmos.

Más de 7.000 millones de seres humanos conviven en el geoespaciotiempo, en un mundo altamente interconectado que potencia esa cifra por mucho. 100.000 millones es una estimación prudente, indicador inequívoco para considerar seriamente recrear la escala humana en la multinivélica organización planetaria.

Por desconocimiento, o supuestas economías de escala o quizá ilusión de control, se ha impuesto la tendencia a sobrepasar la escala humana, tan importante generar sentido de pertenencia que se nutre con propósitos y experiencias compartidas.

En consecuencia, las burocracias empresariales, universitarias, estatales, sean nacionales o internacionales tienden a ser ineficientes y hasta agobiantes. Crecen al servicio de sí mismas y de pequeñas elites, junto con pesadas regulaciones, que más que nada agregan costos y presión sobre las personas.

La combinación de una escala menor y/o una trama menos densa puede visibilizar lo significativo, favorecer la transparencia y la coordinación por ajuste mutuo, minimizando las regulaciones artificiosas, facilitando la mutua comprensión y la construcción de consensos.

Hacer menos y vivir mejor es posible. A condición de que en la organización social se propicien formas de restablecer el rostro humano: cercanía, confianza, lealtad, consciencia de conjunto y, sobre todo, la comprensión de la íntima interdependencia.

La transformación evolutiva impone la emergencia de una comunidad de autoecoaprendizaje multidiversa, organizada a escala humana. Alivianar la trama en niveles locales-regionales-planetarios puede hacer una diferencia notable.

Alfonsín y los Osos.

Al atardecer del 31 de marzo salí a caminar con una amiga. Al encontrarnos, ella refiriéndose al despliegue que había visto frente a la residencia de la familia Alfonsín, me dijo:

—*A la vuelta de mi casa los buitres están esperando...*

Anduvimos en silencio y de camino nos detuvimos a visitar Los Osos por la Paz expuestos en Plaza San Martín. Yo los había descubierto al iniciarse la muestra, después de haber pasado un fin de semana afuera. Amanecía cuando pasé por el lugar, la Torre de los Ingleses se recortaba contra un cielo ya claro, el Kavanagh todavía se insinuaba como una mole oscura, y los primeros rayos destellaban en el vidriado del edificio de la Cancillería. La calle todavía estaba desierta, solamente transitada por algunos señores de traje y señoras de guardapolvo con paso apurado.

Sorprendida de ver esas figuras enormes con los brazos alzados, abiertos ralenté mis pasos preguntándome:

—*¿Que habrá pasado? ¿Qué significa eso?*

El misterio quedó develado por la tarde, cuando volví a la plaza con mi amiga. Esos osos, todos iguales y todos distintos son una obra de arte colectiva, itinerante. Recorren el mundo invitando a conocernos mejor para comprendernos más, para confiar los unos en los otros y convivir pacíficamente. Nosotras nos propusimos:

—¡*Vamos a venir todo lo que podamos!*

Lo cumplimos con todo gusto en cada caminata. Estacionábamos una hora o más admirando detalles de los ciento cuarenta osos dispuestos en la explanada. Nos deteníamos frente al oso pardo dorado que inspiraba el conjunto de la exposición y llevaba inscrita una frase de Albert Einstein: "La paz no puede generarse por la fuerza. Solamente puede alcanzarse con la comprensión."

Naturaleza y cultura, símbolos de los más variados hablaban en aquellos cuerpos pintados de colores brillantes, unos con pollera, otros con pantalón, y otros más vestidos de oso a secas. Tomados de la mano, espejaban luces y sombras de la humanidad, daban cuenta de sufrimientos y de goce, invitaban a invocar y convocar la paz junto a ellos. Nosotras los recorríamos y admirábamos.

—¡*Yo no podría elegir el mejor! Cada uno tiene lo suyo…* repetía mi amiga, señalándome algún detalle que acaba de descubrir.

En el ocaso del 31 de marzo estacionamos solamente un ratito en la muestra. Nos sentíamos inquietas y optamos por mover los pies. Concluido el periplo me di una ducha y estaba terminando de vestirme cuando entró una llamada de mi amiga:

—*Sil… cuando pasé por su casa sentí frío y me dije: ¡Se fue! Al llegar prendí la radio y escuché que había acabado de suceder. Quería que sepas.*

Maneras de honrar.

El día siguiente no salí de casa, me sumergí en estudio, y el viernes me encontré con Nelia, quien me contó que había ido al Congreso.

—*Quise honrar. Sentí que quería honrar, era un hombre de bien*

¡Muchos Alfonsines deberían tener ustedes! Nosotros, porque yo me siento de aquí también, me dijo.

—*Alfonsines y gente que apoya Alfonsines señora,* repliqué yo.

—*¿Se acuerda cuando pasó lo de su nieta? Fue un accidente dijo la familia. Ningún escándalo,* puntualizó ella.

—*...la casa está en orden,* recordé compartiendo en voz alta.

Nelia siguió desgranando detalles de su espera en la cola:

—*¡Yo no lo voté! decían unos ¡Fue mi primer voto y nunca me arrepentí! decían otros. Había gente con termos tomando mate y conversando, algunos del interior que estaban de paso. Después de medianoche vine a casa a abrigarme, me cuidaron el lugar...*

Después de esa conversación ya no pude evitar sumergirme en un río de recuerdos que fluyó por días.

Lo que me trajo la "Hiper".

La inflación que azotó al país en el año 1989 fue muy dura. La gente andaba por las calles con el rostro desencajado y no era para menos. El valor del dinero se evaporaba en cuestión de horas, aunque por eso mismo, algunos se hicieron con buena plata. En aquél tiempo, para darme ánimo, yo me decía:

—*Estoy viviendo un momento histórico excepcional.*

Alfonsín tuvo que entregar el mando. Fue la única vez que consideré irme del país, pero los *tenues hilos* insinuaron otra cosa.

Yo había comprado mi primer departamento hacía unos meses, cuando la inflación reptaba acelerando. A causa de un presupuesto muy ajustado busqué hasta el cansancio, y lo mejor que encontré fue un departamento, bien cuidado, en un edificio antiguo. Tenía aire de casita, pero no me sentí a gusto allí. La primera noche lloré hasta quedar dormida. Intenté consolarme pensando que mi desazón se debía al cansancio que habían venido con los trámites y la mudanza.

—*Pensar que es mío ¿Cómo voy a hacer para pasarme a uno que me guste?* me preguntaba desolada. Una operación simultánea tendría que ser, pero imaginarme en la situación me producía vértigo.

Ya me había mudado cuando supe que la anterior propietaria era la administradora del edificio. Ella sugirió que me convenía tomar el rol si lo que yo quería es que continuara bien mantenido.

—*El problema que hay es la humedad en el último piso. Estamos juntado dinero para arreglar la terraza,* dijo poniéndome en autos.

Dije que sí. Ella entonces cursó un llamado a asamblea para presentar su renuncia y proponerme como su reemplazante. Logró buena respuesta, estaban casi todos los propietarios. Yo, en un intento por escabullirme, aclaré que disponía de poco tiempo, pero al ver que ninguno mostraba interés por ocupar el cargo, pasé a comentar la forma en la que pensaba organizar la cobranza de las expensas:

—*El primer sábado del mes, por la mañana, voy a hacer una recorrida puerta por puerta. Otra opción, es que pasen un sobre con el dinero por debajo de mi puerta.*

Estuvieron de acuerdo. Entonces sugerí contratar cuanto antes el arreglo de la terraza y poner los ahorros del consorcio en plazos fijos en el banco en donde yo trabajaba:

—*Seamos prácticos, lo pongo a mi nombre con alguna otra persona del consorcio.*

Me pareció una locura, pero aceptaron. Llamamos a los techistas, y apenas tuvimos presupuestos contratamos el arreglo. Mientras tanto yo pasaba cada siete días por el bar de la planta baja para que el dueño acompañara mi firma, pero después cuando hubo que repactar tasas diariamente y ya no retiraba los certificados, salvo cuando tenía que pagar los avances de obra.

¡Tuvimos suerte! Unos meses después la terraza lucía renovada, el problema de humedad se había resuelto, la tesorería del consorcio seguía con un buen fondo de reservas, y yo me había acostumbrado a hacer compras, pagos y cobranzas dedicando, además, una o dos noches al mes a confeccionar, a mano, la planilla de expensas, cuando una tarde el del bar de la esquina salió a interceptarme, diciéndome:

—¡Hay que abrir un departamento del segundo piso, parece que hay una rotura en el baño y está inundando al de abajo!

Llamé al escribano del banco y le rogué que estuviera presente cuando llegara el cerrajero. Al abrir constatamos que los del problema habían dejado abierta una canilla y se habían ido de viaje, y que eso era todo. Aquella jornada terminé tan cansada e indignada que decidí renunciar y convoqué a una asamblea para concretar mi salida.

Lo inesperado tocó a mi puerta unos días después. Era mi vecina de al lado, azafata de vuelos internacionales, la había visto pocas veces desde que me había mudado, ella era de los que pagaba sus expensas pasando sobrecito por debajo de mi puerta.

—Me enteré que te vas de la casa, dijo.

—De la administración solamente, aclaré.

Ella entonces explicó:

—¡Ah! Entendí mal, pero si en algún momento decidís vender… Cuando vos compraste yo estaba de viaje y llegué tarde.

La esperanza de pronto se hizo grande. Aquella tarde no pude dejar de escuchar el eco de esas palabras, hasta que dejé de hacer lo que estaba haciendo y fui a tocar la puerta de la azafata para interiorizarme sobre la posibilidad.

—*¿Hasta cuándo te quedás?* le pregunté y ella gustosa me facilitó su información de contacto, incluso de sus familiares.

Me llevó unos días salir de mi asombro, pero el domingo siguiente me sentía ya lista para dar el paso y acompañé mi desayuno revisando la sección inmobiliaria del diario.

—*Contrafrente tiene que ser,* me dije marcando dos posibilidades.

El primer departamento estaba muy bien y tenía una vista espléndida hacia un corazón de manzana, pero era minúsculo. El segundo estaba en un estado deplorable: paredes sucias, con marcas de cuadros y grandes agujeros como si los hubieran arrancado, el baño y la cocina afeados por gruesas capas de mugre. Sin embargo, sentí que era para mí y cuando me di cuenta estaba acondicionándolo. Había pasado apenas un año, cuando otra vez estaba cambiando de domicilio.

La primera noche en mi nuevo hogar dormí tan profundo que no sentí la fuerte sudestada que se había desatado sobre la ciudad. Los arroyos subterráneos desbordaron, las bocas de tormenta no alcanzaron, barrios enteros quedaron incomunicados. Al despertar, a la mañana siguiente, el cielo estaba despejado y yo, todavía con el cansancio de la mudanza, hice despacio.

En mi barrio, como en muchos más, no había electricidad. A la hora de ir a trabajar bajé por las escaleras, algo malhumorada por la pobre bienvenida que me estaba dando mi nueva casa. Me extrañó que las calles estuvieran desiertas y la ciudad callada, y que fuera la primera en llegar a la oficina. Recién al rato supe del desastre que había ocasionado la sudestada y en mi fuero interno me sentí bien acogida por mi nuevo hogar.

Una sociedad de huérfanos.

Entre remolinos de recuerdos llegó la Semana Santa y a mi amiga de las caminatas porteñas le surgió un viaje a Chile.

—*¡Esta vez me voy a dar el gusto de pasar la cordillera por tierra!* anunció, pero el miércoles llamó para compartir que casi no podía caminar. Fui a verla y la encontré vestida con una faja a la cintura.

—*Ciático. Reposo, nada de caminatas,* puntualizó ella y luego pasamos a intercambiar pareceres. Tanta manifestación de dolor en torno a la muerte de Alfonsín me parecía un mensaje de lo que quiere la gente, pero mi amiga puntualizó:

—*Como decís vos Es una oportunidad, pero somos un pueblo que adora muertos. Cuando él entregó la banda fue para evitar un derramamiento de sangre. De eso no me olvido...*

Para rematar, señaló que ya había habido tanto movimiento político que la estela de esperanza estaba desdibujándose.

Entonces deslicé:

—*Tendremos una política madura cuando maduremos...*

—*Somos una sociedad de huérfanos, seguimos esperando que alguien nos dé lo que necesitamos ¡Queremos alguien que nos salve!* respondió ella, pasándome un sobre de madera.

—*Lo traje de Salta, pensé que te gustaría,* dijo cambiando el ángulo de la conversación.

Contenía un cuadernillo con dibujos a mano alzada, ilustraciones de la mitología del noroeste argentino. Le di una hojeada de anticipo deteniéndome en el de la Pachamama, "la madre del Universo", representada como una mujer de piel arrugada rodeada de elementos de la naturaleza. En los pueblos de por allí se mantienen los rituales en su honor y cada año designan una mujer vieja y sabia para que oficie de Pachamama.

Con ese regalo, aquella noche volví a casa andando por veredas desiertas, acompañada por la Luna creciente que asomaba aquí y allá por entre los edificios de mi barrio, de alguna forma sentí que iluminaba mi anhelo por una sociedad más amable.

Pascuas.

El jueves de la Semana Santa las persianas bajas, las calles vacías y el canto de los pájaros fue dando un aire de recogimiento a mi barrio. Mantuve silencio toda la jornada. Los cantos gregorianos fueron inundando mi casa y a la mañana siguiente desperté sorprendida al escuchar muy claramente:

—*¡Merezco una vida con belleza!*

Era mi alma que, prescindiendo de palabras, me habló de su anhelo. Cerré los ojos un instante para comprender mejor y al cabo de un rato me levanté, decidida. Miré detenidamente mi casa y me puse a la tarea de limpiar y ordenar. Revisé papeles, rincones olvidados, placares, armarios, ropa, libros. La lista se fue extendiendo y las horas pasando, hasta que sentí que había cumplido la cuota del día.

—*Poco a poco, hasta que pueda decir: ¡Aquí no hay polvo añejo, ni cosas inútiles, o que pueden servir a otros!* me dije.

En mi diario, asenté: "propiciar belleza en mi vida es la prioridad del momento".

En eso llamó Victoria para invitarme a pasear por su barrio.

—*Vení temprano y te enseño rinconcitos de San Telmo,* sugirió.

—*Al Museo Nacional de Historia me gustaría ir*, dije.

Nos gustó el estilo pluralista del museo, y Victoria compartió:

—*Sé poco de historia ¿sabés? Ahora estoy aprendiendo.*

Al ver que la miraba extrañada, ella aclaró:

—*Los hijos de los exiliados quedamos eximidos de dar esa materia.*

Me sorprendió ese contrasentido para el cual no encontramos explicación coherente, de modo que nos enfocamos en la muestra del museo. Nos llamó la atención el tamaño de los guantes, camas y demás usados por Belgrano, San Martín, Rosas y otros próceres:

—*¡Qué chiquitos eran!* observó Victoria.

Nos detuvimos delante de un cartel significativo y provocador que decía: "Provincias desunidas del Río de la Plata".

—*¡Ah, sí! Las Provincias Unidas que se canta en el Himno…de eso sabía,* dijo mi amiga.

—*De eso sabemos los argentinos, sepamos o no el himno,* dije.

A la salida recorrimos el barrio al estilo uruguayo, tomando mate, lo que me inspiró para compartir noticias de Juca:

—*¿Sabés que De mochilero a Guardaparque está por reaparecer? …con dibujos de él. Me mandó uno de la canoa que construyó con un rinoceronte pintado en las velas, con una inscripción al pie "Mi canoa antes del cruce".*

Será porque un rinoceronte es ajeno a la Amazonia, ese detalle llevó a la confusión que experimentan los animales silvestres cuando en su hábitat aparece algo extraño, y yo cité ejemplos del libro de mi amigo:

—*Los carpinchos no tienen registro de peligro aéreo, Juca lo comprobó cuando hizo un censo de fauna en avioneta. En la Antártida, las aves, los elefantes marinos y otros animales no registran peligros fuera del agua porque sólo tienen depredadores naturales en el mar.*

Entusiasmada, mencioné que cuando Juca visitó la Antártida, aprovechó el libro de visitantes de una Base para pedir que ese continente se mantenga preservado:

—*Como lo exigen millones de petreles, focas y pingüinos. Eso cuenta él en "De mochilero… referí.*

—*Le da voz a los que no la tienen ¡Qué ternura!* exclamó Victoria, y yo compartí la que me produjo mi padre por esos días:

—*Hablamos por la compu y con la camarita... le leí algo que escribí ¡Nunca lo vi tan atento! Cuando terminé, con un tono muy serio, él me dijo: yo soy tu padre... no sé cómo decirte. Eso no tiene consistencia. A ver ¿cómo puedo ayudarte? Se quedó pensativo un rato y después me dijo: ¡Mirá...cuando se lee el Sherlock Holmes tiene suspenso, uno quiere saber cómo sigue!*

—*¡Pequeños milagros posibles amiga!* dijo Victoria que tiene la costumbre de festejar alegrías, no importa de quien sean.

Un calorcito nuevo.

Pasadas las Pascuas volví a enfrascarme en los estudios. Ya habían pasado unas semanas cuando revisando el correo entrante descubrí una invitación de Ana María Bovo para el estreno de su espectáculo "Así da gusto". Respondí enseguida, feliz de haberlo leído a tiempo.

A la mañana siguiente llamó Sakshi Lee, rompiendo un silencio que había durado meses, y en esa charla que duró horas un dolorcito fue estrujando rincones de mi alma: un largo capítulo se estaba cerrando en "La casa de la Laguna".

—*Sos parte de esto. Necesité tomarme tiempo,* concluyó, dejándome en tal estado de mareo que ya no llamé a nadie para que me acompañara al Maipo.

Todavía me sentía confusa al retirar la entrada. El acomodador fue bajando las escaleras, dejándome sorprendida cuando me indicó un lugar en la primera fila, donde solamente quedaban dos asientos. El teatro estaba lleno. Entonces me entró una angustia terrible, porque tuve la certeza de que el asiento de lado quedaría vacío. A mi derecha había un señor que, sobre su regazo, tenía un tenía un ejemplar de "Espejos", el último libro de Eduardo Galeano. Me di vuelta para atisbar la sala, preguntándome:

—*¿Quién vendrá a sentarse acá? ¿Vendrá alguien?*

Salvo por aquel lugar a mi izquierda, hasta donde podía ver todos los lugares estaban ocupados, aunque en el pasillo todavía zumbaban los acomodadores. En la segunda fila reconocí a gente del mundillo teatrero, con lo que inquieté más todavía y tuve que refrenar el impulso de pedir al señor de al lado que me dejara husmear en su libro. Concediéndome una última mirada hacia la puerta de ingreso me dije:

—*¡Portate! Ya va a comenzar.*

Decidí familiarizarme con los objetos dispuestos en el escenario: percheros con ropa de teatro, un sombrero a lo Liza Minelli, plumas y demás. Me entretuve tratando de imaginar maneras en que serían usados, pero no se me ocurría nada y los diez minutos restantes hasta el comienzo del espectáculo me parecieron horas.

Cuando apareció Ana, su magia fue dando vida al escenario y dejé que mis risas se unieran a las que estallaban en la sala. Aplaudí con ganas y a la salida hasta intercambié pareceres con un señor de los que entienden, quien me hizo sentir muy en resonancia cuando al pie de la escalera, a manera de despedida, él mencionó la Luna llena que Ana había evocado sobre el cierre, a lo que yo, con todo entusiasmo, respondí:

—*¡Nos la llevamos puesta!*

Al salir me envolvió el frío de la noche. Estaba agradable, despejado. Elegí andar por los senderos arbolados de la Avenida 9 de Julio, esquivando sin apuro a los cirujas que se acurrucaban por los rincones, al abrigo de frazadas roídas y árboles añejos. Noté que los palos borrachos todavía tenían algunas flores, y entonces descubrí que no sólo la Luna llena brillaba en el cielo de mi alma, también el Sol había alcanzado recovecos escondidos. Podía sentir un calorcito nuevo en mi corazón y calladamente celebré los *tenues hilos* que aquella vez se habían presentado disfrazados de espejos.

Linaje de narradoras.

A la mañana siguiente, las vivencias de la noche anterior seguían resonando en mí y me pareció oportuno dedicarme a una tarea pendiente. En su clase previa a la Semana Santa, Ana María Bovo había sugerido un capítulo de "Mujeres que corren con los lobos" de Clarissa Pinkola Estés. Yo había leído aquel libro hacía años, antes de imaginar un rumbo que sintiera propio y antes de conocer la magia de Ana.

Ella, acompañando su indicación, había señalado:

—*Explica muy bien que un narrador debe conocer el linaje al que pertenece.*

Me intimidaba tremendamente preguntarme algo así, me daba cierto pudor, pero finalmente había encontrado el valor y al concluir la lectura me dije:

—*Precisamente ¡Es lo que estuve haciendo todo este tiempo!*

Pertenezco a una familia extendida: la que tengo por nacimiento y la que surgió por afinidad. Con algunos comparto a menudo y a otros nunca vi y todos se mezclan en mi ser-hacer, son parte de mí. Entre ellos, los que abrevan en los resquicios son los que me inspiran a construir de ese modo. Juca Gambarotta, Robert Johnson, Fritjof Capra y Ana María Bovo pertenecen a ese universo, surgieron en los resquicios y perfuman las vidas de muchos con una fragancia refrescante. Florecen, renovando la vida generosamente.

Celebro haber podido reconocer los *tenues hilos* que susurran el rumbo que es para mí. Me propongo aferrarme a él y transitarlo con paso liviano, en buena compañía. No importa si se parece a una picada en el monte, a una callecita de pueblo o a una ancha avenida de ciudad, y confío en que mis pasos me lleven a aquellos con quienes propiciar un mundo más amable en la multifacética trama que entreteje mi vida con la de millones de seres.

Capítulo 13

A MANERA DE EPÍLOGO
El rumbo hace diferencia

Saber lo que genuinamente se quiere es una capacidad que conviene cultivar con todas las fuerzas. Permite elegir, no importa donde estemos, ni con quien. Sintonizar el propio rumbo y actuar en consecuencia son ingredientes indispensables para acercase a ese estado indefinible que llamamos ser feliz. Es lo mejor para sentirse a gusto con lo que llamamos "nuestra vida", y también lo es para la sociedad. Cada vez conozco más personas comprometidas con los anhelos de su propio corazón, que apelan a lo que está a su alcance para realizar sus sueños y ya no me sorprende que tales sueños también incluyan a los demás en un horizonte amplio e inclusivo.

Para mí, es la pauta que ofrece prueba de que ahora, más que buscadora, soy encontradora. Los *tenues hilos* se manifiestan más y más en mi vida haciendo que mi andar se vuelva liviano, que mi mirada se tiña de asombro, que mis preguntas encuentren respuestas, que mis respuestas conduzcan a nuevas preguntas, que mis frustraciones templen mi espíritu, que la comprensión nutra mis entendimientos y pueda evolucionar amablemente en una espiral sin fin que me envuelve y atraviesa.

Los *tenues hilos* han urdido una nueva trama en mi vieja trama, la han recreado y refrescado haciéndome sentir más a gusto en mi mundo. Aconteceres insospechados se han presentado y los he reconocido como indicios de esos hilos que sutilmente traman mi trama de pertenencia más allá de lo que puedo ver. Por ejemplo, integrarme a un grupo de investigación-acción con el propósito de transformar creativamente la realidad enriqueció mi mundo en más facetas de las que aquí podría expresar.

Me llevó a Uruguay poco después de que tuviera lugar la "Cumbre Río +20", para participar en un "Encuentro de la Red Nacional de Educación Ambiental" para elaborar un plan nacional de educación ambiental. La invitación llegó de improviso y yo hice malabares con mi agenda, porque la labor de esa red y mi resonancia para con el discurso del Presidente Mujica en la Cumbre me resultaba un conjunto muy significativo. Participé, esforzándome para estar a la altura, ofreciendo de mi cosecha y dispuesta a escuchar con toda atención.

A modo de preludio para presentar mi ponencia quería referir algo de aquel discurso. Sentía ineludible expresar un reconocimiento a las expresiones "políticamente incorrectas" que Pepe Mujica había vertido en la "Cumbre Río+20". Con sus preguntas punzantes y frases provocadoras él había invitado a abrazar el desafío colosal que implica reinventar nuestra cultura para sustentar lo que nos sustenta y ser felices. "El desarrollo no puede ser en contra de la felicidad. Tiene que ser a favor de la felicidad humana… Cuando luchamos por el medio ambiente, tenemos que recordar que el primer elemento del medio ambiente se llama *felicidad humana*" había dicho Mujica.

Yo creía que ese discurso de alguna manera había emanado de la labor que venía desarrollando la red uruguaya y que el Presidente del país le había dado la correspondiente voz política, en vistas a transformar una cultura inviable. Sin embargo, la única referencia al discurso de Mujica vino de la mano de un expositor brasileño el primer día de aquel Encuentro, y cuando lo hizo se alzaron voces de desestimación en la audiencia, señalando que del dicho al hecho hay mucho trecho. Cierto, cierto, me dije yo por entonces, calladamente, esforzándome por comprender. Callé en ese momento y callé al día siguiente cuando me tocó exponer, y en cambio me concentré en presentar algunos conceptos de Economía Amable. Concluido el Encuentro, me llevó algún tiempo arribar a una comprensión satisfactoria de lo que había ocurrido.

Ningún país del planeta tiene superados los problemas ambientales, no importa su grado de desarrollo económico, su sistema político-social, su historia y lugar en el concierto de las naciones ¿Qué mejor que el Presidente de un país plante bandera por un cambio sustancial en el corazón del asunto? Para que la sustentabilidad sea viable, algo nuevo tiene que surgir de la vieja idea de progreso, bandera compartida de derechas e izquierdas anquilosadas, ambas inoperantes para gestionar una sociedad a la altura de las circunstancias y de los anhelos humanos más profundos. Algo nuevo, surgirá eventualmente a partir de las fuerzas propiciatorias que podamos desarrollar en el aula-sociedad, en bucles teoría-acción articulados creativamente.

Hay puentes y retroalimentaciones por establecer entre el mundo de la investigación y la reflexión y los ámbitos de acción concreta. La diversidad de quehaceres, en conjunto inseparable, manifiesta la cultura imperante. Así, la política y la economía se encuentran presentes en cada actividad humana, tanto como el medio ambiente biosocial en el que tienen lugar. Comprenderlo abre posibilidades entrelazando de formas nuevas lo que nunca estuvo separado más que por una mirada reduccionista, fragmentada. Transitamos un delicado momento. "El hombre no gobierna hoy a las fuerzas que ha desatado, sino que las fuerzas que ha desatado gobiernan al hombre, y a la vida", advierte Mujica en su discurso. Haciendo hincapié en que saludará todos los esfuerzos, firmará los acuerdos y los acompañará desde su lugar de gobernante, insiste en la clave del acuciante problema: "la causa es el modelo de civilización que hemos montado".

Vivimos en un mundo altamente integrado bajo las pautas de un paradigma en crisis, que imprime tensión creciente. De allí emanan las fuerzas que actúan más allá de nosotros mismos, no importa el rol que tengamos en la sociedad. Sin embargo, sus manifestaciones más sombrías las delatan, despiertan inquietudes, cuestionamientos y búsquedas vigorizando profundas transformaciones, que silenciosamente conducen a un cambio de época. Es lo que José "Pepe" Mujica, como político, tuvo el valor de poner sobre la mesa de juego, y es comprensible que sus connacionales comprometidos con el cuidado del medio ambiente no comprendieran. De ninguna manera es fácil, puesto que se trata de una osadía, en cierto modo fundante, que pone en manos de la ciudadanía el desafío de viabilizar las fuerzas propiciatorias en medio de un sistema en crisis en donde imperan otras fuerzas muy poderosas.

Interactuar en aquel grupo de investigación-acción no sólo me llevó a participar en ese Encuentro dedicado a la educación ambiental, sino que también me devolvió a la universidad, o mejor dicho a la multiversidad[5], y allí comprendí que la forma en la que está escrito este libro se inscribe en el marco teórico del pensamiento complejo formulado por Edgar Morin. Hasta entonces yo creía que mi vocación por expresar inquietudes, reflexiones y entendimientos entretejiendo el mesomundo social con mi mundo personal en un relato mundo había sido solamente una elección de estilo, una vocación por reunir ciencia y arte entrelazando disciplinas y temas de fondo que se juegan en la sociedad.

El pensamiento complejo insta a transitar la transdisciplina, que reconoce la interdefinición sujeto-objeto planteada por la ciencia en las primeras décadas del siglo XX y requiere una postura conceptual-vivencial abierta hacia todas las fuentes del conocimiento. El sujeto emerge junto con su mirada, en una autoecorganización, en un mundo cambiante e incierto (indeterminado) y complejo (una intrincada red de interinfluencias). *Auto* representa al sujeto y *Eco* representa el metasistema más vasto al que pertenece. No es válido apelar a la metáfora de las muñecas rusas, porque entre uno y otro hay un

[5] Multiversidad Mundo Real Edgar Morin.

entrelazamiento tal que el todo está en las partes y las partes están en el todo, de alguna particular manera. Podría decirse que las partes y el todo, o mejor dicho los todos, se interpenetran al infinito. Por eso, al hablar de mí, hablo de mi mundo, un mundo que me pertenece y al que pertenezco.

Lo que sentipienso-hago se entrelaza más allá de mí, mucho más de lo que parece. No sólo hoy, sino en una urdimbre que se extiende en el tiempo y en el espacio y fuera de él. Un pequeño quehacer puede llegar a convertirse en algo muy importante para ese mundo, eventualmente, y de la misma manera, un importante quehacer puede quedar completamente bloqueado o neutralizado antes o después. Para cada integrante de la comunidad humana es mucho lo que depende de la coherencia del conjunto, del propósito compartido, de la visión que reúne, del punto de atracción hacia el cual se dirige ese conjunto. Si la trama no las favorece, las intenciones individuales pueden verse traicionadas en poco tiempo. Las interinfluencias son muchas y son fuertes, sean obvias o muy sutiles, y aunque comprenderlas acabadamente es improbable, conviene explorarlas para enriquecer la propia perspectiva y abrir posibilidades nuevas.

La Carta de la Transdisciplinariedad surgió como una manifestación colectiva en noviembre del 2004, un tiempo en el que yo me esforzaba por recorrer los senderos de mi corazón en pos de las claves de mi rumbo. Cuando siete años después leí detenidamente cada uno de los puntos de aquel acuerdo pergeñado en el Convento de Arrábida nada me sorprendió, porque expresaban lo que yo ya había leído en mi corazón sin haberlo puesto nunca en palabras tan precisas. Agradecí que estuviera disponible y fue tanto un llegar a casa como un nuevo punto de partida. Junto a aquella declaración conocí El Manifiesto de la Transdisciplinariedad, que Basarab Nicolescu escribió en un intento por desplegar los principios que la sustentan. Me maravilló en muchos pasajes, pero en absoluto me sorprendió encontrar allí una referencia a "La Asamblea de los Pájaros".

Escrita en el siglo XII por el poeta persa Attar es una alegoría a la unidad y la pluralidad de los seres, describe el largo viaje de un conjunto de pájaros poseídos por el fuego del amor en busca del Señor de todos los pájaros, el Simurgh. La historia cuenta que, semejante a una vibrante ola, la inmensa asamblea levantó vuelo y al internarse en las alturas cada uno de sus integrantes pudo ver el largo camino, aparentemente sin fin que se abría en un terreno montañoso. Las montañas eran demasiado altas y los valles extremadamente difíciles de atravesar, llenos de obstáculos y de maravillas, tanto que sólo treinta pájaros llegaron a la corte del Señor. Al cruzar el umbral, cien velos se corrieron y los treinta viajeros que habían persistido se encontraron ante el Simurgh: un espejo. Reflejándose en él comprendieron que eran uno con él. Percibiendo ambos a la vez, a sí mismos y al Simurgh, una nueva vida comenzó para ellos y por fin pudieron ser vistos y reconocidos.

Había leído aquella historia vaya a saber cuántas veces y ya casi la había olvidado, pero al encontrarla en El Manifiesto de la Transdisciplinariedad supe que de esa forma yo había invocado los *tenues hilos* que me pertenecen y ahora puedo alegrarme por ello.

El término "transdisciplinariedad" surgió hace unos cuarenta años en escritos de diversos pensadores que buscaron expresar la necesidad de una transgresión de las fronteras entre las disciplinas y la superación de la multi y la interdisciplinariedad. Es la teoría de la esperanza y una práctica por desarrollar, requiere templar la mirada y la postura de quien comprende y actúa. Es nuestra responsabilidad abrazar tal posibilidad evolutiva. No hay nadie más. Requiere cambiar de sistema de paradigmas, una transformación de creencias nodales para acceder a una nueva visión del mundo.

Requiere de rigor y de tolerancia, y el reconocimiento de una "zona de apertura de lo finito a lo infinito": un espacio de reunión de la pluralidad compleja y la unidad abierta del sujeto, un punto de encuentro del sujeto y el objeto transdisciplinario, en donde las dualides son transgredidas, en donde los pares de opuestos son superados en una unidad abierta que engloba al universo/multiverso y al ser humano. Tal reconocimiento restablece el espacio de lo sagrado, desde donde se nutre la esperanza y el resurgimiento de lo humano en lo humano. Por ello también es el fundamento de todo proyecto social viable y vivencia en plenitud personal, coherencia entre el hacer y el ser. Abrevar allí es ponerse de pie ante la vida para celebrarla. Es tomar la oportunidad.

Nicolescu subraya que nos encontramos ante el comienzo de la exploración de diferentes niveles de realidad unidas a diferentes niveles de percepción. Una nueva etapa de nuestra historia, fundada sobre el conocimiento del universo exterior en armonía con el autoconocimiento del ser humano. Estamos a las puertas de una era del conocimiento, una evolución del conocimiento mismo que impone un nuevo tipo de evolución, que nace unida a la cultura, la ciencia, la consciencia y la relación con el otro-lo otro, en un movimiento helicoidal socio-personal disciplinar-multi-intertransdisciplinar y multi-intertranscultural.

El diálogo entre ciencia y arte constituye el eje fundador del diálogo entre la cultura científica y la cultura humanista. La larga escisión entre ambas ha comenzado a cerrarse, primero con los acercamientos multidisciplinarios por medio de coloquios, luego en fecundas iniciativas interdisciplinarias entre científicos y artistas, que han proliferado a un ritmo sin precedentes, sentando el germen de un "más allá" que establece un lenguaje en común entre artistas y científicos de diferentes culturas, verdaderas pasarelas y vislumbres de re-unión.

"La transdisciplinariedad puede ser concebida como la ciencia y el arte del descubrimiento de esas pasarelas. Está allí el contenido de una verdadera revolución de la inteligencia. El desarrollo explosivo de las redes informáticas no equivale, por sí mismo, a una revolución de la inteligencia. En ausencia de afectividad, la efectividad de las computadoras es una vía seca, muerta, aún peligrosa, un desafío más para la modernidad. La inteligencia es la capacidad de leer a la vez entre las líneas del libro de la Naturaleza y entre las líneas del libro del ser interior. Sin las pasarelas entre los seres y las cosas, los avances tecnocientíficos no sirven sino para ampliar una complejidad cada vez más incomprensible ¿Qué es un diálogo entre seres en ausencia de pasarelas, de un lenguaje en común? Dos discursos paralelos que engendran malentendidos sin fin. En ausencia de pasarelas ¿qué es un diálogo social entre actores sociales? Una estafa que no hace sino agravar la fractura social. En ausencia de pasarelas ¿qué es un diálogo entre las naciones, los Estados y los pueblos de esta Tierra? Una postergación temporal de la confrontación final. Un verdadero diálogo no puede sino ser transdisciplinario, fundado sobre las pasarelas que unen, en su naturaleza profunda, los seres y las cosas."[6] Mejor aún, una refrescante conversación.

Ante nosotros se esboza un largo camino que conduce, de la explicación y del saber, a la comprensión en nombre de la esperanza recobrada, impulsada por el sujeto renacido, en una travesía y en una búsqueda incesante, siempre fresca, copropiciando la vida en amable convivencia.

Los tenues hilos que entretejen nuestras vidas, traman para nosotros un destino promisorio ¿Podremos reconocerlo y atravesar airosamente el umbral?

---

[6] Nicolescu, Basarab (2006) *La Trandisciplinariedad, Manifiesto.* Capítulo 12

AGRADECIMIENTOS

Agradezco profundamente a quien me ofreció las claves para cruzar el umbral a un mundo inimaginado, a la experiencia tangible del pulsar de la vida, al asombro que se me regala juguetonamente cuando menos lo espero. A quien me enseñó a suavizar mis pisadas, mis palabras y mis acciones, y a mantener vivo el anhelo por esa liviandad que pinta de colores el cielo de mis días. A quien me enseñó a cultivar mi agradecimiento: a ensayarlo cuando lo siento apagado, a alegrarme cuando irrumpe sin preaviso, a aceptarlo cuando es simplemente formal, a acompañarlo con mi silencio cuando surge genuino y callado, y a apelar a la compasión cuando se niega a surgir, y desde ya, a celebrarlo con todo cuando es sincero y vibrante.

Agradezco a los compañeros de ruta que me ofrecen tantas oportunidades para experimentar el agradecimiento en sus más variadas formas. Son tantos que no los podría mencionar aquí, sin embargo, viene bien mencionar a quienes están muy presentes en la trama que se entreteje en este libro:

Juan Carlos Gambarotta: *por inspirarme con su vocación.*

Sakshi Lee Keeton: *por hacerme saber querida.*

Daniel Pereira: *por alentarme con sus reflexiones atinadas.*

Jorge Hambra: *por su disposición a aprender y a enseñar.*

Marcelo Ferrando: *por sus oportunas expresiones.*

Ignacio Padvalskis Simkus: *por su genuino ser.*

Dionisio Pereira: *por enseñarme a apreciar el regalo de estar vivo.*

Graciela Álvarez: *por su entusiasmo desbordante.*

Jorgelina Capaccio: *por su vocación emprendedora.*

June Santarsieri: *por ser mi compañera de caminatas porteñas.*

Victoria Solanas: *por enseñarme la mirada compasiva.*

Betty Suris: *por la gentileza de su avezada lectura.*

Julia Jyoti Kantor: *por sus amables bienvenidas.*

Nelia Nuñez: *por su brujeril inocencia de ser.*

Susana Lafitte: *por mostrarme que la energía tiene caminos propios.*

A mis compañeros más cercanos de "aventura sistémica":

Charles François: *por abrirme al mundo de la sistémica en mis años juveniles.*

Gloria Nazer: *por su apoyo a Charles y a nuestro grupo de estudio.*

Enrique Herrscher: *por su maestría organizativa.*

José Luis Roces: *por su sensibilidad humana.*

Ernesto Grün: *por facilitarme el libro "Las Conexiones Ocultas"*

Antonio Martino: *por su confianza y reconocimiento.*

Eva Sarka: *por enseñarme a dejar ser a todo ser.*

Augusto Barcaglioni: *por compartir encuentros de su niñez.*

Elisa (Tina) Chisleanschi: *por sus aspiraciones de aprendizaje.*

Mechthild Adameit: *por entusiasmarse con una Economía* AMABLE.

A mi familia, a mis amigos humanos y no humanos, a la vida:

¡Gracias!

REFERENCIAS

Adizes, Ichak (1994) *"Ciclos de vida de la organización"* Editorial Díaz de Santos, España.

Bovo, Ana María (2002) *"Narrar, oficio trémulo"* Editorial Atuel, Buenos Aires.

Campbell, Joseph (1991) The Masks of God "Primitive Mythology" Penguin Books, NY USA.

Capra, Fritjof (1994) *"Sabiduría Insólita"* Editorial Kairós, España.

Capra, Fritjof (2002) *"The hidden connections"* Doubleday, USA.

Chisleanschi Elisa Telma -Tina- (2009) Aprendizaje III o Disponibilidad para la revisión autocrítica las propias creencias Tesis doctoral UBA-Facultad de Psicología – inédito.

Clarín-Universidad de Quilmes (2004) Estudio documental *"El Riachuelo mata en silencio"*

Flores, Susana Mercedes; Ludueña, Manuel Antonio (1983) *Teoría General de Sistemas y Cibernética* Cuadernos del GESI Nº7, Buenos Aires, Argentina.

François, Charles (1985) *El uso de modelos sistémicos cibernéticos como metodología científica* Cuadernos del GESI Nº8 Buenos Aires.

François, Charles (1989) *La Socialidad vista como orden jerárquico emergente* TGS al Día GESI, Buenos Aires.

François, Charles (1992) *Diccionario de Teoría General de Sistemas y Cibernética* GESI, Buenos Aires.

Galeano, Eduardo (2007) *"Bocas del Tiempo"* Ediciones Tacuabé,

Buenos Aires.

Gambarotta, Juan Carlos (1994) *"De mochilero a Guardaparque"*, Editorial Fin de Siglo, Uruguay; y (2009) 2da. edición Editorial Sudamericana, Uruguay.

Johnson, Robert (1998) *Aceptar la sombra de tu inconsciente* Ediciones Obelisco, Buenos Aires.

Johnson, Robert (1999) *"El equilibrio entre el cielo y la tierra"* Ediciones Paidós, Buenos Aires

Kolbenschlag, Madonna (1988) *"Adiós Bella Durmiente"* Editorial Kairós. España.

Melville, Herman (1967) *Moby Dick* - Maestros Norteamericanos Editorial Planeta, 1ra edición, España.

Maslow Abraham (1989) *El hombre autorrealizado. Hacia una psicología del Ser* - Editorial Troquel, Argentina.

Mintzberg, Henry (1997) *Diseño de organizaciones eficientes* - El Ateneo, Argentina.

Morin, Edgar; Motta, Raúl Domingo; Ciurana R. (2002) *Educar en la Era Planetaria* Editorial SEC-Sonora, México.

Morin, Edgar; Anne Brigitte Kern (1993) *Tierra Patria*, Editorial Kairós, Barcelona.

Morin, Edgar (1999) *Los Siete Saberes Necesarios en la Educación del Futuro* UNESCO, Paris.

Morin, Edgar, (2006). El método VI. Ética, Editorial Cátedra, Madrid.

Mulej, Matjaz (2009) *Por favor ¡Paren con el suicidio colectivo de la humanidad!* GESI, Buenos Aires.

Nicolescu, Basarab (1996) *La Trandisciplinariedad. Manifiesto.* Ediciones Du Rocher.

Sarka, Eva (2005) Universidad-sociedad-desarrollo-universidad-desarrollo-sociedad...¿Convergencia entre el camino del conocimiento con el camino de la vida? En *El desarrollo local y la economía social desde perspectiva de la integración regional* editado por Ministerio de Desarrollo Social. Primera edición. Buenos Aires.

Zweifel, Silvia (2007) *Un camino a la Abundancia* Fundación Habitat & Desarrollo 1ra edición, Santa Fe.

OTROS TÍTULOS DE LA AUTORA

FUTURABLES sociedad creativa, economía amable

Convivir amablemente en una sociedad planetaria capaz de reconocer y valorar la diversidad en la unidad es una necesidad perentoria. Conlleva transformaciones profundas en el sentipensar-hacer tendientes a la emergencia de una Sociedad CREATIVA, capaz de dar lugar a una Economía AMABLE con las personas y el medio ambiente, sustentadora de abundancia y calidad de vida.

"Clase Ejecutiva Radio – Alimento para pensar" ofreció un marco para los conceptos renovantes que aquí se presentan. Editoriales y conversaciones con Ricardo Vanella han nutrido la trama de este libro. La imagen de las manos de Escher dibujándose mutuamente, subyacen calladamente en todo el recorrido ofreciendo inspiración a lo que quería expresarse.

Este ensayo surge de un relato mundo que entreteje historias personales con el contexto social en el que se juegan desafíos cruciales para la humanidad. Sugiere que un escenario promisorio es posible, porque los conocimientos necesarios a ese fin están disponibles. En ese sentido pretende ser una provocación, una invitación a propiciar un mundo amable, personal y social.

UN CAMINO A LA ABUNDANCIA, una cuestión de creencias

Este libro pretende ser una pequeña provocación y una invitación a protagonizar la emergencia de un mundo donde el bienvivir es un bien accesible y perdurable, disfrute para las generaciones presentes y legado amable para las generaciones futuras, lo cual implica dar lugar a una sociedad CREATIVA, con una Economía AMABLE, inclusiva y sustentadora de la vida.

En el mundo actual, caprichosamente mezclados, nos confrontan viejos temas pendientes e innumerables nuevos desafíos, antes impensados. Hay un amplio consenso en la necesidad de apelar a la mirada inclusiva y de largo plazo, pero en el terreno de la acción esto dista de ser así. Bien vale preguntarse ¿Por qué se nos hace tan difícil ser coherentes en nuestro sentipensar-hacer?

La complejidad creciente señala la conveniencia de encontrar hilos amables para entretejer nuestras vidas y nutrir esa escurridiza coherencia. Las transformaciones paradigmáticas en curso, impulsadas por la sociedad del conocimiento, los cambios demográficos y la sustentabilidad ecológica son componentes clave: las maneras que adopten y las formas en que interactúen moldearán lo que para nosotros será.

Nota: en esta edición se han actualizado facetas de algunos conceptos clave y mejorado el texto con la intención de facilitar la lectura, haciéndola más disfrutable.

Silvia Zweifel

ACERCA DE LA AUTORA

Silvia Zweifel articula arte y ciencia para facilitar la creatividad y la innovación. Desarrolla conceptos para la emergencia de una Economía Amable, pensada desde y para la abundancia de calidad de vida. Escribió libros y artículos sobre el tema, y creó una obra de arte que muestra un futuro promisorio cuyas semillas están en el presente, desarrollables.

Es economista (Universidad Nacional del Nordeste) con extensa experiencia en el sector financiero en equipos de alta performance, en negocios y riesgos. Diplomada en Pedagogía Compleja (Multiversidad Mundo Real Edgar Morin). Posgraduada en Dirección de Organizaciones sin fines de lucro (Universidad de San Andrés, Universidad Torcuato di Tella y CEDES). Estudió Narrativa con Ana María Bovo, graduándose en Casa de Letras.

Se inscribe en el marco conceptual del pensamiento complejo, y ha cultivado su filiación con el pensamiento sistémico fundamentalmente a través de la Asociación Grupo de Estudio de Sistemas Integrados, en donde ha sido directiva por varios años, y la International Federation of Systems Research.